权威·前沿·原创

皮书系列为
"十二五""十三五""十四五"时期国家重点出版物出版专项规划项目

BLUE BOOK

智 库 成 果 出 版 与 传 播 平 台

残疾人事业蓝皮书

BLUE BOOK OF THE CAUSE FOR PERSONS
WITH DISABILITIES

中国残疾人事业研究报告
（2024）

**REPORT ON THE CAUSE FOR PERSONS WITH DISABILITIES
IN CHINA (2024)**

主　编／郑功成　　王　伟
副主编／杨立雄　　王忠彦

社会科学文献出版社
SOCIAL SCIENCES ACADEMIC PRESS (CHINA)

图书在版编目（CIP）数据

中国残疾人事业研究报告 . 2024 ／ 郑功成，王伟主编 . -- 北京：社会科学文献出版社，2024.10. --（残疾人事业蓝皮书）. -- ISBN 978-7-5228-4242-4

Ⅰ . D669.69

中国国家版本馆 CIP 数据核字第 20249CU083 号

残疾人事业蓝皮书

中国残疾人事业研究报告（2024）

主　　编／郑功成　王　伟
副 主 编／杨立雄　王忠彦

出 版 人／冀祥德
责任编辑／周　琼
文稿编辑／周浩杰
责任印制／王京美

出　　版／社会科学文献出版社·马克思主义分社（010）59367126
　　　　　地址：北京市北三环中路甲 29 号院华龙大厦　邮编：100029
　　　　　网址：www.ssap.com.cn
发　　行／社会科学文献出版社（010）59367028
印　　装／天津千鹤文化传播有限公司

规　　格／开本：787mm×1092mm　1/16
　　　　　印张：18.5　字数：275 千字
版　　次／2024 年 10 月第 1 版　2024 年 10 月第 1 次印刷
书　　号／ISBN 978-7-5228-4242-4
定　　价／148.00 元

读者服务电话：4008918866

主要编撰者简介

郑功成 1964 年生，湖南平江人，武汉大学政治经济学专业毕业。中国人民大学教授，全国人大常委会委员，国务院政府特殊津贴获得者，中国社会保障学会会长、中国人民大学残疾人事业发展研究院院长。长期从事社会保障、收入分配及与民生相关领域的研究，是"中国社会保障改革与发展战略""维护社会公平正义与保障国民共享发展成果""国家社会福利制度发展战略"等重大战略项目研究的首席专家。出版著作 30 余种，发表学术文章 400 多篇。主持国家战略研究项目、国家社科基金重大攻关项目与决策咨询项目、教育部重大项目与重点项目以及多个中央部委重点科研项目。荣获第六届高等学校科学研究优秀成果奖（人文社会科学）一等奖，第九届、第十届、第十二届中国图书奖，国家级优秀教学成果二等奖，全国首届孺子牛金球奖荣誉奖，全国挑战杯园丁奖，北京市哲学社会科学优秀成果奖一等奖等多种全国性或省部级学术与教学奖励，以及"有突出贡献的中青年专家"称号和"为首都建设做出突出贡献的先进个人"称号，是北京市理论人才百人工程、教育部新世纪优秀人才支持计划、国家百千万人才工程入选者。

王　伟 康复大学（筹）临时党委副书记、领导小组常务副组长，管理学博士，副教授，硕士生导师，青岛市国际税收研究会副会长。研究方向为城市建设与应急管理、社区公共安全治理等。主持或参与高等教育科学研究"十三五"规划课题、中国高等教育学会专项课题、山东省高等学校教学改革项目、山东省高校人文社科项目等各级课题 20 余项，在国内期刊发表论文 20 余篇，出版著作 3 部。曾获山东省教育教学成果奖二等奖，山东省安全生产管理协会科学技术奖一等奖，山东省软科学优秀成果奖三等奖，山东省煤炭工业科学技术二等奖等。

杨立雄　1968 年生，毕业于南开大学社会学系，获博士学位，教授、博士生导师，任中国人民大学中国社会保障研究中心副主任、中国人民大学残疾人事业发展研究院副院长。曾于 2010 年、2018 年分别在美国印第安纳大学和康奈尔大学做访问学者，多次应邀出席联合国、OECD 等国际会议并做主题发言。专注于残疾人事业理论与政策研究，涉及残疾人社会政策比较、残疾人社会保障、残疾人劳动就业、辅助器具产业等，发表论文近百篇，出版专著 8 部，是国家社科基金重大项目"中国残疾人家庭社会支持及案例库建设"的首席专家，承担国家社科基金一般项目 2 项，承担部委课题超过 50 项。承担的北京市社科基金项目获"北京市第十二届哲学社会科学优秀成果奖"二等奖，3 次获得中国残疾人联合会举办的中国残疾人事业研究优秀成果一等奖、二等奖。

王忠彦　医学博士，康复大学社会发展学院教师，中国残疾人康复协会残疾分类研究专业委员会常务委员，山东省无障碍环境促进会专家委员会副主任委员，世界卫生组织国际分类家族合作中心（WHO-FIC CC）专家。主要研究方向为人口健康与社会医学、康复科技与产业政策、残疾人事业发展。主持中国残联课题、山东省重点研发计划（软科学）项目、山东省本科教学改革研究项目等课题 6 项，作为主要成员参与国家和省部级课题 10 余项，主编和参编著作 3 部。获国际期刊（*Cell and Bioscience*）杰出论文奖、山东省软科学研究会产教融合文化专委会突出贡献奖。

黎建飞　中国人民大学法学院教授、博士生导师，兼任中国人民大学残疾人事业发展研究院副院长，中国人民大学民商事法律科学研究中心劳动和社会保障法研究所所长，海商法、保险法研究所主任。中国劳动保障监察专业委员会副会长，中国社会法学会常务理事。中国残疾人事业"十三五"发展纲要重点支撑课题首席专家。全国人大社会建设委员会无障碍环境建设立法专家顾问。

张万洪 武汉大学法学院教授，武汉大学人权研究院院长，残疾人事业发展研究会副会长，湖北省残疾人事业发展研究会副会长。主要研究方向为法学理论、人权法、残疾人权利保护等。在国内外刊物发表论文多篇，并有著作及译著多部。曾任美国哥伦比亚大学法学院、挪威奥斯陆大学法学院、瑞典罗尔·瓦伦堡人权与人道主义法研究所、丹麦人权研究所等教研机构访问学者。曾作为专家小组成员，参与国务院《国家人权行动计划（2009—2010年）》的起草工作。

栗燕杰 法学博士，中国社会科学院法学研究所副研究员，主要研究方向为行政法、社会法学。长期从事法治指数评估和社会法相关研究。已出版专著两部，有十多篇论文发表在《国家行政学院学报》《人民检察》《人民论坛》等刊物上，数十篇研究报告通过"法治蓝皮书"以及《改革内参》《理论动态》《法治参阅》等渠道刊登。

徐　爽 中国政法大学人权研究院副教授。兼任中国法学会宪法学研究会理事、中国人权研究会理事、中国人权发展基金会特邀理事，民政部专家咨询委员会委员、民政部社会事务工作专家委员会残疾人福利专家组委员。主要研究方向为宪法学、人权法学、民族与共同体研究。

胡　莹 苗族，1988年7月生，北京交通发展研究院轨道交通所主任工程师，博士研究生，高级工程师，北京建筑大学兼职硕士生导师。长期追踪大城市交通发展中"难点痛点问题"，以促进居民出行健康化、绿色化、低碳化、适老化和适幼化发展为目标，一直致力于步行、自行车等交通出行方式和交通无障碍发展领域的基础理论和实践技术应用研究。目前，公开发表学术论文 20 余篇、出版著作 2 部，取得 5 项发明专利，主持或参与编制了 3 部地方性标准，获得全球优胜奖 1 项，省部级行业的科学技术一等奖 2 项、二等奖 3 项。获得"北京公路优秀工程师""北京公路青年科技奖"等称号。

徐 辉 医疗福祉学博士，2002 年赴日留学，2022 年回国加入康复大学。2008 年起师从被称为"日本老化预防、老年康复第一人"的竹内孝仁教授及日本福祉城市建设学会会长野村欢教授，在日本国际医疗福祉大学致力于自立支援照护、认知症照护、适老化改造等研究。在日期间主要从事临床及照护人员的教育培训等工作，取得了日本照护福祉士国家资格。现为日本照护福祉士学会、日本自立支援照护学会、山东省无障碍环境促进会专家委员会会员，中国老年保健协会养老服务与人才教育专业委员会委员。

任祥霞 中国科学技术大学博士，康复大学讲师，山东省人口健康公共政策软科学研究基地青年骨干，无障碍管理专业助理负责人，山东省无障碍环境促进会专家委员、中国残疾人事业发展研究会会员、青岛市社科青年联盟会员。主要研究方向为老年人、残疾人等特殊人群的公共安全应急管理与通行无障碍环境建设，为提高特殊人群通行效率、管控策略和安全服务水平提供数据支撑、理论依据和实证方法。近两年主持国家自然科学基金项目、山东省自然科学基金项目、中国残疾人联合会课题、山东省文旅厅重点项目各 1 项，近 5 年发表高水平论文 25 篇，其中担任第一作者的论文 11 篇，获"2019 中国公共安全大会优秀论文奖"。

张 毅 中国船级社质量认证有限公司无障碍业务中心总经理，国家级无障碍专家，国内第一批无障碍环境认证审查员，先后参与《民用建筑无障碍设施评价标准》《民用机场无障碍环境评价标准》《无障碍环境认证实施规则》等行业相关标准起草工作，助力我国无障碍环境认证标准和制度的建立。一贯践行"知行合一"的理念，以高度的社会责任感和对无障碍事业的热忱，积极投身无障碍环境认证专业队伍建设，通过无障碍专题培训、标准解析、制度解读、案例分享、现场调研等形式，夯实无障碍环境认证业务理论基础。

摘　要

　　《中国残疾人事业研究报告（2024）》分为总报告、专题报告、地方报告三部分。总报告全面总结了中国残疾人联合会①第七次全国代表大会②以来中国残疾人事业发展所取得的成就与经验，系统分析了残疾人事业发展过程中存在的不足与当前所面临的新形势新挑战，提出了中国残疾人联合会第八次全国代表大会③后的五年残疾人事业改革发展新思维新目标，重点关注《无障碍环境建设法》贯彻实施、残疾人事业区域协调发展、科技创新人才培养等问题，同时还总结了 2023 年度残疾人事业进展，提出下一步在康复服务、社会保障、残疾人教育等方面推进残疾人事业高质量发展。专题报告全面总结分析了无障碍环境建设法律法规、残疾人权益保障发展历程、无障碍社会公众认知、无障碍出行环境及无障碍社会服务发展等，针对无障碍环境建设与残疾人权益保障中存在的问题和不足，提出了新时代无障碍环境建设与无障碍社会服务及残疾人权益保障的对策建议。地方报告选取了辽宁、吉林、黑龙江三个省，分别总结了三省在残疾人脱贫攻坚与脱贫成果巩固拓展、残疾人就业、基本民生保障、关爱服务能力提升、社会融合发展及残疾人权益维护等方面的成功经验和做法，分析了发展过程中存在的不足与面临的新形势新挑战，并针对未来残疾人在中国式现代化进程中实现高质量全面

---

　　①　"中国残疾人联合会"简称"中国残联"，下文将"残疾人联合会"简称为"残联"。
　　②　简称"七代会"。
　　③　简称"八代会"。

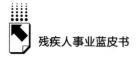

发展和共同富裕提出了对策建议。

关键词： 残疾人事业　脱贫攻坚与成果巩固　无障碍社会服务　残疾人权益保障　无障碍环境

目　录 ⤷

Ⅰ　总报告

B.1 "七代会"以来中国残疾人事业进展 …………………… 杨立雄 / 001

B.2 2023年度中国残疾人事业进展 …………………… 杨立雄 / 025

Ⅱ　专题报告

B.3 残疾人权益保障进展报告（2024）………… 张万洪　赵金曦 / 045

B.4 中国残疾人法律援助发展报告（2024）………… 栗燕杰 / 068

B.5 无障碍环境建设法治化12年：发展、挑战与新征程 …… 徐　爽 / 083

B.6 无障碍环境建设法律法规发展报告（2024）

　　　…………………………………………… 黎建飞　窦　征 / 101

B.7 信息无障碍发展报告（2024）…… 王忠彦　王　伟　安　娜 / 115

B.8 城市交通无障碍出行环境发展报告（2024）

　　　………………………………………………… 胡　莹　王梦瑶 / 134

B.9 无障碍社会服务调查报告（2024）………… 徐　辉 / 147

B.10 社会公众无障碍认知调查报告（2024）………… 任祥霞 / 171

B.11 中国船级社质量认证有限公司首批无障碍环境

认证案例 ………………………… 张　毅　孙　军　陈兴华 / 198

Ⅲ　地方报告

B.12 辽宁省残疾人事业发展报告（2024）

……………………………… 辽宁省残疾人联合会 / 211

B.13 吉林省残疾人事业发展报告（2024）

……………………………… 吉林省残疾人联合会 / 228

B.14 黑龙江省残疾人事业发展报告（2024）

……………………………… 黑龙江省残疾人联合会 / 245

Abstract ………………………………………………… / 261

Contents ………………………………………………… / 263

皮书数据库阅读**使用指南**

总 报 告

B.1

"七代会"以来中国残疾人事业进展

杨立雄[*]

摘 要: 中国残疾人联合会第七次全国代表大会(以下简称"七代会")以来,残疾人事业进一步融入国家经济社会发展大局并获得全面快速发展,残疾人社会保障制度和关爱服务体系建设进一步加强,残疾人基本民生得到稳定保障。在精准扶贫、脱贫攻坚战役中,如期完成了"全面建成小康社会,残疾人一个也不能少"的目标任务,残疾人同全国各族人民共同实现了第一个百年奋斗目标,同时,开启向第二个百年奋斗目标进军的新征程。在中国式现代化新征程上,《无障碍环境建设法》获得通过并实施,中国残疾人联合会第八次全国代表大会(以下简称"八代会")胜利召开,未来五年,我国将进一步提高残疾人社会保障水平,促进残疾人高质量就业,健全完善关爱服务体系,丰富残疾人精神文化生活,加大《无障碍环境建设法》宣传力度,推进地方无障碍建设立法进程,加快无障碍环境建设,持

* 杨立雄,1968年生,毕业于南开大学社会学系,获博士学位,教授、博士生导师,任中国人民大学中国社会保障研究中心副主任、中国人民大学残疾人事业发展研究院副院长,研究方向为残疾人社会政策。

续关注残疾人事业区域协调发展和科技创新人才培养等重点难点问题，努力在中国式现代化进程中促进残疾人事业全面发展和残疾人共同富裕。

关键词： 残疾人事业　社会保障　关爱服务　无障碍环境　共同富裕

一　"七代会"以来残疾人事业概况

"七代会"以来，在以习近平同志为核心的党中央高度重视和坚强领导下，在习近平总书记对残疾人格外关心、格外关注下，在各地区、各部门、社会各界的共同努力下，如期实现"全面建成小康社会，残疾人一个也不能少"的目标。残疾人事业得到全面发展，残疾人社会保障制度和关爱服务体系建设进一步加强，残疾人基本民生得到稳定保障，《无障碍环境建设法》获得通过并实施。"七代会"以来五年里，胜利完成残疾人精准扶贫和打赢脱贫攻坚战役，建立兜底保障全覆盖、"普惠+特惠"基本民生保障制度，着力解决残疾人急难愁盼，倡导平等参与融合发展，开展扶残助残文明实践活动。"七代会"以来，全国8500万残疾人的生活得到显著改善，710多万农村贫困残疾人实现整体脱贫，125.3万残疾人纳入特困供养，1045.5万残疾人享有最低生活保障，1161.7万困难残疾人领取生活补贴，1538.4万重度残疾人得到护理补贴，404.6万人次残疾人得到各种形式的托养服务①，残疾人康复、教育、就业、文化生活等需求不断得到满足，残疾人健康、教育水平和生活质量显著提高，平等、参与、共享理念广泛深入，向上向善的积极力量不断汇聚，残疾人获得感、幸福感、安全感不断增强。

（一）残疾人脱贫攻坚如期完成，防止规模性返贫成效显著

为确保贫困残疾人如期脱贫，为防止出现残疾人规模性返贫现象，党和政府将贫困残疾人脱贫和巩固拓展残疾人脱贫攻坚成果纳入国家战略布局，

---

① 数据来源：张海迪在中国残疾人联合会第八次全国代表大会上的报告。

并给予强力支持。

一是制定落实残疾人脱贫攻坚专项政策。一方面中共中央、国务院制定《关于打赢脱贫攻坚战三年行动的指导意见》，专节部署贫困残疾人脱贫行动，从制度上解决贫困残疾人家庭"两不愁三保障"问题。另一方面认真落实《"十三五"加快残疾人小康进程规划纲要》《贫困残疾人脱贫攻坚行动计划（2016—2020年）》相关政策以及电子商务助残扶贫行动、产业扶持助残扶贫行动等配套实施方案，健全残疾人权益保障制度，完善基本公共服务体系，强化脱贫帮扶政策，实现农村贫困残疾人脱贫等。

二是聚焦重点难点采取切实有效措施。一方面提供产业技能培训提升贫困残疾人自我发展能力，为贫困残疾人家庭成员安排适当工作岗位实现就业增收，对无法依靠产业扶持和就业帮助脱贫的重度残疾人家庭实行政策性保障脱贫。另一方面开展电商助残扶贫、光伏助残扶贫、阳光志愿者助残扶贫、"妇女编织"助残扶贫、易地扶贫搬迁、残疾家庭危房改造以及深化东西部扶贫协作等重点助残脱贫行动。此外，实施精准康复扶贫，减少康复支出和实现就业增收。

三是增强农村残疾人自我发展能力。经过脱贫攻坚，农村贫困残疾人全部脱贫，自我发展能力得到增强。在精准扶贫、脱贫攻坚战中，通过技术培训、产业扶持、扶贫基地建设等措施，2018~2020年，155.4万人次贫困残疾人接受了农村实用技术培训，1.66万贫困残疾人得到了贷款扶持，33万户贫困残疾人通过残疾人扶贫基地的辐射带动实现产业增收①。

四是巩固残疾人脱贫攻坚成果制度性保障全面加强。一方面，为从源头上实现巩固拓展脱贫攻坚成果，同时也为社会保障等各项制度能持续落实，中共中央、国务院出台《关于实现巩固拓展脱贫攻坚成果同乡村振兴有效衔接的意见》等政策文件，对巩固拓展残疾人脱贫攻坚成果进行了战略统筹与部署。另一方面，为巩固残疾人基本民生保障，守住残疾人返贫红线，国务院印发《"十四五"残疾人保障和发展规划》，民政部等部门印发《关于进一步完善困难残疾人生活补贴和重度残疾人护理补贴制度的意见》《关

---

① 数据来源：历年《中国残疾人事业统计年鉴》。

于进一步做好最低生活保障等社会救助兜底保障工作的通知》等系列政策文件，进一步健全完善残疾人社会保障制度。此外，在残疾人教育、就业、健康及文化生活等方面全面制定巩固拓展残疾人脱贫攻坚成果同乡村振兴有效衔接的相关政策和措施。

五是防止返贫动态监测和就业帮扶机制得到健全完善。一方面为防范残疾人家庭返贫风险，对易返贫致贫残疾人家庭开展定期检查和动态管理，建立健全易返贫致贫人口快速发现和响应机制。2020 年 11 月至 2023 年 5 月，纳入国家乡村振兴局易返贫致贫监测的持证残疾人监测户从 45.4 万户增加到 76.4 万户，残疾人监测户占全部监测户的比例从 10.3% 上升到 11.7%。另一方面，贯彻实施《促进残疾人就业三年行动方案（2022—2024 年）》《"十四五"农村困难残疾人实用技术培训项目实施方案》《机关、事业单位、国有企业带头安排残疾人就业办法》《"十四五"残疾人职业技能提升计划》等政策文件，对残疾人就业帮扶进行部署，残疾人就业稳步提升，各地落实贫困残疾人的各项帮扶政策和工作力量总体稳定。2022 年全国残疾人家庭人均年收入比 2020 年增加 3644 元，增长 19.57%，其中，转移性收入增长 26.84%，工资性收入增长 17.59%[①]。

（二）基本民生保障全面加强，残疾人生活水平稳步提高

强化残疾人社会保障制度保障残疾人基本民生一直受到党和国家的高度重视。2018~2022 年，残疾人社会保障制度不断完善，不仅保障了贫困残疾人如期脱贫，破解了"两不愁三保障"难题，改善了 8500 万残疾人的生活，保障了残疾人身心健康，还进一步巩固拓展了残疾人脱贫攻坚成果，残疾人基本民生得到了稳定保障。

一是民生保障政策持续强化，保障网络不断织密。为保障残疾人的基本民生，一方面健全完善残疾人最低生活保障和困难残疾人生活补贴、重度残疾人护理补贴制度，将无法单独立户的成年无业重度残疾人，按照单人户要

---

① 数据来源：2023 年全国残疾人家庭收入状况调查报告。

求纳入最低生活保障范围，将建档立卡贫困户中的重度残疾人单独纳入低保兜底范围，实现"应保尽保、应兜尽兜"。另一方面建立健全困难残疾人生活补贴和重度残疾人护理补贴标准动态调整机制，做到"应补尽补、应助尽助"。

二是医疗康复系列政策全面落实并进一步完善，残疾人健康得到很好保障。一方面将残疾人纳入基本医疗保险范围，同时，对家庭经济困难的残疾人参加基本医疗保险给予补贴，将农村贫困残疾人纳入基本医保、大病保险、医疗救助范围，并将建档立卡贫困人口作为医疗救助对象，确保应保尽保。另一方面制定残疾人康复服务的精准行动方案和全面建立实施残疾儿童康复救助制度，支持深度贫困地区有序提升贫困人口的医疗保障政策待遇。

三是养老保险制度全面落实和进一步完善，残疾人受惠程度普遍提高。进一步完善残疾人社会保障和福利补贴制度，地方政府为低保、特困、易返贫致贫人口及重度残疾人等缴费困难群体代缴部分或全部最低缴费档次养老保险费，使残疾人普遍享有基本养老。从 2018~2022 年《残疾人事业发展统计公报》数据看，残疾人参加基本养老保险人数由 2561.2 万人上升到 2761.7 万人，平均每年增加 50 余万人；获得养老保险资助补贴人员由 874.4 万人增加到 977.8 万人，五年共补贴 4709.7 万人次，比 2013~2017 年这五年增加 1799.3 万人次；领取养老金人数由 1024.4 万人上升到 1209.3 万人，五年共有 5621.8 万人次领取了养老金，比 2013~2017 年这五年增加 1739.2 万人次[①]。

四是创新重度残疾人托养服务模式，接受托养服务人数持续稳定。在《国务院办公厅关于促进养老托育服务健康发展的意见》《"十四五"阳光家园计划—智力、精神和重度肢体残疾人托养服务项目实施方案》等政策支持下，各地探索贫困家庭重度残疾人托养模式，并创新了"驻马店模式""洛阳模式"等地方特色贫困家庭重度残疾人托养模式。截至 2022 年底，开展残疾人托养服务的各级各类机构达 8906 个，2018~2022 年共为 85.7 万人次提供托养服务[②]。

---

① 数据来源：2018~2022 年中国残疾人联合会《残疾人事业发展统计公报》。
② 数据来源：2018~2022 年中国残疾人联合会《残疾人事业发展统计公报》。

（三）关爱服务水平不断提高，残疾人生存质量显著改善

"十三五"时期，党中央对残疾人格外关心、格外关注，中华民族传统美德和人道主义思想在全社会广泛弘扬，扶残助残的社会风尚更加浓厚，关爱服务能力水平大幅提升。"十四五"期间，特别是在党的二十大精神引领下，残疾人关爱服务体系得到健全完善，残疾人公共服务质量迅速提高，残疾人人生道路阳光普照。

一是建立实施残疾儿童康复救助制度，康复救助人数迅速提升。在《国务院关于建立残疾儿童康复救助制度的意见》的指导下，为优化和改进残疾儿童康复救助服务，各省（自治区、直辖市）出台地方性残疾儿童康复救助制度，优化残疾儿童康复救助经办服务，拓展残疾儿童救助年龄段，为残疾儿童接受基本康复服务提供制度性保障，提升残疾儿童家庭获得感。从2018~2022年《残疾人事业发展统计公报》看，五年共有134.5万残疾儿童得到康复救助，其中，2022年比2018年增加了25万人，年均增幅27%以上[①]。

二是实施国家手语和盲文规范化行动，无障碍交流得到快速发展。深入贯彻落实《国家通用手语推广方案》《国家通用盲文推广方案》《第二期国家手语和盲文规范化行动计划（2021—2025年）》，以推广国家通用手语和国家通用盲文为契机，建立健全工作协调机制，共同推动手语和盲文规范化、标准化工作。目前，国家通用手语和国家通用盲文水平等级标准、手语翻译资格（水平）标准试点工作有序开展，国家通用盲文测试大纲和题库逐步完善，《中国少年先锋队队歌、呼号、入队誓词和中国共产主义青年团团歌、入团誓词国家通用手语方案》作为国家语委语言文字规范正式发布实施。

三是残疾儿童入学率稳步上升，高考便利程度大大提升。在《残疾人教育条例》《第二期特殊教育提升计划（2017—2020年）》《"十四五"特殊教育发展提升行动计划》以及各地控辍保学等系列政策措施的保障下，对不能到校就读、需要专人护理的适龄残疾儿童少年，采取送教进社区、进

---

① 数据来源：2018~2022年中国残疾人联合会《残疾人事业发展统计公报》。

儿童福利机构、进家庭的方式实施教育，以区县为单位完善送教上门制度，为残疾学生提供规范、有效的送教服务，残疾儿童少年义务教育入学率稳步提高，多数省（自治区、直辖市）残疾学生义务教育入学率在97%以上，部分省（自治区、直辖市）残疾学生义务教育入学率高达99.9%[①]。2018~2022年，残疾学生高考便利度持续提升，高校招生人数持续上升，从2018~2022年《残疾人事业发展统计公报》看，通过高考便利措施和单考单招政策，共有90142名残疾学生被高校录取[②]，他们和健全同学一样走进了心仪已久的大学，有的还获得硕士、博士学位。

四是开展精准康复服务行动，康复服务规范发展。2018~2022年，为认真贯彻落实《残疾人精准康复服务行动实施方案》，各地制定残疾人精准康复服务措施，持续开展残疾人精准康复服务行动，加强残疾人康复机构与人才队伍建设，深化社区康复工作，全面推进残联系统康复机构业务规范建设和康复专业技术人员规范化培训。从《2022年残疾人事业发展统计公报》看，全国残疾人康复机构已达11661个，康复机构在岗人员达32.8万人，全年完成康复专业技术人员规范化培训1.7万人[③]。残疾人康复、托养等服务设施达到4539个，比2018年底增加470个，残疾人基本康复服务覆盖率稳定在85%以上，1218万人次残疾人得到辅助器具适配服务，各省（自治区、直辖市）建立了残疾人辅助器具适配补贴制度[④]。

五是加强残疾人家庭医生签约服务，残疾人医疗服务质量稳步提高。在《关于进一步做好建档立卡贫困残疾人家庭医生签约服务工作的通知》安排部署下，为进一步做好贫困残疾人家庭医生签约服务工作，各地采取有效措施，动员、帮助贫困残疾人与基层医疗机构签约，提升签约服务水平，残疾人家庭医生签约人数逐年增加，签约率稳步提升，贫困残疾人家庭医生签约服务获得感逐步增强。据调查，2022年残疾人家庭医生签约人数为2718.8

---

① 数据来源：2023年度全国各省（自治区、直辖市）残疾人事业工作总结。
② 数据来源：2018~2022年中国残疾人联合会《残疾人事业发展统计公报》。
③ 数据来源：《2022年残疾人事业发展统计公报》。
④ 数据来源：张海迪在中国残疾人联合会第八次全国代表大会上的报告。

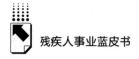

万余人、签约率达71.82%，比2018年签约人数1503.0万人、签约率45.44%分别增加1215.8万人和26.38个百分点①。

六是实施国家残疾预防行动计划，残疾预防取得积极成效。在党和政府的高度重视以及全社会共同努力下，在两期国家残疾预防行动计划的安排部署下，我国残疾预防工作体系和残疾预防政策体系进一步完善，全人群全生命周期残疾预防服务网络逐步健全，在"残疾预防日"、爱耳日、防治碘缺乏病日、爱眼日、预防出生缺陷日、精神卫生日等节点开展宣传活动，残疾预防服务能力、科技创新能力、公众参与能力以及全民残疾预防素养明显提升，遗传性、先天性残疾，慢性病、精神障碍、意外伤害等导致残疾的风险逐步下降，残疾预防主要指标进入中高收入国家行列。截至2022年，新生儿遗传代谢病和听力障碍筛查率均在90%以上，全国孕前优生健康检查目标人群覆盖率达93.5%，产前筛查率达85.7%，新生儿遗传代谢病和听力障碍筛查率均在90%以上，3岁以下儿童系统管理率达到93.0%。适龄儿童免疫规划疫苗接种率维持在90%以上，重大地方病县（市、区、旗）控制消除率达100%，高血压、糖尿病等主要慢性病患者基层规范管理率超60%，登记在册的严重精神障碍患者规范管理率超80%。全国生产安全事故发生起数同比下降24%②。

（四）社会包容环境持续改善，平等、参与、共享阳光普照

2018~2022年，以习近平同志为核心的党中央对残疾人事业高度重视，社会包容环境持续改善，残疾人教育、就业创业、文化体育等多领域快速发展，残疾人与健全人同样活出精彩人生，全国自强模范、全国劳动模范等先进典型不断涌现，全国五一劳动奖章、中国青年五四奖章、全国三八红旗手等国家荣誉获得者层出不穷。2019年7月，国务院新闻办发布了《平等、参与、共享：新中国残疾人权益保障70年》白皮书，阐述了中国共产党和

中国政府尊重和保障残疾人权利的成就，指出残疾人获得感、幸福感、安全感持续提升。2021年9月9日，国务院新闻办发布《国家人权行动计划（2021—2025年）》并要求促进残疾人的平等参与和社会融入。2022年3月，国务院新闻办发布《中国残疾人体育事业发展和权利保障》白皮书，阐述了中国确保残疾人享有的各项权利，为残疾人参与体育活动和社会生活以及实现全面发展奠定了坚实基础。

一是残疾人就业人数稳步提升。在开展促进残疾人就业三年行动，机关、事业单位、国有企业带头安排残疾人就业，加强农村残疾人就业帮扶，实施"美丽工坊"残疾妇女就业项目，精准帮扶高校残疾毕业生就业，鼓励残疾人通过各种形式就业创业等系列政策措施的支持帮助和鼓励下，全国城乡持证残疾人已实现就业达905.5万，其中按比例就业86.7万人，集中就业26.0万人，个体就业64.1万人，公益性岗位就业17.9万人，辅助性就业15.2万人，灵活就业265.6万人，从事农业种养加430.0万人①。

二是残疾人受教育程度大幅提升。在《中国教育现代化2035》《"十四五"公共服务规划》《"十四五"特殊教育发展提升行动计划》等系列政策措施的支持和部署下，融合教育理念不断深入，残疾人受教育条件和环境大幅改善，残疾人受教育权益得到快速提升。据《2022年残疾人事业发展统计公报》，全国现共有特殊教育普通高中（部、班）118个，比2018年增加16个，在校生11431人，比2018年增加3765人②。残疾人中等职业学校（班）184个，比2018年增加51个。高等教育招收30035名残疾学生，比2018年增加17000余名③。据调查，未上过学的残疾人比例由2018年的21.99%下降到2022年的8.98%，下降了13.01个百分点④。

三是文化体育活动全面开展。在《"十四五"提升残疾人文化服务能力实施方案》《"十四五"残疾人体育发展实施方案》《"十四五"公共服务规

①　数据来源：《2022年残疾人事业发展统计公报》。
②　数据来源：2018年、2022年《残疾人事业发展统计公报》。
③　数据来源：2018年、2022年《残疾人事业发展统计公报》。
④　数据来源：《残疾人基本服务状况和需求信息数据动态更新报告（2023）》。

划》等系列政策支持和部署下，为残疾人文化体育创造了更好的条件和环境。在文化活动方面，持续开展全国残疾人文化周和"共享芬芳"系列巡演展览活动。在文化设施设备等方面，据《2023年残疾人事业发展统计公报》，全国已有省级残疾人专题广播节目24个、电视手语栏目37个，全国各级公共图书馆设立盲文及盲文有声读物阅览室1541个，全国省、地两级残疾人艺术团共有226个①。我国还促进残疾人竞技体育、康复健身等群众性体育协同发展，举办全国残疾人健身周活动。在竞技体育上，中国残疾人体育代表团在东京残奥会上实现金牌榜和奖牌榜五连冠，在北京冬残奥会上夺得18枚金牌、20枚银牌、23枚铜牌，居金牌榜、奖牌榜第一位；在群众性体育活动上，实施残疾人康复健身体育行动，开展健身周、特奥日、冰雪季活动，全国残疾人社区文体活动参与率由2018年的12.9%上升至2022年的26.3%②。

四是推动将扶残助残纳入公民道德建设。2018~2022年，以习近平新时代中国特色社会主义思想为指导，广泛践行社会主义核心价值观，中国残联、中央文明办等12部门制定印发《关于进一步推进扶残助残文明实践活动的实施意见》，推动将扶残助残纳入公民道德建设，营造理解、尊重、关心、帮助残疾人的文明社会氛围。开展全国自强模范与助残先进集体和个人评选表彰。深入开展"全国助残日""国际残疾人日"等活动，营造友爱互助的良好社会氛围。各地组织7月6日"全国志愿助残阳光行动主题日"系列活动，实施"心手相牵，共享阳光"助残行动，创建并巩固"邻里守望""文化助盲"等志愿服务品牌。

五是无障碍环境建设成效显著。一方面深入贯彻落实《无障碍环境建设条例》，城市轮椅坡道、无障碍卫生间随处可见，高速公路、铁路客运、车站、码头、机场、医院、公园、残疾人服务机构、养老机构、主要文化体育场所、主要城区道路等基本实现了无障碍化，残疾人出行更加便利。另一

---

① 数据来源：《2023年残疾人事业发展统计公报》。
② 数据来源：《残疾人基本服务状况和需求信息数据动态更新报告（2023）》。

方面逐步健全无障碍环境建设法规体系，以无障碍环境建设立法为核心，制定出台批准了包括《无障碍环境建设"十四五"实施方案》、《建筑与市政工程无障碍通用规范》（GB 55019-2021）、《关于"十四五"推进困难重度残疾人家庭无障碍改造工作的指导意见》、《马拉喀什条约》等系列有关无障碍环境设施设备、信息交流、社会服务以及权益维护等无障碍环境建设法规。据调查，2018～2022 年，残疾人家庭无障碍改造累计 648.98 万户①。此外，无障碍社会服务得到重视，特别是在公共场所，不仅无障碍服务设施设备普遍得到改善，无障碍社会服务也得到快速发展，关键场所无障碍社会服务标准化水平明显提高。

（五）残疾人事业财政资金稳步增加

自中国残疾人事业五年计划纲要实施以来，残疾人事业发展得到了强力的资金保障，资金投入稳步上升。

一是中央财政资金投入逐年增加。从财政部全国一般公共预算支出决算数据看，康复辅助器具、特殊学校教育、康复、就业扶贫、体育、两项补贴以及其他残疾人事业七项经费由 2018 年的 639.61 亿元增加到 2022 年的 855.4 亿元，五年共投入 3759.31 亿元，比上一个五年翻了一番（见表1）。

表1　2018～2022 年残疾人事业财政支出

单位：亿元

	康复辅助器具	特殊学校教育	康复	就业扶贫	体育	两项补贴	其他残疾人事业
2018 年	0.79	114.49	64.96	65.18	7.95	173.34	212.90
2019 年	1.90	127.68	74.87	67.54	12.55	230.06	204.45
2020 年	1.53	139.06	74.69	66.07	10.01	269.19	193.22
2021 年	0.90	149.55	72.32	65.53	9.12	305.58	188.48
2022 年	0.86	168.70	76.63	58.41	15.82	354.41	180.57

数据来源：财政部全国一般公共预算支出决算表。

---

① 数据来源：《残疾人基本服务状况和需求信息数据动态更新报告（2023）》。

二是残疾人事业专项资金逐年增加。自《中国残疾人事业五年计划纲要专项资金管理办法》实施以来，残疾人事业发展得到了强力的资金保障，专项资金投入稳步增加。2018~2022年，各级财政对残疾人事业专项资金投入达2195.8亿元，比上一个五年增长18%[1]。

三是残疾人服务设施建设资金逐年增加。从2018~2022年《残疾人事业发展统计公报》看，全国各级残疾人服务设施建设资金持续增加，由2018年的345.9亿元增加到2022年的489.4亿元，平均每年增加35.88亿元，五年共投入2095.6亿元，其中，在综合服务设施领域投入957.6亿元，在康复服务设施领域投入765.7亿元，在托养服务设施领域投入372.3亿元（见表2）。

四是残疾人服务设施建设规模逐年扩大。从2018~2022年《残疾人事业发展统计公报》看，全国残疾人服务设施建设规模不断扩大，其中，残疾人综合服务设施由2018年的578.3万平方米扩大到2022年的611.1万平方米，残疾人康复设施由2018年的344.9万平方米扩大到2022年的606.9万平方米，残疾人托养服务设施由2018年的214.8万平方米扩大到2022年的318.0万平方米（见表2）。

表2　2018~2022年全国竣工残疾人服务设施建设情况

		2022年	2021年	2020年	2019年	2018年	合计
综合服务设施	数量（个）	2263	2290	2318	2341	2364	11576
	面积（万平方米）	611.1	612.9	612.3	584.5	578.3	2999.1
	资金投入（亿元）	203.8	197.6	196.2	183.1	176.9	957.6
康复服务设施	数量（个）	1200	1164	1063	1006	914	5347
	面积（万平方米）	606.9	550.6	462.7	414.2	344.9	2379.3
	资金投入（亿元）	197.8	178.1	146.4	132.2	111.2	765.7
托养服务设施	数量（个）	1076	1048	1024	887	791	4826
	面积（万平方米）	318.0	303.8	285.4	251.3	214.8	1373.3
	资金投入（亿元）	87.8	82.8	77.3	66.6	57.8	372.3

数据来源：2018~2022年《残疾人事业发展统计公报》。

---

① 数据来源：张海迪在中国残疾人联合会第八次全国代表大会上的报告。

五是残疾人基础数据共享机制建设逐渐成熟。2018~2022年,残疾人人口基础数据库逐步完善。首先,全国持证残疾人人口基础数据库收录了3700多万名持证残疾人信息,数据库覆盖了所有持证残疾人,残疾人证办理、两项补贴申领、按比例就业年审等均实现了"跨省通办"。其次,每年开展全国残疾人基本服务状况和需求调查,建立残疾人基础数据库,形成残疾人动态更新报告。最后,持续为国务院信息资源整合利用平台推送残疾人基础状况、需求信息等,将残疾人基础信息纳入公安部国家人口基础信息库,与民政、教育等相关部门建立数据共享比对机制,残疾人数据共享机制逐步健全。

(六)维权机制逐步健全完善,残疾人权益维护持续加强

2018~2022年,保护残疾人权益的法律法规逐步完善,残疾人信访渠道优化畅通、信访积案快速化解,残疾人平等权利得到充分保障。

一是维护残疾人权益的法规制度不断完善。从2018~2022年《残疾人事业发展统计公报》看,五年共制定或修改关于残疾人的专门法规和规章省级44个、地级37个;制定或修改保障残疾人权益的规范性文件省级133个、地级300个、县级832个;全国成立残疾人法律救助工作协调机构12801个,建立残疾人法律救助工作站11883个①。

二是维护残疾人权益力度不断加大。一方面加大权益维护力度,围绕健全残疾人权益保障机制、加强残疾人司法保护、开展残疾人信访积案化解等方面依法加大维护残疾人各项权益的力度。从2018~2022年《残疾人事业发展统计公报》看,五年全国县级以上人大开展《中华人民共和国残疾人保障法》执法检查和专题调研1659次;政协开展视察和专题调研1304次②。另一方面畅通残疾人信访渠道,集中快速化解信访积案,围绕近几年来久拖未决、问题较为突出、风险隐患相对较高的残疾人信访案件和信访诉

---

① 数据来源:2018~2022年《残疾人事业发展统计公报》。
② 数据来源:2018~2022年《残疾人事业发展统计公报》。

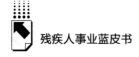

求等热点敏感案件，指导督促各省市残联进行集中攻坚和及时化解，消除隐患。

三是充分保障残疾人参政议政权利。一方面充分保障残疾人参政议政平等权利，2018~2022年，有6000多名残疾人、残疾人亲友和残疾人工作者担任人大代表和政协委员①。另一方面提高残疾人参政议政积极性。从2018~2022年《残疾人事业发展统计公报》看，各地残联协助"两会"代表提出议案和建议、提案累计3700余件，办理议案和建议、提案累计6054件，残疾人参政议政积极性大大提高②。

（七）组织建设健康发展，服务能力全面提升

2018~2022年，各级残联落实全面从严治党各项要求，党的建设不断加强，残联体制机制健康发展，职能得到更加充分发挥，基层组织活力和服务能力明显提升。

一是自身建设进一步加强。一方面落实全面从严治党各项要求，加强干部队伍建设，造就忠诚干净担当的高素质干部队伍。另一方面有序推进残联改革，不断增强政治性、先进性、群众性。此外，指导地方残联积极协助当地党委和组织部做好残联领导班子换届工作，以残联换届为契机，配齐配强各级残联领导班子。

二是健全社会参与机制。通过设立社区残疾人专职委员、加强和改进残疾人专门协会建设等推动地方残疾人工作创新发展，为残疾人事业不断注入生机活力。从《2022年残疾人事业发展统计公报》看，地方各级残疾人专门协会共1.5万个，全国助残社会组织共3131个③。据调查，2022年全国有社区残疾人专职委员的占比达94.27%，有社区残疾人协会的占比达96.13%，有社区入户访视制度的占比达94.34%④。

---

① 数据来源：张海迪在中国残疾人联合会第八次全国代表大会上的报告。
② 数据来源：2018~2022年《残疾人事业发展统计公报》。
③ 数据来源：《2022年残疾人事业发展统计公报》。
④ 数据来源：《残疾人基本服务状况和需求信息数据动态更新报告（2023）》。

三是推动地方残疾人工作创新发展。2018~2022 年，各地残疾人事业在全面发展中逐渐凸显出各自的发展特色。东部地区突出服务保障，中西部地区突出民生保障。长三角、京津冀、粤港澳等地区在推动残疾人公共服务便利共享、促进残疾人事业协同发展、发挥残疾人事业先行示范作用方面充分发挥了各自优势和特色。

（八）积极参与残疾人领域国际事务，残疾人国际舞台异彩纷呈

2018~2022 年，我国在体育、康复、人权、和平、发展等方面积极参与残疾人领域国际事务，国际影响力不断提升。

一是成功举办北京冬残奥会等重大国际赛事，推动国际残疾人体育运动快速发展。第 13 届北京冬残奥会上，中国体育代表团发扬"使命在肩、奋斗有我"的精神，自强不息、团结拼搏，位居金牌榜和奖牌榜榜首，为祖国和人民赢得了荣誉，为成功举办北京冬残奥会作出了重大贡献。北京第 13 届冬残奥会期间，我国代表团与各个国家和地区代表团友好交往、增进友谊、共享盛会，共同促进残奥运动发展。2018~2022 年，中国残奥委员会与芬兰、俄罗斯、希腊签订了残疾人体育发展战略合作协议，中国残疾人体育代表团在重大国际赛事上所取得的优异成绩，不仅展现了中国残疾人体育代表团团结拼搏精神，更大力推动了国际残疾人体育运动的纵深发展。

二是认真履行《残疾人权利公约》，有力宣示了我国残疾人人权保障事业新成就。一方面忠实履行《残疾人权利公约》，出版《平等、参与、共享：新中国残疾人权益保障 70 年》《中国残疾人体育事业发展和权利保障》白皮书，2022 年中国政府顺利通过联合国对我国履行《残疾人权利公约》情况的审议。另一方面中国持续实施"亚太残疾人十年"，"亚太残疾人十年"已成为残疾人事业区域合作的典范。此外，通过康复国际组织积极推动国际残疾人事务发展，2023 年 5 月，在北京举办的康复国际百年庆典会上，中国政府宣布将继续支持"亚太残疾人十年"，愿同国际社会一道努力，共同推进国际残疾人事业交流与合作，促进残疾人包容发展，不断增进人类健康福祉。

三是加强"一带一路"残疾人领域务实合作，推动与有关国家和国际

残疾人组织的广泛交流。一方面认真落实习近平主席在"一带一路"国际合作高峰论坛上提出的"密切妇女、青年、残疾人等群体交流"① 重要倡议。中国残联积极与"一带一路"相关国家开展定期交流活动以及开展残疾康复领域务实项目合作。另一方面倡议"一带一路"相关国家和地区树立残疾人事务国际合作新典范；深化"一带一路"残疾人事务务实合作，共同促进社会融合发展。此外，我国已与巴基斯坦、希腊、柬埔寨、老挝、越南等多个"一带一路"相关国家签署残疾人领域合作协议；举办康复国际百年庆典，习近平主席向庆典致贺信并强调中国愿同世界各国一道，共同推进国际残疾人事业交流与合作，不断增进人类健康福祉。②

二 "八代会"后残疾人事业展望

2018～2022 年，在习近平总书记的亲切关怀下，在党中央和国务院的决策部署下，在为残疾人照亮生活道路的人道主义精神感召带领下，700 多万建档立卡贫困残疾人脱贫奔小康，残疾人事业迈上了新台阶、站到了新起点。党的二十大为残疾人事业发展绘就了宏伟蓝图，开启新的逐梦征程。"八代会"提出了残疾人事业未来发展的目标和使命。2023～2027 年，残疾人事业将以"八代会"胜利召开为标志，在中国式现代化进程中，团结带领广大残疾人共同创造更加幸福美好的共同富裕新生活，推动残疾人事业高质量全面发展不断前进。但是，在充分肯定残疾人事业取得显著成绩的同时，也应清醒地认识到残疾人事业发展还不平衡、不充分以及残疾人就业增收难、返贫致贫风险高、收入差距大等问题，残疾人工作也存在一些不足和欠缺，这些问题是可以在发展中逐步加以克服解决的。

---

① 习近平：《齐心开创共建"一带一路"美好未来——在第二届"一带一路"国际合作高峰论坛开幕式上的主旨演讲》，人民网，2019 年 4 月 27 日，http：//jhsjk. people. cn/article/31053291。
② 《习近平向康复国际百年庆典致贺信》，人民网，2023 年 5 月 22 日，http：//jhsjk. people. cn/article/32691356。

（一）残疾人事业发展迎来新机遇

"八代会"提出：今后五年是在中国式现代化进程中促进残疾人事业全面发展的重要时期，要始终牢记习近平总书记"两个格外"的殷殷嘱托，深入贯彻党的二十大精神，全面落实"一个必须坚持"和"三个必须牢牢把握"的残疾人事业全面发展要求，不断完善残疾人事务共商共建共享治理模式，着力提升联系、服务残疾人能力和水平，把基层残疾人组织锻造得更加坚强有力，把党和政府的温暖送到残疾人身边。

一是残疾人事业高质量全面发展进入重要时期。我国残疾人事业在党和政府的高度重视和大力支持下快速发展，特别是在习近平新时代中国特色社会主义思想指导下，经过理论和实践上的不断创新突破，残疾人事业得到了全面发展，迈上了新台阶，在民族复兴的伟大征程上，步入了中国式现代化进程重要时期。一方面，党的二十大对发展残疾人事业作出重要部署，提出了"完善残疾人社会保障制度和关爱服务体系，促进残疾人事业全面发展"[①] 一系列明确要求。另一方面，"八代会"胜利召开，中共中央、国务院对新时代新征程残疾人事业全面发展明确提出"一个必须坚持"和"三个必须牢牢把握"，强调新时代新征程在中国式现代化进程中促进残疾人事业全面发展、推进残疾人事业现代化、推进残疾人共同富裕。

二是新时代残疾人事业高质量发展有了根本遵循。以习近平同志为核心的党中央对残疾人事业作出一系列重要论述和重要指示批示，特别是党的二十大为残疾人事业全面发展作出了重要部署，为新征程残疾人事业发展指明了前进方向、提供了根本遵循。在"八代会"上，中共中央、国务院明确提出了"一个必须坚持"和"三个必须牢牢把握"的要求，这是未来残疾人工作必须遵循的指导原则。实践充分证明，党的十八大以来，在新时代中

[①] 习近平：《高举中国特色社会主义伟大旗帜 为全面建设社会主义现代化国家而团结奋斗——在中国共产党第二十次全国代表大会上的报告》，人民出版社，2022，第48页。

国特色残疾人事业理论指导下，形成了富有中国特色残疾人事业发展体系，残疾人同全国各族人民同步全面建成小康社会，实现了第一个百年奋斗目标，开启了中国式现代化进程中残疾人事业高质量全面发展新征程。

三是残疾人事业高质量全面发展注入新鲜活力。"八代会"选举产生了新一届领导班子。首先，新一届主席团和每一位同志牢记习近平总书记"两个格外"的殷殷嘱托，坚守为残疾人谋幸福的初心使命，肩负起"为残疾人解难、为党和政府分忧"的职责使命，履行好"代表、服务、管理"职能。其次，新一届主席团主动担当、接续奋斗，弘扬人道主义精神，以实际行动在新的征程中推动残疾人事业高质量全面发展，帮助残疾人实现美好梦想，努力把残联工作和残疾人事业不断推向前进，共同创造残疾人更加幸福美好的生活。最后，新一届主席团旗帜鲜明地反对形式主义、官僚主义，敢于同一切形式的腐败现象作坚决斗争，始终保持残联组织的生机和战斗活力。

四是"十四五"规划中期评估加快重大工程项目进程。"十四五"规划已实施三年，进入中期效果评估阶段，这将为"补短板、强弱项、固底板、扬优势"有的放矢精准发力奠定基础。一方面中期评估成果将促使各级残联领导班子重视抓好评估成果转化工作，研究分析存在的问题，制定有针对性的工作措施，不断提高残疾人保障和发展水平。另一方面将加快残疾人康复、托养和综合服务设施建设，困难重度残疾人家庭无障碍设施改造，残疾儿童康复救助定点机构建设等重大工程项目实施进程。此外，中期评估报告是谋划下个五年规划的重要前提和基础，对促进残疾人事业未来全面发展将产生重大影响。

五是无障碍环境建设迎来了空前机遇。《无障碍环境建设条例》实施以来，无障碍环境建设得到空前发展，如今《无障碍环境建设法》的施行必将又是无障碍环境大发展的大好时机。一方面中国残联已专门就做好《无障碍环境建设法》学习宣传和贯彻实施工作作出部署，各级残联把学习宣传贯彻《无障碍环境建设法》作为提升无障碍环境建设水平的重大机遇。另一方面要求各级残联积极配合地方人大和有关政府部门推动制定具体实施办法或者制修订地方性法规，积极配合相关部门加快制定和完善相关规划、标准、规范性文件推动法律落地见效。此外，要求各级残联协助并积极参与各级人大和政府及有关主管部门开展监督检查、公益诉讼以及无障碍体验督导等。

（二）残疾人事业面临的新挑战

一是区域协调发展与地区社会经济发展不平衡的矛盾。"八代会"报告提出："要服务国家区域发展战略，……促进残疾人事业城乡、区域协调发展。"① 我国幅员辽阔，空间跨度大，经济地理条件复杂多变，受历史、地理、自然、市场完善程度等因素的影响，中国出现了较为明显的城乡差距和地区非均衡发展状况，形成了特有的东、中、西三大经济地带，虽然经过多年实施西部大开发、中部崛起和东北振兴等战略以及持续开展东西部残疾人帮扶协作，加大对革命老区残疾人工作支持力度，支持西藏、新疆和四省涉藏州县残疾人工作等措施，欠发达地区经济社会发展取得显著成绩，残疾人事业得到了快速全面发展，但是从总体上看，地区间城乡间差距仍然持续扩大，加上不同地区家庭与个人、文化教育、思想观念等因素影响，残疾人事业城乡间地区间发展不平衡、不充分，地区间残疾人的收入水平差距较大，农村和基层为残疾人服务的能力还比较薄弱，一些地方对残疾人的歧视和偏见等依然存在，所有这些因素制约残疾人事业均衡协调发展。

二是残疾人事业高质量发展与创新人才短缺的矛盾。党的二十大报告提出深入实施人才强国战略。残疾人事业高质量发展离不开大批高素质创新人才执着追求与无私奉献。虽然康复大学于2024年6月正式挂牌成立，但人才培养不是一朝一夕就能完成的，其他院校相关学科及人才培养依然不能满足市场需求。一方面人才管理体系不健全，致使创新型人才不足；在人才、科研成果转化政策上，难以吸引大量的优秀科技人才和取得较好的科研成果；在"产学研"合作机制上，一些大学和研究机构由于缺乏良好的合作机制和合作氛围，未能形成重要创新资源。另一方面创新人才培养模式未能

---

① 张海迪在中国残疾人联合会第八次全国代表大会上的报告。

形成强大凝聚力，无障碍社会服务在学科建设上刚刚起步，人才培养机制尚未健全，人才供给出现短缺，高素质服务人才严重短缺，要提高无障碍服务的整体水平和质量，急需培养大批专业服务人才队伍。此外，残疾人康复服务专业化规范化人才严重不足，截至 2022 年底，康复机构在岗人员达 32.8 万人，全年完成康复专业技术人员规范化培训 1.7 万人，即 60 岁以上残疾人平均每万人拥有规范化专业技术人员仅 10 人①。

三是银发经济全面布局与残疾人服务能力较弱的矛盾。2024 年 1 月 15 日，国务院办公厅印发《关于发展银发经济增进老年人福祉的意见》，其中，养老服务、适老化改造、康复辅助器具产业等进一步得到重视。截至 2022 年底，我国 65 周岁及以上老年人口超过 2 亿人，占总人口的 14.9%，比 2021 年上升 0.7 个百分点②。在人口老龄化加速背景下，"老残一体"问题将更加突出。虽然在国家政策支持下，各地银发经济和养老服务得到快速发展。但是，残疾人康复托养服务能力依然有限，高质量康复机构依然不足，高水平康复服务人才短缺。截至 2022 年底，全国登记残疾人口中得到康复服务、适配服务的比例分别为 22.6%、4.35%，比 2021 年均有所下降。接受托养服务的残疾人占 60 岁以上残疾人的比例仅为 0.90%，接受居家服务的残疾人占 60 岁以上残疾人的比例仅为 2.73%。全国有残疾人康复机构 11661 个，60 岁以上残疾人平均每万人拥有康复机构仅 0.67 个③。

（三）残疾人事业全面发展有了新思维

党的二十大报告提出"完善残疾人社会保障制度和关爱服务体系，促进残疾人事业全面发展"④。今后五年是在中国式现代化进程中进一步完善残疾人社会保障制度和关爱服务体系，促进残疾人事业全面发展的重要时

① 数据来源：《2022 年残疾人事业发展统计公报》。
② 数据来源：《中华人民共和国 2022 年国民经济和社会发展统计公报》。
③ 数据来源：《2022 年残疾人事业发展统计公报》。
④ 习近平：《高举中国特色社会主义伟大旗帜　为全面建设社会主义现代化国家而团结奋斗——在中国共产党第二十次全国代表大会上的报告》，人民出版社，2022，第 48 页。

期。站在新的起点上，继承和发扬好传统、好作风，密切与残疾人的血肉联系，团结带领广大残疾人共同创造更加幸福美好的生活。

一是进一步巩固拓展残疾人脱贫攻坚成果。在脱贫攻坚中贫困残疾人如期脱贫，残疾人脱贫后脱贫攻坚成果也得到有效巩固。但是，现有各项政策措施仍有许多不足，需要在实践中不断补充完善。一方面完善相关政策，政策该延续的就延续、该完善的就完善，该出新政策的就研究制定新政策。另一方面整合多部门返贫监测网，建立返贫监测体系和机制，加强易返贫致贫残疾人口动态监测和帮扶，确保不发生规模性返贫现象。此外，完善帮扶机制，增强"种养加"产业抗风险能力，推动产业扶贫向产业振兴转化。

二是进一步提高残疾人社会保障水平。在脱贫攻坚中建立了系列残疾人社会保障制度，但各项保障制度仍有许多不足，低保、两项补贴的标准、受益范围普遍偏低偏小，托养服务需要国家统一标准等。一方面研究制定"提标扩面"政策，在认真落实残疾人和残疾人家庭特困救助、最低生活保障制度基础上，研究制定残疾人低保和救助"提标扩面"政策，研究提高残疾人两项补贴和残疾儿童康复救助标准、残疾人辅助器具适配补贴等制度建设。另一方面开展残疾人托养服务建设，创新托养服务模式，推动社区日间照料、居家服务等托养照护服务全国统一发展，推动残疾人家庭相关商业保险和财产信托等制度建设。

三是增强残疾人自我发展能力。一方面坚持职业导向，大力普及义务教育的同时，加强残疾人职业教育和高中教育，重视残疾人高等教育，提升残疾人文化知识水平，增强残疾人接受新生事物的能力，提高残疾人就业创新能力。另一方面在开展机关、事业单位、国有企业带头安排残疾人就业、辅助性就业、灵活就业以及残疾人自主创业就业的同时，推进残疾人就业促进政策与社会保障政策有效衔接，消除残疾人就业障碍，拓宽残疾人就业渠道。此外，乘乡村全面振兴农业现代化建设东风，改善农村就业环境，改变残疾人就业观念，加强就业创业基地建设，展现产品特色和提高科技含量，提升残疾人经营管理能力和创新残疾人经营模式。

四是全面提升残疾预防和康复服务水平。一方面推动将残疾预防和残疾人康复服务纳入健康中国战略和城乡医疗体系建设，进一步完善残疾人特别是农村残疾人以及失能老年人健康服务制度。另一方面进一步落实残疾儿童康复救助制度，推进早期干预，强化服务监督落实，提高服务效率和服务水平。此外，健全完善康复服务国家标准规范，加强康复机构建设管理和康复专业技术人员培训和高水平康复人才培养，加快康复辅助器具产业建设，健全残疾人辅助器具服务网络，推进康复辅助器具社区租赁服务发展，提升康复辅助器具适配服务能力。

五是营造平等参与的良好社会环境。一方面积极推进融合教育和积极开展群众文化体育活动，保障残疾人平等受教育权和发展权以及不断丰富残疾人精神文化生活。另一方面广泛开展助残文明实践活动，在全社会广泛形成理解、尊重、关心、帮助残疾人的良好氛围。此外，进一步完善残疾人事业相关法律法规，严厉打击欺凌虐待残疾人等违法行为，加快无障碍环境建设，推广国家通用手语和盲文，为促进和帮助残疾人更好地融入社会、平等充分参与社会生活创造更好的条件。

六是深入开展残疾人事务国际交流合作。一方面全面落实全球发展倡议，为构建全球发展命运共同体发挥积极促进作用。另一方面积极参与国际残疾人事务，积极参与"一带一路"国际合作，为残疾人事业的国际合作提出中国方案。此外，积极开展对外宣传交流，加强与各国残疾人事务领域的友好往来，充分利用国际重大节日、活动、赛事，通过文化艺术、新闻媒体等多种形式充分展示我国尊重和保障残疾人权利的良好形象。

（四）需要重点关注的问题

《无障碍环境建设法》贯彻实施。无障碍环境经过多年建设虽然取得了显著成就，但仍然在多个领域需要进一步改善提升，随着《无障碍环境建设法》的施行，这些问题将逐一得到解决。目前，需要重点关注的是：一要营造全社会关注、支持、参与无障碍环境建设的舆论氛围，促进无障碍理念广泛深入；二要制定具体实施办法及地方性法规，完善相关规划、标准，推动无障碍设施设备建设高质量发展；三要健全完善无障碍督导机制，依法开展无障碍环境建设监督检查，消除占用、损坏无障碍设施设备以及其他不符合标准规范的不良现象；四要加强培养无障碍社会服务人才，提高无障碍社会服务水平，发挥好关键场所示范引领作用，展现无障碍环境建设、社会服务好形象。

残疾人事业区域协调发展。残疾人事业区域发展不平衡的问题依然比较突出，当前需要重点解决的是：一方面要因地制宜，根据不同地区经济社会发展水平，研究制定推动残疾人事业区域协调发展的路径策略和方法，出台相关政策措施要服务国家区域发展战略、符合地区经济社会发展实际，要在发展中促进残疾人事业全面进步；另一方面要加强联动互补、促进东西部共同发展，继续开展东西部残疾人帮扶协作，落实支持新疆、西藏和四省涉藏州县残疾人工作的措施。此外，充分发挥重点地区示范引领作用，支持京津冀、长三角、粤港澳地区残疾人事业协同发展、便利共享，支持浙江省促进残疾人共同富裕先行先试，积极推动成渝、黄河流域、东北地区残疾人事业加快发展，努力探索海峡两岸残疾人事业发展新路子。

科技创新人才培养。科技创新和人才培养是残疾人事业高质量发展的基础和前提，人才培养是个系统工程，不能一蹴而就，要有层次、有轻重、有缓急。一方面，依托高科技企业、社会组织等力量，加快培养残疾人康复、托养照护、教育就业、文化体育、社会工作等专业人才队伍，为残疾人事业高质量发展提供有力支撑。另一方面，创新人才培养模式和引进机制，鼓励高校开设相关专业和课程以及办好康复大学，加快培养专业及综合人才，引进优秀科技人才，提高科技创新和自主研发能力。

三 结语

2018～2022年，我国残疾人工作顺利开展，残疾人事业快速全面发展，主要得益于以习近平同志为核心的党中央的亲切关怀和各级党委和政府的高度重视，得益于几代残疾人工作者在擎着火炬为残疾人照亮生活道路的人道

主义精神引领下的努力探索，得益于社会各界鼎力支持和广大人民群众特别是全体残疾人及其亲友的积极参与，残疾人事业取得了新的历史性成就，残疾人获得感、幸福感、安全感显著增强。尽管残疾人的总体社会保障水平还需要进一步提高，关爱服务体系还需要进一步加强，公共服务总量还需要增加，农村和基层为残疾人服务的能力还比较弱，特别是一户多残的家庭仍然面临经济困难、精神压力和照护难题，一些地方依然存在侵犯残疾人合法权益的现象等。但我们始终坚信，只要坚持和加强党的全面领导，牢记习近平总书记"两个格外"的殷殷嘱托，深入贯彻党的二十大精神，全面落实"一个必须坚持"和"三个必须牢牢把握"的残疾人事业全面发展新要求，坚持以人民为中心的发展思想，围绕党的中心任务，在中国残联新一届领导集体带领下继承和发扬残联密切与残疾人的血肉联系的好传统、好作风，不断完善残疾人事务共商共建共享的治理模式，咬定目标，坚定信念，不断克服各种艰难险阻，解决发展中存在的各种问题，在中国式现代化进程中，我们一定能团结带领广大残疾人共同创造更加幸福美好的生活、实现共同富裕目标、促进残疾人事业高质量全面发展。

B.2

2023年度中国残疾人事业进展[*]

杨立雄[**]

摘　要： 2023年是《"十四五"残疾人保障和发展规划》实施的关键时期，在谋新篇、开新局要求下，残疾人事业高质量发展取得了新进展，以《无障碍环境建设法》为代表的关于残疾人权益保障与服务能力提升的系列法律、政策及标准规范相继出台；儿童康复、精准康复制度进一步完善，辅助器具适配补贴制度实现了全覆盖，特殊教育融合发展，残疾人就业稳步增加，社会保障服务能力持续提升，残疾人文化体育服务效果明显，基层残联组织建设进一步夯实，残疾人合法权益得到有力保障。但是，残疾人事业发展不平衡、不充分，地区间、城乡间、群体间的差距依然较大。为促进残疾人事业高质量发展，下一步应着力加强康复服务能力建设，强化教育普惠发展，织密社会保障网络，加强文化体育建设，推动维权工作走深走实和强化基层残联组织建设，不断提升、增强保障水平与服务能力。

关键词： 无障碍环境　康复服务　融合教育　社会保障　基层组织

一　残疾人事业进展

2023年是贯彻落实党的二十大精神的开局之年，也是"十四五"规划

---

* 本报告数据及材料来源于中国残联2023年度部门工作总结。

** 杨立雄，1968年生，毕业于南开大学社会学系，获博士学位，教授、博士生导师，任中国人民大学中国社会保障研究中心副主任、中国人民大学残疾人事业发展研究院副院长，研究方向为残疾人社会政策。

实施的关键时期。在党的二十大精神指导下，在党中央和国务院的决策部署下，在各级政府和广大群众的共同努力下，2023年残疾人事业各方面工作谋新篇、开新局、踏上新征程，残疾人事业高质量发展取得了新进展，主要表现在以下七个方面。

（一）康复服务取得新进展

2023年，康复部门认真落实《全国残联2023年工作要点》《2023年残疾人康复工作安排》，精心组织实施"十四五"残疾预防和残疾人康复工作规划，在改善残疾人康复服务、推进残疾预防和残疾人康复工作高质量发展上取得积极成效，但康复服务水平和能力仍需进一步提高，对残疾儿童特别是孤独症儿童需要进一步重点关注，辅助器具补贴标准还有待提高等。

一是推进残疾人基本辅助器具适配补贴制度建设。一方面印发《关于加快推进残疾人辅助器具适配补贴制度建设的通知》，明确要求尚未建立辅助器具补贴制度的省（自治区、直辖市）加快研究、制定辅助器具补贴制度建设推进计划。另一方面建立工作调度机制，指导、推动未建立辅助器具补贴制度的地区加大建设力度，31个省（自治区、直辖市）和新疆生产建设兵团已建立、实施辅助器具补贴制度，实现了辅助器具适配补贴制度全覆盖。此外，启动全国辅助器具服务信息平台建设，指导湖北、湖南建成省级平台开展"互联网+"辅助器具服务，建成省级平台的省（自治区、直辖市）达到10个。截至2023年底，已为160.8万残疾人提供辅助器具服务[①]。

二是深入实施残疾儿童康复救助制度。一方面下拨残疾儿童康复救助中央财政补助资金支持各地落实残疾儿童康复救助制度，加强残疾儿童康复救助经办服务，委托第三方开展残疾儿童康复服务状况电话核查。另一方面印发《中国残联办公厅关于进一步做好残疾儿童康复救助经办服务工作的通知》，建立完善31个省（自治区、直辖市）和新疆生产建设兵团残疾儿童康复救助工作台账，指导各地贯彻落实《残疾儿童康复救助定点服务机构

---

① 数据来源：《2023年残疾人事业发展统计公报》。

协议管理实施办法（试行）》。此外，提供残疾儿童早期干预服务，加强孤独症儿童康复服务，推动福建、江西等省出台加强孤独症儿童康复服务相关政策，推动湖北、江西、四川、新疆等地出台进一步加强0~6岁孤独症儿童筛查干预服务等政策性文件。截至2023年底，全国共有46.8万名残疾儿童得到康复救助①。

三是深化残疾人精准康复服务。一方面以农村低收入残疾人为重点组织实施残疾人精准康复服务行动，开展第三方残疾人康复服务状况电话核查，召开现场会组织精准康复服务优秀案例评选，举办康复国际百年庆典康复分论坛。另一方面加强残疾人康复服务标准及规范的制定、推广和应用，举办残疾人康复服务标准与规范培训班，编写印发《残疾人康复服务标准规范文本汇编目录》《残疾人康复服务标准规范文本汇编》等。截至2023年底，共有871.8万人得到基本康复服务②。

四是加强康复服务体系建设。一方面持续加强残疾人康复机构规范化建设，组织开展康复机构业务规范建设评估，完成国家辅助器具东北、西南区域中心建设验收，印发《关于推进工伤康复事业高质量发展的指导意见》。另一方面持续开展全国残联系统康复专业技术人员规范化培训，印发《2023年全国残联系统康复专业技术人员国家级规范化培训计划》，委托康复协会对山东等5地的规范化培训工作进行督导，健全完善康复人才数据库。此外，联合有关部门印发《残疾人自助互助康复服务推广实施方案》《关于开展"精康融合行动"的通知》等多个文件推动康复服务建设。截至2023年底，全国有残疾人康复机构12463个，康复机构在岗人员达36.0万人，对1510家残疾人康复机构进行业务规范建设评估，完成康复专业技术人员规范化培训1.6万人③。

五是残疾预防工作取得新进展。一方面组织实施《国家残疾预防行动计划（2021—2025年）》，指导各地进一步健全残疾预防工作机制，

---

① 数据来源：《2023年残疾人事业发展统计公报》。
② 数据来源：《2023年残疾人事业发展统计公报》。
③ 数据来源：《2023年残疾人事业发展统计公报》。

组织召开残疾预防重点联系地区工作现场会总结经验。另一方面印发《全国残疾预防重点联系地区残疾监测与评估方案》，开展"应用'互联网+'技术""应用分子诊断、人工智能诊断等技术"等科技创新和制度创新项目，持续完善残疾预防科普知识资源库。此外，部署和指导组织开展残疾预防日、爱耳日宣传教育活动以及行动计划实施进展新闻发布会，持续将残疾预防宣传教育融入各类健康、安全主题宣传教育活动。

六是推进残疾人健康服务能力持续提升。一方面印发《关于进一步做好农村低收入残疾人参加基本医疗保险工作的通知》，农村低收入残疾人基本医保参保率超过99%。另一方面持续对易致贫返贫残疾人家庭医生签约情况进行数据比对，积极推动卫生健康部门将"建成残疾人友好医疗机构"列入《关于开展改善就医感受提升患者体验主题活动的通知》提到的评估指标，残疾人家庭医生签约率均高于一般人群。此外，举办全国残联康复管理干部培训班，指导河北、宁夏颁布《残疾预防和残疾人康复条例》实施办法，推动四川、江西出台残疾人就医便利政策措施。

（二）教育就业行稳致远

2023年，认真落实中国残联贯彻党的二十大关于残疾人事业重要部署，锁定《"十四五"残疾人保障和发展规划》主要目标、重点任务、重点项目，持续推动政策完善、服务提升、管理规范，取得了可喜成绩，但依然存在一些不足，如残疾儿童义务教育入学率在一些地方仍需进一步提高，残疾人职业教育、就业及发展能力仍需要进一步巩固加强等。

一是认真落实特殊教育发展计划。完善适龄残疾儿童少年入学监测系统，按照"一人一案"教育安置，适龄残疾儿童义务教育入学率在96%以上。指导各地实施辅助器具进校园工程，努力推动职业教育和特殊教育融合，支持普通中等职业学校和普通高中接收残疾学生随班就读，推动特殊教育学校增设职教部（班），鼓励普通中等职业学校增设特教部（班），畅通残疾人就读或升入职业院校的渠道，开展高中阶段（含普通高中和中职学校）残疾学生数据比对。截至2023年底，全国特殊教育普通高中在校生

12429 人，残疾人中等职业学校在校生 24360 人，高等教育阶段招收 30810 名残疾学生，其中本科生 11196 人、硕士研究生 1588 人、博士研究生 169 人①。以《残疾人中等职业学校设置标准》（2022 年发布）等各级各类职业学校设置标准为依据，促进残疾人职业教育办学条件改善。实施彩票公益金助学项目，资助 28 所残疾人职业学校改善办学条件、加强实训基地建设。印发《关于进一步做好普通高等学校单独考试招收残疾考生工作的通知》。指导各地残联配合当地教育部门为近 1 万名残疾考生提供合理便利。推进建立高等教育阶段残疾学生数据共享长效机制，着力解决残疾人在教育方面遇到的急难愁盼问题。帮助低视力学生获取大字版教材，推动解决国家通用手语方案标准公开、盲人参加高中入学考试、残疾人申请高考合理便利及孤独症儿童教育等问题。举办康复国际百年庆典教育分论坛，面向中西部 18 个省（市）培训 614 名特教教师。

二是持续实施《第二期国家手语和盲文规范化行动计划（2021—2025 年）》。一方面将《中国少年先锋队队歌、呼号、入队誓词和中国共产主义青年团团歌、入团誓词国家通用手语方案》形成国家语委语言文字规范发布并组织实施；将 12 种国家通用手语系列书籍纳入国家新闻出版署"十四五"国家重点出版物规划项目。另一方面印发《视力残疾和听力残疾人员普通话水平测试管理办法（试行）》，帮助残疾人平等、便捷地融入社会生活。此外，开展国家通用手语和国家通用盲文水平等级测试试点，培训国家级手语和盲文骨干，推动各地广泛开展国家通用手语和国家通用盲文推广。

三是落实完善残疾人就业扶持政策。继续推动落实《促进残疾人就业三年行动方案（2022—2024 年）》。截至 2023 年底，全国城乡新增就业 54.4 万人，城乡实名培训残疾人 46.1 万人，城乡持证残疾人就业人数为 906.1 万人②。组织开展"残疾人就业保障金定性研究"工作，印发《关于促进农村残疾人生产劳动和就业帮扶的通知》，聚焦有就业愿望、就业能力

---

① 数据来源：《2023 年残疾人事业发展统计公报》。
② 数据来源：《2023 年残疾人事业发展统计公报》。

且生活能够自理的农村残疾人，通过提供生产资料扶持、技术指导和销售服务，帮助农村残疾人依靠土地从事生产劳动获得收入。制定《按比例就业人力资源服务规范》《全国残疾人按比例就业基地评估办法（试行）》《残疾人职业培训服务与管理办法（试行）》，进一步规范引导各类社会人力资源机构参与残疾人就业服务，加强残疾人职业培训服务管理，探索残疾人按比例就业新形式，促进残疾人按比例就业规范发展。加强残疾人就业服务，推广应用"全国残疾人职业培训管理服务系统"，加强各级残疾人就业服务人员队伍建设，举办 2023 年度全国盲人医疗按摩人员考试。启动 2023 年全国高校残疾人毕业生就业帮扶行动，建立残疾人大学生实习（见习）示范基地。截至 2023 年底，全国共有 3 万余名残疾人应届高校毕业生通过"一对一"就业服务就业，就业率达 94%。

四是持续巩固残疾人脱贫攻坚成果。加强易返贫致贫残疾人数据监测，了解掌握纳入监测范围残疾人的数据和政策措施帮扶情况，截至 2023 年底，共识别三类持证残疾人 80 多万人。开展金融助残服务，为有贷款需求的残疾人及其家庭成员和助残企业提供金融扶持，截至 2023 年底，直接信贷支持残疾家庭 2 万多户，共计投放贷款 20 亿元以上，带动支持残疾人 2 万多户就业增收。开展相关培训和经验推广，在湖南郴州举办中央转移支付项目规范管理现场培训班，在四川广元召开东西部残疾人帮扶协作工作现场会；落实巩固拓展残疾人脱贫攻坚成果各项重点工作，切实提升残疾人基本公共服务的能力与水平。开展"乡村振兴自强有我"主题宣传活动，各地已完成 2023 年的推荐工作，开展了一系列的宣传活动。

（三）社会保障持续优化

残疾人社会保障各项工作稳步推进，基本民生保障持续加固，社会保障服务能力进一步提升，但也存在一些不足，低收入人口动态监测未能统一平台，依然"提标扩面"需要全面展开，困难残疾人康复托养服务尚缺全国统一标准等。

一是继续夯实困难残疾人基本生活底线。落实民政部、中央农村工作领导小组办公室、财政部、国家乡村振兴局《关于进一步做好最低生活保障等社会救助兜底保障工作的通知》，继续巩固特殊困难残疾人单人户申请低保政策；持续推进低收入人群分层分类社会救助指导办法，制定出台《关于加强低收入人口动态监测做好分层分类社会救助工作的意见》，对加大低收入人口救助帮扶力度、进一步织密扎牢民生兜底保障安全网等作出安排部署。民政部等单位制定印发《关于加强低收入人口动态监测做好分层分类社会救助工作的意见》。经 2023 年两部门数据比对，有 1000 余万残疾人被纳入最低生活保障范围。

二是不断提升残疾人社会保障服务能力。开展了全国残疾人两项补贴精准管理政策落实情况调查研究工作和审计问题专项治理"回头看"工作。指导地方落实《民政部　财政部　中国残联关于加强残疾人两项补贴精准管理的意见》，印发《残疾人两项补贴部级数据核对与督导工作机制》，各地两项补贴政策贯彻落实执行等方面工作得到有效改善提升。截至 2023 年底，残疾人两项补贴制度分别惠及 1180.4 万困难残疾人和 1584.2 万重度残疾人，全国 31 个省（自治区、直辖市）及新疆生产建设兵团建立了残疾人两项补贴标准动态调整机制，全国 28 个省份出台了残疾人两项补贴精准管理相关政策文件，基本做到"应补尽补""应退尽退"，补贴资金更公平更有效地惠及困难和重度残疾人。

三是持续推进困难重度残疾人托养照护服务。持续实施"阳光家园计划"残疾人托养服务项目，2023 年 3 月举办中央转移支付项目规范管理现场培训班，印发《关于做好全国残疾人托养服务数据统计工作的通知》，开展"残疾人居家服务规范研究"项目，编写了残疾人居家服务研究报告和《残疾人居家服务规范（初稿）》，认真规范执行"阳光家园计划"残疾人托养服务项目，开展重度残疾人照护服务工作。此外，下发《关于了解残疾人参加商业保险相关工作情况的函》，持续开展长期护理保险试点地区残疾人参保情况研究，开展《"十四五"国家老龄事业发展和养老服务体系规划》中期评估等工作，将经济困难老年人的家庭适老化改造、生活不能自理的经济困难老年人护理补贴、重残等特殊困难老年人探访服务以及困难残疾人生活补贴和重度

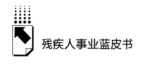
残疾人护理补贴等纳入《国家基本养老服务清单》。截至 2023 年底，开展残疾人托养服务的各级各类机构达 9569 个，19.5 万残疾人通过寄宿制和日间照料服务机构接受托养服务，50.5 万残疾人接受居家服务①。

（四）文化体育成效显著

2023 年，残疾人文化体育宣传工作重点围绕"八代会"、杭州第四届亚残运会等重大活动、节点加强正面宣传和舆论引导，残疾人文化体育宣传工作取得显著成效，文化服务能力持续提升，残疾人精神文化生活不断丰富，残疾人自强不息、全社会关爱残疾人的正能量广泛传播，为推动新时代新征程残疾人事业全面发展、高质量发展营造了浓厚氛围。但是，依然存在城乡间、地区间文化体育服务设施和服务能力水平发展不平衡，群众参与率差距大等。

一是文化宣传纵深发展。组织开展"中央媒体走基层""乡村振兴 自强有我"等主题采访活动，深入宣传各级残联学习贯彻党的二十大精神的举措成效。深化"学听跟"专项活动，把学习贯彻党的二十大精神、开展主题教育与深化"学听跟"专项活动紧密结合。出版《习近平著作选读》（第一卷、第二卷）等盲文版主题图书 35 种。围绕杭州第四届亚残运会，配合中共中央宣传部制定宣传报道方案，动员中央媒体提前准备、周密策划，高规格高标准做好亚残运会主题宣传。央视新闻联播播出重要时政报道《新思想引领新征程：我国残疾人体育事业发展迈上新台阶》。据统计，杭州亚残运会期间，全网报道量超 35 万篇（条），中央主要媒体报道量超 1 万篇（条），总传播量超过 60 亿。围绕全国"两会"、康复国际百年庆典、《无障碍环境建设法》施行等重大活动，全年央视新闻联播共 45 次报道残疾人事业。围绕"八代会"，《人民日报》（海外版）整版刊发《改善生活品质促进全面发展——五年来，残疾人幸福感更强了》和图片报道。围绕亚残运会，中央广电总台 CGTN 专访程凯主席，并在 "The World Today"

---

① 数据来源：《2023 年残疾人事业发展统计公报》。

（今日世界）栏目和新媒体同步播发。围绕"一带一路"务实合作、中美残疾人事务协调会等对外交流合作重点工作，主动宣介在党的领导下我国残疾人事业发展成就，展示中国特色社会主义制度的显著优势，展现党和国家尊重、保障残疾人人权的良好形象。

二是推动基层公共文化服务高质量发展。落实《"十四五"提升残疾人文化服务能力实施方案》，印发《关于开展 2023 年全国残疾人文化周活动的通知》，各地文化活动异彩纷呈，乡镇、村（社区）、残疾人服务机构等组织残疾人以"奋进新征程 逐梦新时代"为主题，结合全国助残日等节点，创新内容和方式，开展阅读和文化活动。重庆市持续开展"书香有爱·阅读无碍"残健融合阅读活动，江西开展"残疾人文艺小分队进乡村（社区）"活动，甘肃深入开展结对帮扶，宁夏将文化服务融入残疾人康复、就业、体育之中。深入江苏、甘肃等地调研推动盲人阅读服务能力提升。推进残疾人非遗传承基地建设，推动各地实施盲人阅览室建设、特殊艺术人才基地建设。在江西、重庆等地举办"共享芬芳·共铸美好"巡演巡展 24 场，指导创编大型情景音画剧《千手千眼》并在敦煌驻场演出。整合社会力量，举办 2 次残疾人文学创作研修班。配合中央宣传部电影局协审《好像也没有那么热血沸腾》《水让我重生》等残疾人题材影片。宣传推广无障碍版《翻转的手心》《奇迹乐队》《山海情》等残疾人题材影视作品，组织开展"共享芬芳·共铸美好"仁美书画展走进云南等地。

三是残疾人体育稳步推进。制定残疾人康复健身体育服务政策，针对"十四五"中期评估开展残疾人运动员保障措施调研与推进冬残奥项目可持续发展问题解剖式调研，出台《优秀残疾人运动员及其教练员奖励办法》并指导各地贯彻落实。积极组织参加重大赛事，杭州亚残运会中国体育代表团共 723 人参赛，获得 214 枚金牌、167 枚银牌、140 枚铜牌，共 521 枚奖牌，打破 13 项世界纪录和 35 项亚洲纪录；组团参加德国柏林第十六届世界夏季特奥会，统筹巴黎残奥会，截至 2023 年 11 月共派出 45 个出访参赛团组，获得 231 枚金牌、187 枚银牌、152 枚铜牌，2023 年轮椅冰壶世锦赛四人组冠军。积极开展主场外交，杭州亚残运会期间，与日本、韩国、伊朗、沙特等 26 个国家和地区残奥委会主席、代表团团长等进行交流，增进了与亚洲国家和地区人民友谊。推动残疾人群众体育纳入国家发展战略和残疾人事业，以"喜迎亚残运，奋进新征程"为主题举办第 13 届残疾人健身周活动，全国举办超过 50 场特色活动。在第七届中国残疾人冰雪运动季活动中全国 31 个省（自治区、直辖市）共举办了 700 多场大众冰雪活动，第十七次全国特奥日活动在全国 31 个省（自治区、直辖市）范围内组织开展，中国残联在华北五省（自治区、直辖市）组织开展了 2023 年特奥足球周活动，共有 31 个城市参与，规模超过 100 场。促进残疾人体育全面均衡发展，运动项目结构逐步完善，开展飞镖、跳绳、围棋、象棋、国际象棋、轮椅舞蹈、电子竞技、草地掷球等非残奥项目全国推广活动，在杭州亚残会上我国首次组队参加国际象棋和围棋项目并获得金牌。

（五）权益获得进一步维护

2023 年，维权部门紧密围绕完善残疾人权益保障机制，推动无障碍环境建设立法、加强残疾人事业和残疾人权益保障法律法规落实、保障残疾人民主参与、高质量开展无障碍环境建设、促进残疾人矛盾纠纷多元协调化解，较好地完成了各项工作任务，切实维护了残疾人合法权益，但依然存在诸如无障碍设施设备损坏或被占而导致的维护维权难以及无障碍服务能力水平不高与服务人才短缺等一些缺点和不足，需要进一步改善提高。

一是全力推进《无障碍环境建设法》出台。一方面开展课题研究、深入基层调研、广泛听取意见建议，顺利完成了草案二审、三审，并于 2023 年 9 月 1 日正式实施。同时，召开《无障碍环境建设法》贯彻实施座谈会，编写法律释义。另一方面在《求是》杂志发表宣贯落实《无障碍环境建设法》文章，印发中国残联《关于学习宣传贯彻〈中华人民共和国无障碍环境建设法〉的通知》，编印专家解读文集，制作发布宣传视频和折页，组织召开专门协会座谈会，在官网开设宣传贯彻《无障碍环境建设法》专栏。此外，赴浙江等地开展法律宣讲，营造全社会人人宣贯《无障碍环境建设法》、人人享有无障碍环境的良好氛围。

二是推动保障残疾人权益法律法规的全面落实。一方面在《慈善法》《学前教育法》等12部法律法规中提出加强残疾人权益保障的建议，开展课题研究和专题会议部署研究残疾人行为能力和监护制度、修正《残疾人保障法》以及贯彻落实《无障碍环境建设法》等。另一方面发布12件无障碍环境建设检察公益诉讼典型案例和5件维护残疾人合法权益行政检察典型案例，举办残疾人权益保障法律知识网络竞赛活动以及开展针对不同残疾人群体的普法系列活动。

三是残疾人权益维护机制逐步健全。一方面组织召开机关残疾人权益保障工作机制会议，共同维护残疾人合法权益，印发《关于加强事实无人抚养儿童精准保障工作的通知》《关于鼓励国内家庭收养孤残儿童的通知》。另一方面成功举办康复国际百年庆典"法治让残疾人生活更美好"和"无障碍与新征程"两个分论坛，参与举办中美残疾人事务协调会无障碍专题研讨会。

四是助力人大代表、政协委员履职尽责。与人大政协密切沟通联系，共同推动残疾人民主参与和残疾人事业发展。配合全国人大委托盲文出版社为首位盲人全国人大代表王永澄制作盲文版建议答复、研究制作出版盲文版人大会议文件、开展王永澄代表履职专题宣传活动。配合全国政协为杨洋委员提供无障碍参会服务，顺利完成"委员通道"首场采访。与全国政协社法委联合开展委员履职"服务为民"助残活动，调研北京残疾人服务机构。会同有关部门和专门协会为残联系统代表、委员准备材料等。

五是无障碍环境建设取得重大进步。一方面加快困难重度残疾人家庭无障碍改造，印发《中国残联关于进一步提高困难重度残疾人家庭无障碍改造工作质量的通知》，截至2023年底，共为88.1万困难重度残疾人家庭实施了无障碍改造[①]。另一方面广泛开展无障碍建设示范城市（县）创建及适老化改造，与相关部门开展无障碍城市建设视频远程教育培训、互联网应用适老化及无障碍改造专项行动、城市客运无障碍设施设备更新改造等。此

---

① 数据来源：《2023年残疾人事业发展统计公报》。

外,大力开展无障碍社会服务,配合交通客运部门推进制定《特殊需求旅客航空运输服务管理规定》以及提升铁路旅客车站和列车车厢无障碍服务措施等,与浙江省残联共同支持指导高德地图联合阿里公益研发上线公益轮椅无障碍导航,截至2023年底已覆盖北京、上海等30座城市。加快推进残疾人服务标准化工作,起草《关于加快残疾人服务标准化发展的指导意见》,推动《人类工效学 家居无障碍设计要求》国家标准发布实施。

六是推动信访矛盾纠纷多元协调化解。一方面印发《关于做好2023年残疾人信访工作通知》,深入信访矛盾尖锐地区开展调研,推动各级残联领导干部赴基层一线开展"大接访"活动。另一方面进一步完善第三方力量参与来访接待工作机制,认真做好机关领导干部参与接访工作,协调处理侵害残疾人合法权益事件案件等,信访事项办结率达到93%。

(六)基层组织建设进一步夯实

2023年,紧紧围绕高质量完成残联换届任务、扎实做好基层残联组织建设、持续推进残联组织改革等重点任务,基层组织建设进一步夯实,服务能力与质量进一步提高。但是,服务能力和服务水平依然有进一步提升的空间。

一是把党支部建设成坚强的战斗堡垒。认真开展主题教育,系统学习、深入调研、检视整改、建章立制、深入开展干部队伍教育整顿,深刻领悟"两个确立",以实际行动做到"两个维护",不断提高政治判断力、政治领悟力、政治执行力。

全面落实换届工作督导机制,选优配强省级残联领导班子,及时跟进指导省市残联换届,进一步规范省级残联代表大会筹备工作,指导地方残联同步做好专门协会换届工作,配强配好各级专门协会领导班子。

二是深化改革扎实推进残协规范化建设。按照"八代会"和残联改革部署,落实加强和改进残协工作的"1个意见3个规范"要求,在村(社区)残协"建起来"实现全覆盖的基础上,积极推动残协工作"强起来""活起来"。在浙江湖州召开全国村(社区)残协规范化建设推进会,交流各地工作经验。组织开展第七届全国残联专职委员知识竞赛,全国专职委员参与首次达到 152 万人次。组织编写专职委员工作培训系列丛书。推动各专门协会切实履行职能，深入贯彻落实《中国残联关于加强和改进专门协会工作的意见》，以换届为契机持续改善专门协会经费、人员、场地等保障条件。圆满完成中国残联各专门协会换届任务，修订专门协会章程，选优配强新一届领导班子。统筹推动各专门协会开展"邀访·倾听"活动 12 次，邀请 367 名残疾人及亲友代表听取意见建议。组织编写全国残联专门协会工作培训系列丛书，加强"专门协会在线"平台建设，积极组织专门协会骨干参加培训，切实提高综合素质和履职能力。

三是加强自身建设提升便利化服务水平。开展为行动不便重度残疾人"上门评残"专项整治工作，深入贵州、江苏等 5 省调研工作、总结经验、解决问题，印发中国残联办公厅《关于在主题教育中深入开展为行动不便重度残疾人"上门评残"工作的通知》，完成第二代残疾人证（2023 制式）的招标采购和印制工作，指导各地进一步优化残疾人证"跨省通办"、推进数据平台对接，为 6 万名困难智力、精神残疾人和重度残疾人发放残疾评定补贴。深入推进志愿助残工作，组织举办全国助残志愿服务培训交流活动，指导中国助残志愿者协会启动志愿服务立法调研，开展"全国阳光助残志愿服务基地"创建活动，举办志愿助残骨干培训班，编写印发"志愿助残服务蓝皮书"。

（七）对外交流亮点纷呈

2023 年，按照党中央、国务院对外交工作和残疾人事业的决策部署，充分发挥残疾人领域外交优势，残疾人事业国际交流取得重大进展。

一是充分利用国际舞台推动残疾人事业高质量发展。利用国际舞台，积极宣介新时代我国残疾人事业高质量发展成就。出席第十届亚太区可持续发展论坛，分享我国在落实 2030 年可持续发展议程涉残疾人发展目标的经验做法。出席联合国《残疾人权利公约》第 16 届缔约国会议及相关活动，介绍中国政府高度重视残疾人事业发展，积极推动落实联合国《残疾人权利公约》取得的成就。举办首届中国—阿拉伯国家残疾人事务合作研讨会，邀请阿拉伯国家残疾人事务主管部门、残疾人组织等代表与会，分享残疾人工作经验，探索合作资源和潜力。倡导和推动亚太经社会第四个"亚太残疾人十年"相关活动的开展，推动中国—东盟残疾人领域人文交流，重启残疾人国际东北亚次区域合作机制。与阿尔及利亚签署社会发展和残疾人保护促进领域合作谅解备忘录，进一步拓展与非洲国家在残疾人领域的合作。积极推动残疾人事务纳入中日青年友好交流机制，为两国开展残疾人事务交流和务实合作增添新动力。此外，继续保持与英国、法国、荷兰、日本、韩国、埃塞俄比亚等重点国家及朝鲜、蒙古国、哈萨克斯坦、巴基斯坦、老挝、马来西亚等周边国家的良好合作关系。

二是深度参与国际残疾人事务治理体系建设。2023 年 5 月，康复国际百年庆典在北京成功举办，来自 40 多个国家和地区、20 个国际组织的 200余名境外嘉宾及 300 余名中方代表出席开幕式，庆典期间举办无障碍论坛、残疾妇女儿童论坛等 8 个分论坛。康复国际百年庆典会上，我国呼吁各国和国际社会携手合作，为保障残疾人人权、促进残疾人全面发展，为人类更加团结和美好的未来而不懈努力。为改善埃塞俄比亚阿尔法聋校教学条件，康复国际从中国捐款中专项出资 150 万美元，用于援助翻新校舍、改善办学条件，增强当地残疾人的幸福感、获得感。2023 年 5 月，在北京举行第三届"一带一路"残疾人事务主题论坛，"一带一路"相关国家政府部门、残疾人组织、联合国机构以及国内代表 160 余人与会，签署"一带一路"残疾人领域合作协议，有效促进"一带一路"相关国家深入开展合作交流，携手在残疾人事务领域共同发展，为残疾人事务区域合作走深走实注入新动力。2023 年 11 月 6 日，在北京成功举办第六届中美残疾人事务协调会，全面介绍了我国残疾人事业发展理念和成就，协调会为促进两国关系良性发展作出积极贡献。

三是持续推进与港澳台地区残疾人事务交流。在福建厦门成功举办"第十五届海峡论坛·2023 两岸残障人士交流嘉年华"活动。来自海峡两岸和港澳地区的残疾人组织代表、残疾人代表、专家学者及爱心人士 140 余人与会交流。秉承"一家亲"理念，深化海峡两岸和港澳地区残疾人社会保障、文化体育等领域交流合作，促进融合发展。努力推动台湾残疾人与大陆残疾人享受同等待遇，邀请中华青年发展联合会的台胞青年座谈，回应残疾台胞关切。看望慰问在大陆受伤台胞，促使其与亲属建立联系，努力保障台胞民生权益。邀请国务院港澳办相关负责同志深入广州、深圳、佛山等地调研，召开座谈会，研究相关政策，探索在粤港澳大湾区建设中纳入残疾人事务，促进和保障大湾区残疾人福祉。

二 建议措施

2024年将全面贯彻习近平新时代中国特色社会主义思想和党的二十大精神，贯彻落实习近平总书记关于残疾人事业发展的重要论述和重要指示批示精神，围绕落实"八代会"部署和《"十四五"残疾人保障和发展规划》《"十四五"公共服务规划》《"十四五"提升残疾人文化服务能力实施方案》《"十四五"残疾人体育发展规划》等"十四五"系列规划与实施方案，促进残疾人事业全面发展和各项工作任务落实，推进残疾人事业高质量发展不断开创新局面。

（一）加强康复服务能力建设，推动康复服务提质增效

一是着力推动精准康复服务提质增效。一方面继续实施精准康复服务行动，实现残疾人基本康复服务覆盖率在85%以上。另一方面修订完善残疾人基本康复服务目录，健全残疾人康复服务标准规范。此外，落实《残疾人自助互助康复服务推广实施方案》。

二是着力提升残疾儿童康复救助质量。一方面保障残疾儿童康复救助资金及时、足额到位；推动有条件的省（自治区、直辖市）进一步加大残疾儿童康复救助资金投入。另一方面指导、督促各地充分利用现有妇幼保健机构、特殊教育学校、残疾人服务设施设立残疾儿童康复救助定点服务机构。此外，督导各地落实残疾儿童康复救助定点服务机构协议管理办法，更新完善基本康复服务规范，开展孤独症儿童关爱促进行动。

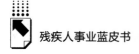

三是着力提升残疾人康复服务能力。一方面指导各地贯彻落实《残联系统康复机构业务规范建设评估指南（试行）》，组织开展全国残联系统康复专业技术人员规范化培训；另一方面推进"互联网＋"辅助器具服务，落实残疾人基本辅助器具适配补贴制度，继续举办中国国际福祉博览会。此外，协调相关部门持续推进残疾人家庭医生签约服务，着力推动各部门按照职责分工高标准落实残疾预防行动计划工作任务。

（二）织密残疾人社会保障网络，提高残疾人社会保障能力

一是织密兜牢残疾人社会保障网。一方面协同做好残疾人基本生活救助工作，指导地方残联协助做好特殊困难重度残疾人单独纳入低保政策的落实工作。另一方面按照《中国残联贯彻落实〈关于加强低收入人口动态监测做好分层分类社会救助工作的意见〉部门任务分工方案》做好落实工作。

二是全面提升残疾人两项补贴精准管理水平。一方面配合民政部落实《残疾人两项补贴部级数据核对与督导工作机制》相关规定，协同推进数据共享和复核督导工作。另一方面指导地方进一步细化复核机制并建立多部门数据比对机制。

三是推进完善残疾人托养照护服务工作。一方面继续实施"阳光家园计划"残疾人托养服务项目，指导有条件的地方建立服务补贴制度、出台服务规范标准。另一方面对残疾人居家服务规范进行研究完善，进一步完善重度残疾人照护服务工作指导意见。

此外，积极反映残疾人养老方面需求，关注残疾人基本养老保险和长期护理保险工作情况，协同推动实现全体残疾老年人享有基本养老服务。

（三）强化教育普惠发展，提升残疾人教育就业水平

一是完善特殊教育保障机制。一方面巩固提高义务教育普及水平，推动随班就读支持保障服务体系建设，落实《特殊教育办学质量评价指南》，继续实施辅助器具进校园工程。另一方面积极推动发展学前特殊教育，强化残疾人职业教育，高度重视残疾人高等教育，继续残疾人参加普通高考和单考

单招工作。此外，按照《第二期国家手语和盲文规范化行动计划（2021—2025年）》工作部署，持续推进手语和盲文工作。

二是提高残疾人就业服务和管理水平。一方面推动各地落实《促进残疾人就业三年行动方案（2022—2024年）》配套政策，推动十大行动及"残疾人组织助残就业"、"美丽工坊"残疾妇女就业增收等项目落实落地，加快推进修订《残疾人就业条例》。另一方面多形式促进残疾人就业，多渠道强化残疾人就业服务与培训，继续做好高校残疾人毕业生等重点群体就业服务工作和高校残疾人大学生帮扶行动。

三是巩固拓展脱贫攻坚成果同乡村振兴有效衔接。一方面做好用好防止返贫致贫监测数据和残疾人数据核实比对和信息共享，加强部门协作，推动农村残疾人就业帮扶政策的落实。另一方面继续实施好农村困难残疾人实用技术培训项目，推动金融助残政策的落实。

（四）加强残疾人文化服务建设，丰富残疾人精神文化生活

一是唱响主旋律弘扬正能量。一方面大力宣传以习近平同志为核心的党中央对残疾人的格外关心、格外关注，营造全社会关爱残疾人的浓厚氛围。另一方面加强和改进残疾人事业对外宣传，展现党和国家尊重、保障残疾人人权的良好形象，讲好中国残疾人故事。

二是提升残疾人文化服务能力。一方面推动残疾人文化纳入公共文化服务体系建设，推动公共文化场所、文化馆（站）等公共文化服务机构改进和加强残疾人文化服务。另一方面积极参加第三届全民阅读大会，深入开展"书香中国·阅读有我"等文化活动。此外，推动公共图书馆盲文及盲人有声读物阅览室建设并提升服务能力，持续加强和支持融媒体平台建设。

三是积极开展残疾人群众性文化活动。一方面深入落实《"十四五"提升残疾人文化服务能力实施方案》，与文化和旅游部、国家新闻出版署等共同开展"全国残疾人文化周"活动。另一方面加大支持残联所属出版单位做大做强重大主题出版和残疾人事业读物出版，鼓励无障碍电视节目、影视

作品创作和传播，推进网络影视平台为残疾人提供无障碍观影服务。此外，继续组织开展"共享芬芳"巡演展览活动，扶持残疾人文创产业发展。

（五）推动残疾人体育纵深发展，促进残疾人体育普及提高

一是备战巴黎残奥会等重大赛事不断提升竞技水平。一方面全力备战参赛巴黎残奥会，统筹安排2026年米兰冬残奥会备战工作以及参加2024年土耳其冬季聋奥会。另一方面统筹推进粤港澳2025年全国第十二届残疾人运动会暨第九届特殊奥林匹克运动会筹办工作，指导广东省对接港澳地区，确保与第十五届全国运动会同步筹办、同步推进。

二是推动群众体育深入发展普及提高。一方面举办"残疾人国际象棋比赛""残健融合马拉松比赛"等大众项目品牌活动，推动残疾人群众体育创新融合发展。另一方面建立健全残疾人体育基本公共服务体系，加大残疾人体育服务供给。此外，组织开展各种类型的残疾人康复健身体育活动及特奥融合活动。

三是发挥残疾人体育平台优势增进交流合作。一方面加强与相关国际组织、友好国家和地区合作，积极参与国际残疾人体育事务治理。另一方面组织举办好全国特奥日、残疾人健身周、残疾人冰雪运动季品牌示范活动，增进与东盟、东亚、中亚、西亚、俄蒙国家和地区的合作，积极打造"一带一路"残疾人体育精品活动。此外，逐步推进"海峡两岸""黄河流域""西北片区""西南片区""东北片区""大湾区""长三角""京津冀"区域合作发展模式。

（六）推动维权工作走深走实，提升残疾人权益保障能力

一是为残疾人事业发展提供强力法治保障。一方面有序推进《残疾人保障法》修改相关工作和大力宣传贯彻《残疾人保障法》《无障碍环境建设法》等残疾人权益保障法律法规。另一方面进一步完善残疾人司法保护体系，提升残疾人法律诉讼服务质量。此外，进一步推进将残疾人权益保障工作纳入国务院妇女儿童工作委员会等部际协调机制大局，同时，指导各地建

立健全残疾人权益保障工作机制。

二是高质量推进无障碍环境建设进程。一方面配合职能部门贯彻《无障碍环境建设法》，组织实施全国无障碍建设示范城市（县）创建。另一方面配合工信部、交通运输部、中国民用航空局等部门开展适老化改造的相关政策和标准的制定。此外，研究部署解决困难重度残疾人家庭无障碍改造重点难点问题。

三是健全完善矛盾纠纷源头化解机制。一方面构建基层信访责任体系，完善县乡残联理事长定期研究信访工作。另一方面积极开展委员履职"服务为民"助残活动，开展信访问题"源头治理三年攻坚行动"，推动将残疾人信访工作纳入地方综治中心、矛盾调解中心工作内容。此外，持续开展常态化"治理重复信访、化解信访积案"专项工作，鼓励支持社会力量参与矛盾化解。

（七）强化组织自身建设，提升残联服务能力水平

一是强化党建引领。一方面深入学习宣传贯彻党的二十大精神，进一步转化运用主题教育成果，加强支部标准化规范化建设，把全面从严治党要求落实到具体工作中，进一步发挥党支部的政治功能和组织功能，推进党建工作和业务工作同步发展。另一方面进一步做好结对帮扶专项行动的调查研究、前期论证，起草实施方案确保专项行动深入有效推进。

二是加强基层建设。一方面持续推动基层残联组织改革，指导各地夯实基层基础，增强工作活力。另一方面推动专门协会工作加快发展，贯彻落实"十四五"残协建设工作部署和全国村（社区）残协规范化建设推进会要求，提升残协规范化水平，推进村（社区）残协"强起来、活起来"。

三是提升服务能力。一方面认真贯彻落实《干部教育培训工作条例》《全国干部教育培训规划（2023—2027年）》，探索借助社会资源开展联合培训新模式，积极发挥"专职委员在线""专门协会在线"培训平台的作用等加强教育培训工作提高干部队伍综合素质。另一方面广泛开展志愿助残服务，持续开展"邻里守望"志愿助残活动，为残疾人提供经常性、精准化、规范化的服务。

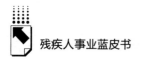

三　结语

在党的二十大会议精神指导下，在"八代会"的鞭策和鼓舞下，2023年开新局、谋新篇，残疾人事业走出了坚实的步伐，获得了全面进步。全面落实"十四五"规划也取得了喜人成绩。经过不懈努力，《无障碍环境建设法》获得通过并实施。在党中央的高度重视和鼎力支持下，"八代会"胜利召开并选举产生了新一届领导班子，同时，对未来五年发展做出重大部署。未来一年，中国将牢记习近平总书记"两个格外"的殷殷嘱托，在新一届领导班子的带领下，遵照党的二十大和"八代会"精神，沿着"八代会"制定的目标任务，履行好"代表、服务、管理"职能，充分发挥残联纽带作用，弘扬人道主义精神，以实际行动在新的征程中不断推动残疾人事业高质量发展。

专题报告 ⟁

B.3
残疾人权益保障进展报告（2024）

张万洪　赵金曦*

摘　要：　新中国成立以来，残疾人权益保障的历史大致可分为三个阶段，即福利救济阶段、规范化发展阶段和全面发展阶段。目前，残疾人权益诉求内容逐渐多元化，权益诉求渠道更加规范化，并形成了完善的残疾人权益保障法律体系。我国对残疾人的司法救济坚持平等原则，从国内多种渠道、国际履约机制两个层面对残疾人权益保障进行监督。然而，我国残疾人权益保障依然存在权益主体尚未实现全覆盖且主体性不足、具体权益难以落实、司法救济中的无障碍建设不足等问题。未来，需在残疾人权益保障中注重增强残疾人的主体性、切实落实具体权益保障、加强司法无障碍建设。

关键词：　残疾人事业　残疾人权利　权益保障

＊　张万洪，武汉大学法学院教授，武汉大学人权研究院院长，残疾人事业发展研究会副会长，湖北省残疾人事业发展研究会副会长，研究方向为法学理论、人权法、残疾人权利保护等；赵金曦，武汉大学法学院博士研究生，研究方向为残疾人权利保护。

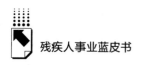

一　引言

残疾人是社会大家庭的平等成员，拥有与其他公民平等的权利主体地位。然而，由于外部环境和身心障碍的相互作用，残疾人的合法权益往往难以保障。因此，为了保障残疾人平等充分地参与社会生活，共享社会物质文化成果，法律对残疾人权益作出了专门规定，这并非为其创设新的权利，而是提供实现平等的手段。《中华人民共和国残疾人保障法》（以下简称《残疾人保障法》）是全面保障残疾人权益的基本法，规定了残疾人在康复、教育、劳动就业、文化生活、社会保障、无障碍环境等领域的权益，明确了残疾人在各个方面享有同其他公民平等的权利。本报告描摹了中国残疾人权益保障的历史阶段，围绕残疾人权益保障机制中的法律主体、法律依据、法律救济和法律监督四个方面考察当下中国残疾人权益保障进展，分析其中存在的问题，并针对这些问题提出残疾人权益保障的未来发展方向。

二　残疾人权益保障发展历史

自新中国成立以来，依据国家对残疾人权益的保障状况，可将其分为三个阶段。从新中国成立到改革开放前（1949~1977 年），这一阶段的残疾人权益保障以福利救济为主，残疾人是物质帮助的对象和福利救济的客体。改革开放以后（1978~2007 年），残疾人权益保障走向规范化，这一时期中国残疾人联合会成立，相关法律法规相继出台，残疾人权益有了专门的组织保障和立法保障。2008 年至今，残疾人权益保障进入新的阶段，这一时期《残疾人保障法》修订/修正，《残疾人权利公约》对我国生效，中国积极参与与残疾人保障相关的国际活动，残疾人事业成为国家事业的重要组成部分。

（一）起步阶段：1949~1977年

新中国刚成立时，我国有大量因战致残的军人，国家也需要恢复在新中国成立前遭到严重破坏的国民经济，因此这一时期的残疾人主要是医疗康复和福利救济的对象。

一是安置残疾军人，并通过教育提升其谋生立业的能力。1949年《中国人民政治协商会议共同纲领》①规定了国家应当适当安置残疾军人，使其能够谋生立业；②1950年，中央人民政府内务部公布了《革命残废军人优待抚恤暂行条例》，该条例提出根据残疾等级以发放粮食和金钱的方式为其提供生活保障。值得注意的是，这一时期国家也注重提升残疾军人的能力；1952年，《政务院关于加强革命残废军人学校正规教育的决定》发布，规定积极教育革命残疾军人，使其成为有助于新中国建设的人才。

二是陆续建立各种机构安置供养残疾人，并建立五保制度。根据1954年《宪法》的规定，满足特定条件的残疾人有权获得物质帮助。③20世纪50年代中期，一些无依无靠的残疾人被逐步安置在福利工厂、福利院、精神病院、疗养院中，④改变了残疾人在新中国成立前流离失所的整体状况。1956年1月发布的《一九五六年到一九六七年全国农业发展纲要（草案）》和同年6月发布的《高级农业生产合作社示范章程》奠定了五保工作的制度基础，保障农业合作社中一部分生活困难、丧失劳动能力的成员的基本生产和生活。⑤

三是保障残疾人的就业权益。因工致残的劳动者有权得到抚恤或补助，

---

① 《中国人民政治协商会议共同纲领》是具有临时宪法性质的人民大宪章。
② 《中国人民政治协商会议共同纲领》第二十五条规定："参加革命战争的残废军人和退伍军人，应由人民政府给以适当安置，使能谋生立业。"
③ 1954年《宪法》第九十三条规定："中华人民共和国劳动者在年老、疾病或者丧失劳动能力的时候，有获得物质帮助的权利。"
④ 中国残疾人联合会编《中国残疾人事业年鉴（1949—1993）》，华夏出版社，1996，第505页。
⑤ 陈佳贵、王延中主编《中国社会保障发展报告（2010）No.4——让人人享有公平的社会保障》，社会科学文献出版社，2010，第4页。

1951 年，政务院公布《中华人民共和国劳动保险条例》，其中第十二、十三条规定因工致残的劳动者有权领取抚恤费或补助费。此外，政府在全国各地兴办许多社会福利企业，以集中就业的方式安置残疾人就业，但由于政策设计中缺少对劳动权利的支持，残疾人在劳动市场上实际依然未被接纳。[①]

四是残疾人的教育、文化、体育等方面的事业处于起步阶段。到 1965 年，全国盲校、聋哑学校由新中国成立前的 41 所增至 266 所，相当于过去的 6 倍，在校学生的数量也呈指数级增长，由新中国成立前的 2000 余人增至 23000 余人。[②] 残疾人文艺体育事业逐渐起步，例如，1957 年，首届青年盲人田径运动会在上海举办；1959 年，全国首届聋人男子篮球赛在北京举办。[③]

（二）规范化发展阶段：1978~2007 年

改革开放以来，中国以经济建设为中心，社会经济活力显著增强，残疾人权益保障相关的法律法规相继出台，作为专门的残疾人权益保障组织的残联成立，残疾人权益保障走向规范化。

一是残疾人权益保障相关的法律规范相继出台。1982 年《宪法》第四十五条第三款规定，"国家和社会帮助安排盲、聋、哑和其他有残疾的公民的劳动、生活和教育"。1988 年 9 月，国务院批准实施《中国残疾人事业五年工作纲要（1988 年—1992 年）》，规定了残疾人事业发展的原则、任务，并对残疾人的劳动就业、教育、康复等内容作出了规定。1990 年，《残疾人保障法》颁布，规定了残疾人的各项权利，这是我国保障残疾人权益的基本法，在这部法中，福利救济色彩已不占主导地位，法律的结构和内容更多体现了促进残疾人事业发展的特征。[④] 此后，1994 年《残疾人教育条例》

---

① 申仁洪、邓鹏：《我国残疾人就业政策的历史演变与创新路径——基于人的发展视角》，《重庆师范大学学报》（社会科学版）2023 年第 5 期。
② 中国残疾人联合会编《中国残疾人事业年鉴（1949—1993）》，华夏出版社，1996，第 505 页。
③ 国务院新闻办公室：《中国残疾人体育事业发展和权利保障》，中国政府网，2022 年 3 月 3 日，https://www.gov.cn/zhengce/2022-03/03/content_ 5676615.htm。
④ 王治江：《〈中华人民共和国残疾人保障法〉实施三十年：回顾与展望》，《残疾人研究》2021 年第 1 期。

出台，2007 年《残疾人就业条例》出台，至此残疾人权益保障的法律体系已初具雏形。

二是残疾人权益保障的专门组织逐步专业化、规范化。中国残疾人福利基金会于 1984 年 3 月成立，以"弘扬人道、奉献爱心，全心全意为残疾人服务"为宗旨，为日后中国残联的成立进行了有益的探索和实践。1988 年，在中国盲人聋人协会（1953 年成立）和中国残疾人福利基金会（1984 年成立）的基础上，中国残联成立，致力于维护残疾人的平等权利，中国残联和各地残联的成立代表着残疾人组织得到充分发展。

三是中国积极参加国际社会保障残疾人权益的活动。1986 年 7 月，"联合国残疾人十年"（1983～1992 年）中国组织委员会成立，此后中国积极促成并参与"亚太残疾人十年"（1993～2002 年）活动。1987 年，中国批准加入《残疾人职业康复和就业公约》，该公约的宗旨是为各类残疾人提供适当的职业康复措施，增加残疾人在公开的劳动市场中的就业机会。2007 年，中国签署了《残疾人权利公约》，该公约于 2008 年对我国生效。

（三）全面发展阶段：2008年至今

2008 年以后，残疾人权益保障事业得到全面发展，相关法律法规进一步完善，中国进一步参与国际社会残疾人相关活动，残疾人工作成为国家工作中的重要内容。

一是残疾人权益保障相关的法律规范进一步完善。2008 年《残疾人保障法》修订，增加了三项残疾人的具体权利，即"享有康复服务的权利""平等参与文化生活的权利""享有各项社会保障的权利"，并规定残疾人合法权益受到侵害后可以向残疾人组织投诉、向仲裁机构申请仲裁、获得法律援助和司法救助等内容，这标志着残疾人权益保障到达了一个新起点。[①]2012 年，《无障碍环境建设条例》颁布出台，该条例致力于构建可通达的社会环境，为残疾人提供与其他公民平等的社会参与机会。2017 年，《残疾预

---

① 人民日报评论员：《保障残疾人权益的新起点》，《人民日报》2008 年 4 月 25 日。

防和残疾人康复条例》出台，同年，《残疾人教育条例》修订。2023 年，《中华人民共和国无障碍环境建设法》（以下简称《无障碍环境建设法》）颁布实施。至此，形成了"两法四条例"的残疾人权益保障规范格局。

二是残疾人权益保障相关的重要国际条约对中国生效，国际社会对中国残疾人权益保障的影响增大。2008 年，《残疾人权利公约》对我国生效，该公约要求缔约国尊重残疾人的固有尊严、保障残疾人的合法权益，规定了缔约国为保障残疾人权益而需要履行的诸多义务。《马拉喀什条约》[①] 2021 年对中国生效，该公约要求缔约国为阅读障碍者创设有益于其阅读的强制性限制与例外。

三是残疾人工作成为国家工作中的重要部署，在全社会引起越来越重要的反响。自 2009 年开始施行的四期"国家人权行动计划"均规定要保障残疾人的合法权益，规定了具体的行动要求。党的十八大以来，残疾人工作成为"五位一体"总体布局和"四个全面"战略布局的重要内容。在《贫困残疾人脱贫攻坚行动计划（2016—2020 年）》的指引下，残疾人脱贫攻坚工作如期完成。在继续关注基本需求的基础上，国家对残疾人的权利保障更加注重其能力提升与平等对待。例如，在 2023 年的中国残疾人联合会第八次全国代表大会上，丁薛祥指出："把平等对待当作最好的关爱，把促进自立作为最好的扶助。"[②]

三 残疾人权益保障发展现状

目前，中国残疾人权益诉求内容趋向多元发展，利益诉求渠道逐渐规范化。残疾人权益保障规范基本形成了包括宪法、法律、行政法规、地方性法

---

① 全称为"《关于为盲人、视力障碍者或其他印刷品阅读障碍者获得已出版作品提供便利的马拉喀什条约》"。

② 《在中国式现代化进程中共同创造残疾人更加幸福美好的生活——在中国残疾人联合会第八次全国代表大会上的致词》，中国政府网，2023 年 9 月 18 日，https://www.gov.cn/yaowen/liebiao/202309/content_6904791.htm。

规等在内的法律体系。残疾人权益的司法救济在实体和程序两个方面都体现出较大的进步。国际公约的履约机制和国内的执法检查、专题调研等是对残疾人权益保障工作进行监督的重要机制。

（一）残疾人权益诉求发展现状

目前，残疾人权益诉讼的内容日趋多元：对无障碍的诉求增多、涌现出许多符合时代特征的需求、对残疾人服务质量的要求提高等。残疾人权益诉求渠道逐渐规范化，国家增加了残疾人司法服务的供给，建立了不同诉求渠道之间的联动机制，并要求加强利益诉求渠道中的无障碍环境建设。

一是权益诉求内容多元化。首先，残疾人平等参与的诉求增加，对无障碍的诉求增多。总体上看，残疾人参政议政积极性提高，近五年各地残联办理议案和建议、提案的数量每年都稳定在 1000 件左右。有学者通过调研访谈发现，残疾大学生希望进入公务员队伍任职、认真行使选举权，[1]体现出高涨的参政热情。在涉及残疾人权益的重要立法过程中，残疾人代表、残疾人组织也积极提出建议、意见，例如残疾人代表参加《无障碍环境建设法》的听证会，积极提出意见。无障碍环境是实现残疾人参与的重要条件，2023年，中国残联承办提案 28 件，其中有 4 件涉及无障碍环境，体现出无障碍话题越来越受到广大残疾人的关注。[2]在无障碍环境建设中，残疾人也参与其中，以亲身体验的方式帮助建设更具实用性的无障碍设施。其次，体现时代特征的诉求涌现。第一，现代生活对技术与服务的依赖程度增强，国家对人的尊严更加重视，残疾人对信息无障碍和服务无障碍的需求也较以往大大增强。在国家工作中，这些需求也被提到更重要的位置，例如中央网信办印发《关于进一步加强网络侵权信息举报工作的指导意见》，要求依法保护妇女、残疾人、老年人等特殊群体的网络合法权益。第二，在疫情期间，残疾

---

[1] 黄莺：《公平正义视域下我国残疾人参政研究》，硕士学位论文，武汉理工大学，2022，第21~23 页。

[2] 《不断满足残疾人对美好生活的期待——中国残联 2023 年提案办理情况综述》，人民政协报网，2024 年 3 月 6 日，https://www.rmzxb.com.cn/c/2024-03-06/3503475.shtml。

人比其他时候更需要无障碍环境，以保障其生存与健康，因此，残疾人在特殊时期、紧急情况下的无障碍需求也比以往受到更多重视。最后，残疾人对服务质量的要求提高。第一，残疾人对康复、就业、教育等具体领域的服务质量要求逐渐提高。自2019年起，中国残联每年都在交办提案中接收到委员关于加快推进康复大学建设、培养康复专业人才队伍的建议，这反映了残疾人迫切需要高质量康复服务。① 政协委员关注贫困残疾人脱贫、保障残疾人就业的提案自2018年起逐年增加，近两年已经成为数量最多的提案，反映了残疾人脱贫攻坚、就业创业的需求持续增加，应给予更有力的政策支持。② 接受高等教育的残疾人数量逐年增加（见图1），代表残疾人渴望更高质量的教育。第二，国家要求推进残疾人服务的标准化工作。中国残联与民政部、国家标准委等有关部门积极会商落实残疾人服务标准化建设相关提案，加快推进残疾人服务标准体系建设。③ 第三，残疾人对休闲、娱乐、体育的诉求比以往更多，更注重精神满足。为回应此需求，2023年，全国开展残疾人文化周活动，开展面向残疾人的文化活动。④

二是权益诉求渠道规范化。首先，加强法律服务供给端建设。第一，扩大公共法律服务供给，推动法律服务方式多样化，加强法律援助和法律救助工作。各级司法行政机关引导公共法律服务中心拓展服务场所，法律顾问深入乡村、社区和残疾人家庭，就近为残疾人提供"一站式"免费法律咨询服务。有条件的地区应当在市、县两级残联设立公共法律服务工作点，选派律师等法律服务人员采取灵活的方式为残疾人提供法律服务。政府向具有特殊困难的残疾人提供法律援助，残疾人法律救助工作协调机

---

① 《中国残联：将政协委员对残疾人的关爱落到实处》，浙江省残疾人联合会网站，2022年5月16日，https：//www.zjdpf.org.cn/art/2022/5/16/art_1229459177_67232.html。
② 《中国残联：将政协委员对残疾人的关爱落到实处》，浙江省残疾人联合会网站，2022年5月16日，https：//www.zjdpf.org.cn/art/2022/5/16/art_1229459177_67232.html。
③ 《不断满足残疾人对美好生活的期待——中国残联2023年提案办理情况综述》，人民政协报网，2024年3月6日，https：//www.rmzxb.com.cn/c/2024-03-06/3503475.shtml。
④ 《2023年全国残疾人文化周活动将于4月启动》，新华网，2023年3月31日，http：//www.news.cn/2023-03-31/c_1129485166.htm。

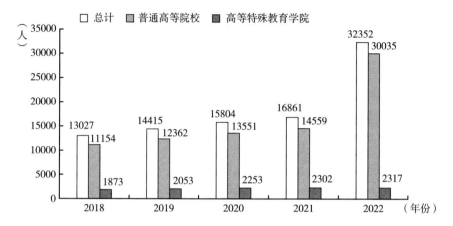

图1 2018~2022年中国高等学校录取残疾人的数量

资料来源：根据2018~2022年《残疾人事业发展统计公报》整理。

构和残疾人法律救助工作站数量大致呈增加趋势（见图2）。第二，司法部和中国残联要求各地律协逐步成立残疾人权益保障专业委员会，加强理论研究和实践探索，开展专业知识和实务技能训练，提升残疾人公益法律服务专业化水平。[①] 第三，加强残疾人信访工作。中国残联要求信访干部不断提升依法维护残疾人权益的能力和水平，推动信访问题"案结事了"、信访残疾人"事心双解"。[②]

　　其次，构建不同权益诉求渠道之间的联动机制。第一，各级司法行政机关和残联推动12348公共法律服务热线与12385残疾人服务热线互联互通、信息共享。[③] 第二，加强残疾人法律救助工作与法律援助工作的有效衔接，使二者相互配合、相互协调，有效促进残疾人权益保障。第三，国家要求各级司法行政机关和残联建立健全残疾人法律援助对象信息共享机制，实现残疾人人口基础数据库管理系统与法律援助信息管理系统数据对接、实时共

[①] 参见《司法部 中国残疾人联合会关于进一步加强残疾人法律服务工作的意见》。

[②] 《中国残联研讨依法加强残疾人信访工作》，中国残疾人联合会网，2023年7月5日，https://www.cdpf.org.cn//xwzx/clyw2/28be17d5a3c645b4a26d8ab7d03d4ad1.htm。

[③] 参见《司法部 中国残疾人联合会关于进一步加强残疾人法律服务工作的意见》。

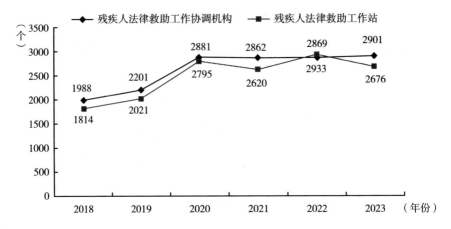

图 2 残疾人法律救助工作协调机构和残疾人法律救助工作站数量

资料来源：根据 2018~2023 年《残疾人事业发展统计公报》整理。

享，以提高工作效率。[①]

最后，加强各种权益诉求渠道中的无障碍建设。第一，推动法律服务网络的无障碍建设，利用人工智能逐步推进法律服务网的无障碍化改造。第二，推动法律援助机构的无障碍建设。各级司法行政机关要深入开展"法援惠民生·关爱残疾人"活动，法律援助机构要为残疾人提供有效的无障碍设施，例如确保残疾人能够使用办公大厅的无障碍设施，为有需要的人提供手语翻译服务，帮助书写困难的人填写材料，为出行困难的残疾人提供线上服务、上门服务等。第三，推动公共法律服务场所的无障碍环境建设。各级司法行政机关要按照国家有关标准要求加强公共法律服务中心的无障碍环境建设，提高无障碍设施覆盖率，鼓励律师事务所、公证机构、司法鉴定机构、基层法律服务所等法律服务机构加强无障碍环境建设。

（二）残疾人权益保障的规范依据

中国现已形成以《宪法》为核心，以《残疾人保障法》《无障碍环境建

———————

① 参见《司法部 中国残疾人联合会关于进一步加强残疾人法律服务工作的意见》。

设法》为主干，以《残疾预防和残疾人康复条例》《残疾人教育条例》《残疾人就业条例》《无障碍环境建设条例》为重要支撑，以各地配套的地方性法规、地方政府规章为重要内容的残疾人权益保障法律体系，相关国际条约也是我国保障残疾人权益的重要依据。

一是残疾人权益保障相关法律。《残疾人保障法》和《无障碍环境建设法》是专门保障残疾人权益的法律，此外，许多关于残疾人权益保障的法律规范散见于其他法律中。《残疾人保障法》是保障残疾人权益的基本法律，于1990年通过。现行《残疾人保障法》共9章68条，除总则和附则外，其他章节分别规定了残疾人康复、教育、劳动就业、文化生活、社会保障、无障碍环境的相关权益以及相关主体违反该法的法律责任。《残疾人保障法》于2008年修订，此次修订积极适应社会经济发展、适应残疾人事业发展、更注重解决残疾人的生活困难、更强化法律责任、积极与《残疾人权利公约》相衔接。[①] 2018年，该法修正，但并未对文本作实质修改，仅将第六十二条的"广播电影电视"改为了"广播电视、电影"。《无障碍环境建设法》于2023年实施生效，共8章72条，规定了设施建设、信息交流、社会服务三个方面的无障碍环境建设内容，并规定了保障措施、监督管理以及相关主体的法律责任等内容，旨在保障残疾人、老年人等全体社会成员平等、充分、便捷地参与和融入社会生活。《无障碍环境建设法》是对《无障碍环境建设条例》的位阶提升，立法的亮点是扩宽了受益主体、细化了信息无障碍、专章规定了服务无障碍、创新了无障碍检察公益诉讼制度，并对社会关注的无障碍问题给出了明确回应。其他法律中也有对残疾人权益保障的规定，大致分为以下几类。其一，对侵犯残疾人权益的行为从重处罚、对权益受损的残疾人特殊保护。例如，一般组织乞讨行为触犯《治安管理处罚法》，[②]

[①] 王治江：《〈中华人民共和国残疾人保障法〉实施三十年：回顾与展望》，《残疾人研究》2021年第1期。

[②] 《治安管理处罚法》（2012修正）第四十一条规定："胁迫、诱骗或者利用他人乞讨的，处十日以上十五日以下拘留，可以并处一千元以下罚款。反复纠缠、强行讨要或者以其他滋扰他人的方式乞讨的，处五日以下拘留或者警告。"

但如果组织残疾人乞讨，则可能触犯《刑法》，① 法律对其处罚更重。其二，对残疾人违法行为从轻处罚，在《刑法》和《治安管理处罚法》中都有针对残疾人违法犯罪从轻、减轻甚至免除处罚的原则性规定。其三，要求在各项事业发展中考虑残疾人的需求，给予其便利优惠、特别保障，例如在旅游时，根据法律规定，残疾人可享有一定的优惠或便利。② 其四，对残疾人行为的特殊规则要求，例如《道路交通安全法》（2021 修正）规定，残疾人机动轮椅车、电动自行车在非机动车道内行驶时，最高时速不得超过 15 公里。

二是残疾人权益保障相关行政法规。《残疾人教育条例》于 1994 年颁布实施，旨在保障残疾人平等接受教育的权利，促进残疾人教育事业的发展。2017 年，该条例修订，调整了残疾人教育事业发展的目标和理念。③《残疾人就业条例》于 2007 年通过并实施，目前正在修订中。该条例规定了用人单位责任、政府的就业保障与促进措施以及相关主体违反条例的法律责任，为促进残疾人就业、维护其就业权利提供了有力保障。2012 年通过的《无障碍环境建设条例》主要规定了无障碍环境建设相关主体的职责，确保逐步改善无障碍环境。2017 年通过的《残疾预防和残疾人康复条例》规定了残疾预防、康复服务、保障措施、法律责任。2018 年，国务院清理机构改革涉及的行政法规，也对《残疾预防和残疾人康复条例》进行了相应的修改，例如，将"卫生和计划生育主管部门"改为"卫生主管部门"，将"食品药品安全"修改为"食品安全、药品安全"，将"环境保护"修改为"生态环境保护"等，但没有对该条例进行实质性修改。

---

① 《刑法》（2023 修正）第二百六十二条之一规定："以暴力、胁迫手段组织残疾人或者不满十四周岁的未成年人乞讨的，处三年以下有期徒刑或者拘役，并处罚金；情节严重的，处三年以上七年以下有期徒刑，并处罚金。"
② 《旅游法》（2018 修正）第十一条规定："残疾人、老年人、未成年人等旅游者在旅游活动中依照法律、法规和有关规定享受便利和优惠。"
③ 《保障残疾人受教育权利 推动残疾人教育事业发展——国务院法制办、教育部就〈残疾人教育条例〉修订答记者问》，中华人民共和国教育部网站，2017 年 2 月 23 日，http：//www.moe.gov.cn/jyb_xwfb/s271/202109/t20210922_565714.html。

三是残疾人权益保障相关地方法规。涉及残疾人权益保障的地方法规主要有两类，一是关于实施《残疾人保障法》的地方性法规、地方政府规章和其他规范性文件；二是关于无障碍环境建设的地方性法规、地方政府规章和其他规范性文件。近五年来，各地持续制定、修改与残疾人权益保障相关的法律、法规（见表1），不断推进法律体系的规范化建设，不断增强对残疾人保障的力度。无障碍环境建设的地方规范性文件数量也呈上升趋势（见图3），体现出全国各地对残疾人社会参与的重视和保障加强的趋势。

表1　2018～2023年各地制定或修改与残疾人权益保障相关的法律法规数量

单位：个

	2018年	2019年	2020年	2021年	2022年	2023年
制定或修改省级法规和规章	15	12	4	7	6	14
制定或修改市级法规和规章	9	9	5	5	9	8
制定或修改省级规范性文件	19	15	22	35	42	36
制定或修改市级规范性文件	61	60	64	49	66	43
制定或修改县级规范性文件	148	180	163	156	185	128

资料来源：根据2018～2023年《残疾人事业发展统计公报》整理。

四是残疾人权益保障相关国际条约。1987年，中国批准了国际劳工组织1983年通过的《（残疾人）职业康复和就业公约》。公约第一部分为"定义和范围"，第二部分为"残疾人职业康复原则和就业政策"，第三部分为"发展残疾人职业康复和就业服务的国家级的行动"，第四部分为"最后条款"。该公约认为，职业康复不仅仅是为了保证残疾人能够得到职业上的提升，更重要的是使残疾人更加充分地融入市场经济，促进残疾人成为社会经济发展的重要建设者。2006年，中国批准《残疾人权利公约》，2008年，该公约对我国生效。该公约正文共50条，主要重申了残疾人作为人的基本权利，规定了缔约国的具体义务，以确保残疾人平等参与社会、作出贡献。《残疾人权利公约》是保障残疾人权益的重要条约，它的面世标志着国际社

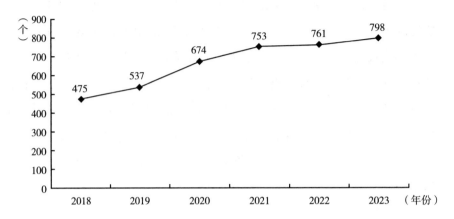

图3　2018～2023年无障碍环境建设相关的地方规范性文件总数

注：指的是全国省、地、县级无障碍环境建设与管理的地方性法规、政府规章和其他规范性文件的总数。

数据来源：根据2018～2023年《残疾人事业发展统计公报》整理。

会对待残疾人的态度和方法发生了"示范性转变"。2021年，中国批准了《马拉喀什条约》，2022年，该条约对我国生效。该条约的正文共22条，旨在进一步保障阅读障碍者平等获取文化和教育的权利。这是版权领域的第一部人权公约，有助于受多种残疾影响而无法阅读的残疾人平等地阅读出版物。

（三）对残疾人权益的司法救济

一是在司法中坚持平等原则。《中华人民共和国人民法院组织法》第五条、《中华人民共和国民事诉讼法》第八条、《中华人民共和国行政诉讼法》第八条、《中华人民共和国刑事诉讼法》第六条均规定了公民在法律适用上一律平等。《中华人民共和国精神卫生法》也确保精神障碍者具有平等的诉讼主体资格、拥有通过诉讼维护权益的权利，规定没有能力参与诉讼的，需要监护人代理其参与诉讼。可见，我国法律确立了残疾人与其他公民在司法上平等的原则。

二是法院和检察院以能动司法保障残疾人的合法权益，增进民生福祉。

例如，最高人民法院会同住房城乡建设部发布典型案例，明确老旧小区加装电梯规则，旨在解决老年人、残疾人上下楼难题，① 优化出行环境。又如，有一部分农民工、残疾人、老年人由于经济状况差或缺乏法律知识而在权利受损时难以运用法律维护自身权益，2023 年，检察院支持此类群体提起民事诉讼共 7.7 万件，同比上升 16.8%。②

三是为实现平等参与诉讼程序，清除司法参与中的障碍，保障残疾人有效地参与司法程序，改善司法场域的无障碍环境。例如，司法机关对涉及残疾人受害者的案件加急处理。又如，在刑事诉讼中，为保障信息传递的准确性，保障残疾人有效参与诉讼，法律要求讯问聋、哑的犯罪嫌疑人时，应当有通晓聋、哑手势的人参加，并载明笔录。③ 再如，国家要求法律援助机构为残疾人提供无障碍设施，以消除其司法参与中的障碍。

（四）对残疾人权益保障的监督

对残疾人权益保障的监督分为国内监督与国际监督。其中，国内监督包括开展执法检查和专题调研（全国人大常委会），开展视察和专题调研（政协），开展无障碍环境建设状况检查与无障碍环境公益诉讼；国际监督主要是向国际组织提交相关公约的履约报告。

一是残疾人权益保障的国内监督，主要包括三种方式。第一种监督方式是开展《残疾人保障法》执法检查和专题调研，对执法情况进行评价，并提出执法改进建议，对相关法律法规提出修改完善的建议。2012 年 5 月至 6 月，全国人大常委会开展了对《残疾人保障法》实施情况自《中华人民共和国各级人民代表大会常务委员会监督法》生效以来的首次检查。第二种监督方式是政协视察和专题调研。政协视察、考察是民主监督的重要

---

① 《国家司法机关大力加强残疾人司法保护》，中国残疾人联合会网站，2024 年 3 月 11 日，https：//www.cdpf.org.cn/xwzx/clyw2/3f89afdc2c1e4d78b856d5f1c266639f.htm。

② 《国家司法机关大力加强残疾人司法保护》，中国残疾人联合会网站，2024 年 3 月 11 日，https：//www.cdpf.org.cn/xwzx/clyw2/3f89afdc2c1e4d78b856d5f1c266639f.htm。

③ 《中华人民共和国刑事诉讼法》（2018 修正）第一百二十一条规定："讯问聋、哑的犯罪嫌疑人，应当有通晓聋、哑手势的人参加，并且将这种情况记明笔录。"

方式，政协对残疾人权益保障相关情况开展视察和专题调研，提出重要建议，反映社情民意。第三种监督方式是开展无障碍环境建设状况检查与无障碍环境公益诉讼。最高法、最高检、中国残联等单位联合发布了多个无障碍环境建设检察公益诉讼案例，2023 年最高检的工作报告指出，全国共办理无障碍环境建设领域公益诉讼 1983 件。[①] 目前，公益诉讼已纳入立法规划，未来将有更详细的法律规范出台。

二是残疾人权益保障的国际监督。残疾人权益保障的国际监督主要是向国际组织提交相关公约的履行报告，报告主要说明国家现有履约措施、已取得的成效以及未来的计划。中国提交履约报告后，由国际组织对中国的公约履行状况作出评价，并提出改进建议。例如，2010 年，中国向联合国残疾人权利委员会提交了《残疾人权利公约》的首期履约报告，2018 年，提交了第二、三期合并审议报告。又如，2015 年中国提交了《（残疾人）职业康复和就业公约》的履约报告。定期提交履约报告是我国履行公约的重要方式，也是保障残疾人权益的重要举措。

四　残疾人权益保障存在的问题

尽管已取得了上述成就，但是在我国的残疾人权益保障工作中，依然存在诸多问题。例如，在权益主体方面，尚未实现主体全覆盖，且对残疾人的主体性保障不足；在具体权益内容落实方面仍有困难；在司法救济方面，无障碍环境依然有待改善。

（一）权益主体方面

在权益主体方面，尚未实现主体全覆盖，且目前替代决策依然是主流，支持决策不足。

---

① 《国家司法机关大力加强残疾人司法保护》，中国残疾人联合会网站，2024 年 3 月 11 日，https：//www.cdpf.org.cn/xwzx/clyw2/3f89afdc2c1e4d78b856d5f1c266639f.htm。

一是权益保障主体仍未实现全覆盖。首先，残疾人总数仍不明确，这导致残疾人的基本状况和需求总量并不明确，残疾人权益保障难以实现全覆盖。数据缺位也容易进一步导致国家对残疾人的忽视。最新的残疾人数量统计在2006年，此后的残疾人数量仅为推算的结果。通过持续开展全国持证残疾人基本状况调查，残疾人人口基础数据库收录了3700余万名持证残疾人信息。① 这与目前估计的残疾人数量（8500多万）还相差甚远，这一现象值得关注。其次，经济不发达的地区缺乏足够的财力和政策扶持，以致无法满足部分残疾人的需求。以托养工作为例，由于规模有限，并非所有有托养需求的残疾人都能享受托养服务，机构每年的托养指标有限，通常要先对残疾人进行筛选，符合相关条件的才能享受托养服务。此外，进入托养机构的残疾人也可能仅能托养一段时间，在拨款用完后则需返回家庭。老年残疾人在达到退休年龄后，也需要退出托养，缺乏必要的制度衔接。② 最后，对具有多重脆弱性的群体保障不足。第一，残疾女性在医疗卫生、婚姻、生育、教育中仍然面临较大的障碍。例如，怀孕或到妇科就诊的听障女性在就医时与医护人员存在沟通障碍；又如，残疾女性的受教育权受限；再如，残疾女性遭遇家庭暴力的可能性更大且对她们缺乏有效救济。③ 第二，少数民族的残疾人一般居住在山区、西部等偏远之地，经济状况较差，受教育程度普遍较低，与汉族存在语言文化差异，对语言翻译的需求大。调查显示，少数民族残疾人在遇到纠纷时，大多选择自己忍受或寻求朋友帮忙，较少诉诸司法机关。④ 尽管这一调查仅能代表某村庄的状况，但也具有一定的代表性。第三，对困难残疾人的权益保障不足。与上述情况类似，困难残疾

---

① 顾磊：《新时代新征程——我国残疾人事业迈向现代化发展新篇章》，人民政协网，2023年9月26日，https://www.rmzxb.com.cn/c/2023-09-26/3416870.shtml。

② 此信息为作者调研所得。

③ 冯媛：《发声和使能：残障妇女应对家庭暴力的经历和启示》，载张万洪主编《残障权利研究》（第十辑），武汉大学出版社，2022，第195~210页。

④ 杨晓琳：《少数民族残障人平等获得司法保护研究——以S县为例》，载张万洪主编《残障权利研究》（第九辑），社会科学文献出版社，2021，第214~238页。

人大都受教育程度低、经济状况差、就业困难，对法律的知晓程度较低，仍需进一步获得生存保障。

二是替代决策依然占据主流。"替代决策"即他人代替残疾人本人作出决策。一方面，残疾人缺乏自主决策的机会。社会假定没有残疾的人能够为自己的生活作出决定，而认为残疾人没有能力完全且自主地参与社会活动，缺乏行使权利的法律能力，因此监护人需要承担一切责任，残疾人是悲悯的客体，而不是有自尊的主体。① 另一方面，在完全监护制度下，监护人可能滥用监护权。监护人可能忽略被监护人的需求，或监护人与被监护人可能存在利益冲突，导致监护人侵犯被监护人权益。完全监护制度的弊端在于，将某一方面能力的丧失等同于所有能力的丧失，缺失的能力有可能重新获得，残疾人的能力在不同时间、生活中的不同领域往往是有区别的，而这一规律对所有非残疾人也同样适用。②

（二）权益内容方面

在具体权益保障方面，残疾人的权益实现仍有困难。例如，在体育领域，基层社区的残疾人体育场所供给不足、残疾人体育参与的无障碍环境有待改善；在教育领域，残疾人受教育程度普遍不高，融合教育有待进一步发展；在劳动领域，残疾人的就业率依然不高，常面临就业中的残疾歧视，且工作场所中的无障碍环境仍有待改善。

一是体育权。一方面是残疾人体育参与的"贫富差距"较大。2023年，第四届亚残运会在杭州举办，此类大型体育赛事体现出了高水平的残疾人体育发展状况，残疾人运动员能够得到高质量的运动机会、运动职业和运动保护。但在经济不发达的地区、基层社区，缺乏足够的运动场所、

---

① Robert D. Dinerstein：《实施〈残疾人权利公约〉第 12 条中的法律能力——从监护制度到协助决策制度的艰难转型》，陈博译，载刘小楠主编《反歧视评论》（第 1 辑），法律出版社，2014，第 66~67 页。

② Robert D. Dinerstein：《实施〈残疾人权利公约〉第 12 条中的法律能力——从监护制度到协助决策制度的艰难转型》，陈博译，载刘小楠主编《反歧视评论》（第 1 辑），法律出版社，2014，第 67 页。

运动设施、运动服务，导致残疾人体育权依然尚未得到充分保障。另一方面是体育场所的无障碍环境建设不足。无障碍环境建设是残疾人参与体育活动的前提。有学者在全国范围内选取10个城市53个社区进行实地调查，发现体育场地内部与外部均存在无障碍设施不足的问题，而在信息方面，也存在标识短缺、标识不连贯的问题。[①] 这些状况导致残疾人的体育权难以实现。

二是受教育权。一方面是接受教育的残疾人数量依然较少，残疾人的整体受教育水平较低。目前，尽管我国接受高等教育的残疾人逐年增加（见图1），但是相对非残疾人而言，其接受高等教育的比例依然很低。另一方面是融合教育的水平较低，学校的无障碍环境仍然有待改善，随班就读流于形式。调查显示，在随班就读中，特殊儿童课堂参与程度整体偏低，以被动参与为主，且行为参与和认知参与程度普遍低于情感参与；在残疾人内部，智力障碍儿童和孤独症儿童的参与程度也显著低于视力障碍和听力障碍儿童。[②] 在普通学校，校园内的无障碍坡道、无障碍电梯、无障碍信息沟通系统等无障碍建设不足，妨碍了融合教育的发展。

三是劳动权。一方面是残疾人就业率低。残疾人在政府等公共部门的任职状况依然不容乐观，除残工委成员单位能够少量安置残疾人外，大部分党政机关、事业单位选择通过缴纳残保金来履行责任，招收残疾人或为残疾人提供岗位的单位屈指可数。[③] 残疾人按比例就业制度在我国的实施效果并不理想，许多用人单位为了免交残疾人就业保障金而虚假雇佣残疾人。目前，我国的残疾人就业依然以庇护型就业为主，由于残疾人就业能力不足以及单位对残疾人缺乏信任，就业难与招工难现象同时存在。另一方面是在就业

---

① 李波、朱琳琳：《我国残疾人体育参与的无障碍环境建设实证调查与研究》，《天津体育学院学报》2023年第5期。

② 杨中枢、张俊韬：《我国随班就读特殊儿童课堂参与研究综述》，《现代特殊教育》2023年第20期。

③ 黄莺：《公平正义视域下我国残疾人参政研究》，硕士学位论文，武汉理工大学，2022，第24页。

中，残疾人依然面临歧视。在实践中，残疾人常常面临同工不同酬、缺乏无障碍设施以及合理便利、职业隔离、晋升困难等问题，其就业权利尚未得到充分保障。

（三）司法救济方面

相对于非残障人士而言，对残疾人的司法保护整体较弱，残疾人通过司法手段解决纠纷的意愿不强。"禁止基于残疾的歧视"仅有原则性规定，导致在实践中缺乏依据，只能按照之前的诉讼经验来判案。①

司法诉讼过程中的无障碍环境和合理便利有待改善。尽管目前已出台了相关的政策，在政策层面形成了相对完善的体系，但是，在实践中仍需进一步完善，尤其是针对不同障碍者出台具有针对性的工作方案。

五　残疾人权益保障的未来发展

针对残疾人权益保障方面的问题，需要提出具有针对性的方案。残疾人权益保障的未来发展应当扩大权益覆盖面，增强残疾人的主体性，加强具体权益保障，加强司法保障，进一步参与残疾人权益保障方面的国际活动，增强国际影响力。

（一）推进权益保障均等化

推进权益保障均等化，首先需要扩大残疾人的受益覆盖面，掌握残疾人的数据，保护具有多重脆弱性的主体权益；其次需要增强残疾人的主体性，避免将其看作福利的客体，而是将其当作权利的主体。

一是扩大受益覆盖面。首先，掌握精确的残疾人数据是加强权利保障的前提。在人口普查工作中增加对残疾人的数量调查，有助于明确需求体

---

① 张万洪、刘逸君：《〈残疾人权利公约〉履约：中国的实践和经验》，载张万洪主编《残障权利研究》（第十辑），武汉大学出版社，2022，第 8 页。

量，探索更多的资源分配方式。现实中还存在冒充残疾人领取政策优惠待遇的情况，需要查处这类违法行为，保障残疾人权益。在残疾人权利保障中尤其注重保护具有多重脆弱性的主体权益。例如，针对女性残疾人，在权益保障中需要引入性别视角，保障其在医疗、生育、婚姻中的平等权利。其次，需要保障具有多重脆弱性的残疾人的权益。针对少数民族残疾人，需重点关注其教育资源落后、不熟知汉语的状况，提供翻译，缩小其与汉族人在教育、就业等方面的差距；针对困难残疾人，应重点关注老养残、重度残疾等状况，先满足其生活中的基本需求，在此基础上满足其他需求。

二是增强残疾人主体性。一个人在自理能力不足的情况下，即使有选择的权利，但是否有选择的空间，在很大程度上取决于外界社会提供的支持与保障水平。[①]《残疾人权利公约》第十二条是关于支持性决策的相关规定，保留了残疾人本人作为首要决策者的地位，同时承认残疾人在决策时需要与他人沟通、需要他人的决策，而这种协助并不意味着残疾人主体性的丧失。[②] 在残疾人权益保障的工作中，应避免将其看作福利的客体，而是将其看作权利的主体。在观念上，应认识到残疾不是残疾人士自身的问题，而是外在环境与内在损伤互动作用的结果。在实践中，应注重残疾人的尊严保障和内心感受，提高志愿服务的质量。

（二）增强具体权益保障

针对残疾人的体育权、受教育权、劳动权等具体权益实现中存在的问题，需要提出具有针对性的解决对策，保障残疾人具体权益的实现。

一是体育权。一方面是对体育资源进行公平分配。除了大型赛事之外，

---

① 朱宏璐、尤梦菲：《孤独症人士"被替代决策"向"支持性自主决策"的转型》，载张万洪主编《残障权利研究》（第九辑），社会科学文献出版社，2021，第99~107页。

② Robert D. Dinerstein：《实施〈残疾人权利公约〉第12条中的法律能力——从监护制度到协助决策制度的艰难转型》，陈博译，载刘小楠主编《反歧视评论》（第1辑），法律出版社，2014，第68页。

还要关注日常生活中的体育场地的提供，开展残疾人体育锻炼宣传，鼓励残疾人参与体育活动，此后，还需要形成更加完善和可操作的体育行业标准和规范。① 充分调动社会力量扩大体育公共服务供给源，例如调动体育俱乐部、体育协会、体育基金会等组织的积极性，满足残疾人多样的体育需求。② 另一方面是在无障碍环境建设方面，有针对性地解决调研中发现的问题。关注体育场所中的设施无障碍、信息无障碍、服务无障碍，解决协同和监管机制不健全、责任主体不明、管理职责模糊和整体缺乏规划等问题。在无障碍环境建设过程中积极引入残疾人的亲身参与，建设更加符合残疾人需求的无障碍环境。

二是受教育权。一方面是推进数字技术在残疾人教育领域的运用，帮助残疾人提高学习能力，防止出现数字鸿沟。数字时代为残疾人教育提供了新的机遇，运用科技手段能够开发更具针对性的无障碍环境，例如运用技术帮助残疾人听书、为残疾人提供实时手语翻译等。另一方面是加强融合教育，加强教育领域的无障碍环境建设。增强政策的可操作性，加大资金投入，明确普通学校的主体责任和特殊教育学校的支持保障者的角色。突出残疾儿童在受教育中的主体地位。③

三是劳动权。一方面是提高残疾人的就业率。第一，增强残疾人的就业能力，完善就业辅导员制度，加强就业培训。就业辅导员具有专业性和独特性，能够在工作前对残疾人进行就业培训、在工作中给残疾人提供就业支持，并在就业之后为残疾人提供追踪、评估。④ 因此，当下需要推动残疾人就业辅导员制度的规范化建设，提升就业辅导员的职业技能，提高残疾人的就业能力和就业质量。第二，政府部门应带头容纳更多的残疾人，在社会领

---

① 李波、朱琳琳：《我国残疾人体育参与的无障碍环境建设实证调查与研究》，《天津体育学院学报》2023 年第 5 期。
② 陈宝海、戴羽：《论新修订〈体育法〉特殊主体的体育参与保障权》，《南京体育学院学报》2023 年第 9 期。
③ 戴健雨：《我国随班就读政策执行的现实困境及其破解路径——基于政策执行综合模型的视角》，《现代特殊教育》2023 年第 16 期。
④ 徐九平、徐添喜：《残疾人就业辅导员的核心工作能力研究》，《残疾人研究》2019 年第 1 期。

域加强对就业平等理念的宣传，挖掘适应残疾人的工作岗位等政策。[①] 另一方面是完善就业场所的无障碍环境建设。为残疾人提供就业领域的合理便利，例如提供更加灵活的工作时间。把握数字时代的残疾人就业机遇，为残疾人提供有效的信息无障碍和服务无障碍。目前，《残疾人就业条例》正在修订中，新修后的条例能够为残疾人就业提供更好的规范指引。

（三）加强司法保障

一是增强维权意识。开展残疾人普法活动，增强残疾人运用法律解决纠纷的意愿，帮助残疾人掌握基本的法律技能。加强对司法人员、律师的培训，增强司法工作人员的平等意识，通过培训让司法人员掌握相关工作技能。

二是加强部门协同。加强残联和司法机关的协同工作，加强双方之间的了解与合作。

三是落实司法保障相关的规定，加强司法领域的无障碍环境建设。

六　结语

目前，中国的残疾人权益保障取得了重大成就，尤其是 2023 年《无障碍环境建设法》生效，为残疾人权益保障提供了重要的法律依据。我国残疾人权益保障意识不断提高，残疾人权益保障机制不断完善。同时，针对残疾人权益保障主体性不足、具体权益落实仍有困难、司法无障碍仍需改进等现状，我国在残疾人权益保障方面仍需持续发力，解决实践中遇到的具体困难。

---

① 解韬等：《公共部门率先招录残疾人按比例就业研究——以广东省为例》，《残疾人研究》2021 年第 3 期。

B.4
中国残疾人法律援助发展报告（2024）

栗燕杰*

摘　要： 残疾人作为特殊困难群体，在权利救济与保障方面存在较多障碍，需要全社会的格外关心、爱护。残疾人法律援助体现了对人权的尊重和保障。国家把残疾人法律援助工作作为"民心工程"，法律制度快速发展，体制机制不断完善，服务体系不断健全，残疾人法律援助工作取得全面成效。今后，为让残疾人获得便捷、高质量的法律援助，应精准对接残疾人法律需求与法治诉求，强化关爱关怀和不断消除经济条件障碍、物质环境障碍、语言信息交流障碍，为其提供公平、优质、高效的法律援助和相关支持、服务。

关键词： 残疾人　法律援助　服务机构　信息无障碍

中国残疾人数量众多、特性突出，特别需要帮助。残疾人由于身体状况、经济条件和受教育程度的限制，在维护自身合法权益时，往往面临着比常人更多、更严峻的沟通障碍、经济困难，如面临请律师难、打官司难和无力支付费用等难题。因此，对残疾人的法律援助工作需要特殊的制度安排，这构成中国民生保障的重要内容，也是残疾人权益救济与保障的关键支撑。

一　历史沿革

我国的法律援助制度，从立法层面看起源于改革开放之初，可大致分为起步阶段、发展阶段和成熟阶段。

---

* 栗燕杰，法学博士，中国社会科学院法学研究所副研究员，主要研究方向为行政法学、社会法学。

（一）起步阶段（改革开放之初至20世纪末）

党和国家一直高度重视残疾人的权益保障和相关法律援助工作。1979年出台的《刑事诉讼法》就有了指定辩护的规定。1990年出台的《残疾人保障法》虽未明确提及法律援助，但规定了"残疾人的合法权益受到侵害的，被侵害人或者其代理人有权要求有关主管部门处理，或者依法向人民法院提起诉讼"[①]。这可谓残疾人法律援助出台的先声。1996年修正的《刑事诉讼法》和同年公布的《律师法》，对法律援助予以明确规定，其中即包括了对残疾人的法律援助。1996年修正后的《刑事诉讼法》规定了对于特定类型残疾人的法律援助。1996年公布的《律师法》第六章专章规定了"法律援助"。同年，司法部、中国残疾人联合会联合下发了《关于做好残疾人法律援助工作的通知》[②]。之后，司法部于1997年出台《关于开展法律援助工作的通知》，最高人民法院、司法部联合出台《关于刑事法律援助工作的联合通知》。这些法律和文件，虽然文件名称中尚未直接出现"残疾人法律援助"，但已有大量内容涉及，标志着中国残疾人法律援助制度的出台。

（二）发展阶段（2000~2016年）

2000年以后，中国残疾人法律援助的制度发展驶入快车道。中共中央、国务院《关于促进残疾人事业发展的意见》，明确提出："建立残疾人法律救助体系，做好残疾人法律服务、法律援助、司法救助工作。加大对侵害残疾人合法权益案件的查处力度。"这是在中共中央、国务院文件层面对残疾人法律援助工作提出的明确要求。2003年，国务院出台行政法规《法律援助条例》，在相当长时间里是中国法律援助的主体性法律依据。其中明确规

---

① 见《残疾人保障法》（1990年公布的版本）第49条。

② 该文件已被纳入《司法部决定废止和宣布失效的规范性文件目录》（2014年司法部公告第143号）。

定了对盲、聋、哑人的法律援助。①

在此阶段，在立法层面，全国人大常委会也高度重视残疾人法律援助的法律完善。2008 年 6 月 26 日，第十一届全国人大常委会第三次会议批准我国加入联合国《残疾人权利公约》，该公约要求缔约国采取有效措施，保障残疾人获得平等司法保护。2008 年 4 月 24 日，《残疾人保障法》修订通过，强化了相关单位和部门维护残疾人权益的职责，规定了残疾人法律救助的相关内容。2012 年修正的《刑事诉讼法》对于残疾人法律援助的条款予以完善，调整为"犯罪嫌疑人、被告人是盲、聋、哑人，或者是尚未完全丧失辨认或者控制自己行为能力的精神病人，没有委托辩护人的，人民法院、人民检察院和公安机关应当通知法律援助机构指派律师为其提供辩护"。与 1996 年相比，法律援助的程序更加健全。

2007 年，《司法部关于学习盘龙经验进一步做好残疾人法律援助工作的通知》出台，要求以残疾人为本，通过各种渠道、各种方式为残疾人提供方便快捷的法律援助。2011 年，《关于加强"十二五"时期司法行政服务残疾人工作的意见》出台，要求积极拓展工作领域，使残疾人享受服务门槛更低、服务范围更广、服务内容更多的法律服务和法律援助。

2010 年，国务院办公厅转发中国残联等《关于加快推进残疾人社会保障体系和服务体系建设的指导意见》，要求建立以各级司法行政部门、法律援助机构提供的法律服务和法律援助为主导，以有关部门、残联、社会力量等提供的法律救助为补充的残疾人法律救助体系。司法部出台《关于深入贯彻落实中发 7 号文件和国务院残工委第五次全体会议精神进一步加强残疾人法制宣传法律服务和法律援助工作的通知》，对残疾人法律援助提出更明确的要求。

在此阶段，残疾人法律援助的配套机制快速完善，突出表现在法律救助

---

① 《法律援助条例》第 12 条第 2 款："被告人是盲、聋、哑人或者未成年人而没有委托辩护人的，或者被告人可能被判处死刑而没有委托辩护人的，人民法院为被告人指定辩护时，法律援助机构应当提供法律援助，无须对被告人进行经济状况的审查。"

相关协调机制的完善和工作的加强方面。2008 年 2 月，中国残疾人联合会残疾人法律救助工作协调领导小组办公室成立。最高人民法院、最高人民检察院、公安部、司法部、民政部、人力资源和社会保障部、教育部、卫生部、中国残疾人联合会印发的《关于加强残疾人法律救助工作的意见》以及国务院批转的《中国残疾人事业"十一五"发展纲要》要求建立残疾人法律救助体系，解决残疾人的实际困难。2008 年，最高人民法院、最高人民检察院、公安部、司法部、民政部、劳动和社会保障部、教育部、卫生部、中国残疾人联合会根据《中国残疾人事业"十一五"发展纲要》和《残疾人法律救助"十一五"实施方案》制定了《〈残疾人法律救助"十一五"实施方案〉实施办法》，明确规定了"十一五"期间残疾人法律救助工作的任务目标和主要措施，明确了各相关单位和部门的法律救助职责。2011年出台的《残疾人法律救助"十二五"实施方案》，对于残疾人法律救助工作进行一系列部署安排。这些关于残疾人法律救助方面的要求和规范，构成残疾人法律援助工作的重要补充。

（三）成熟阶段（2017年至今）

2017 年以后，我国残疾人法律援助制度政策密集出台，体制机制逐步完善。2021 年《法律援助法》出台，在法律层面明确对是"视力、听力、言语残疾人"的犯罪嫌疑人、被告人，指派律师担任辩护人；对于无固定生活来源的未成年人、老年人、残疾人等特定群体作为申请人的，免予核查经济困难状况；为残疾人提供法律援助服务的，应当根据实际情况提供无障碍设施设备和服务；残联可以参照《法律援助法》开展法律援助，为残疾人提供法律服务；等等。在配套制度和文件方面，《司法部关于"十三五"加强残疾人公共法律服务的意见》出台，在内容上，从狭义的残疾人法律援助，迈向全面的公共法律服务，要求构建县、乡、村三级联动互补的残疾人公共法律服务网络，引导各类公共法律服务主体向残联和特殊教育学校等残疾人比较集中的场所延伸。2023 年，最高人民法院、最高人民检察院、公安部、司法部印发《法律援助法实施工作办法》，同年司法部、中国残疾人联合会出台《关于进一步加强残疾人法律服务工作的意见》，残疾人法律援助法律制度和配套机制不断健全。

二 制度现状

《残疾人保障法》是专门针对残疾人群体权益保障的法律，其中对残疾人法律援助也有概括性规范。总体上，《残疾人保障法》更侧重于残疾人实体权利的确认与保障，对于残疾人如何维权的规定相对薄弱，残疾人法律援助的规定更是有待加强。2021年《法律援助法》的出台，既标志着中国法律援助真正进入法治轨道，也标志着残疾人法律援助得到了空前重视。但总体上，对于残疾人的法律援助仍缺乏系统性规范，对于残疾人法律援助的特殊需求考虑不足，法律援助实效性还有较大提升空间。

2023年11月，最高人民法院、最高人民检察院、公安部、司法部印发《法律援助法实施工作办法》，法律援助相关的各方权责、权利告知、申请转交、案件办理、信息化建设等更加明确。2023年，司法部、中国残疾人联合会出台《关于进一步加强残疾人法律服务工作的意见》，提出"到2025年，形成覆盖城乡、方便快捷、优质高效的残疾人法律服务网络，残疾人法律服务的精准性、有效性显著增强，服务质量明显提高，残疾人平等享有基本公共法律服务的权利得到更好实现"的目标。

表1 残疾人法律援助主要相关法律、法规和规范性文件

效力位阶	生效时间	名称	主要相关条款
法律	2023年	《无障碍环境建设法》	第41条
法律	2022年	《法律援助法》	第25、42、45、68条
法律	2018年修正	《残疾人保障法》	第60条
法律	2018年修正	《刑事诉讼法》	第35条
法律	2016年	《反家庭暴力法》	第5、6、19条
行政法规	2007年	《残疾人就业条例》	第24条
司法部、中央文明办文件	2021年	《法律援助志愿者管理办法》	第2、7、26、31条

续表

效力位阶	生效时间	名称	主要相关条款
司法部规章	2023 年	《办理法律援助案件程序规定》	第4条
最高人民法院、最高人民检察院、公安部、司法部	2023 年	《法律援助法实施工作办法》	法律援助综合
司法部、中国残疾人联合会的规范性文件	2023 年	《关于进一步加强残疾人法律服务工作的意见》	残疾人法律服务工作综合
最高人民法院、中国残疾人联合会	2024 年	《关于为残疾人提供更加优质诉讼服务的十条意见》	为残疾人提供无障碍诉讼服务

近年来，贵州、四川、山东等地出台的法律援助相关地方性法规中，也有残疾人相关的规范。

三　取得的成效

我国已建立起开展残疾人法律援助工作的体系和制度，形成主要由法律援助机构和残联承担的工作模式。总体上，残疾人法律援助工作成效显著，具体表现在以下方面。

（一）申请办理流程不断简化

各地在为残疾人提供法律援助时，积极调低门槛、简化程序，扩大残疾人法律援助的覆盖范围，精简申请材料和要求。比如，北京市依托部门间信息共享，实现残疾人法律援助与社会救助、残疾人数据平台等的对接，申请法律援助材料大幅精简。山东省以"应援尽援、应援优援"为目标，将经济困难作为申请法律援助的唯一条件，且标准调整为最低生活保障标准的两倍。其中，临沂市将标准调整为上一年度低保标准的三倍来执行。在援助事项方面，取消了事项范围的限制。一些地方就特定情形、特定类型的残疾人，免予核查经济困难状况。山东省东营市对于本市持有残疾人证的残疾人申请法律援助的，免予核查经济困难状况；青岛市对于涉及赡养、扶养、抚恤金、人身伤害、医疗事故等纠纷的本市一、二级残疾人申请法律援助的，免予核查经济困难状况。

（二）法律服务机构建设成效显著

法律援助工作机构是为残疾人提供法律援助的协调服务机构，也是保证残疾人获得法律援助服务的具体实施机构。各级法律援助工作站、点的成立，有利于为残疾人提供就近、及时、精准的法律服务，提升法律援助获取的便捷性。到 2018 年，全国已设立残疾人法律援助工作站 2600 余个，建成法律援助便民服务窗口 2600 余个，各级残疾人联合会建立残疾人法律救助工作站 1814 个[1]。2022 年，全国成立残疾人法律救助工作协调机构 2869 个，建立残疾人法律救助工作站 2633 个[2]。国家提出，到 2025 年，形成覆盖城乡、方便快捷、优质高效的残疾人法律服务网络[3]。

近年来，各地残疾人法律援助服务网络迅猛发展，迈向普及。山东全省推行"点援制"，突破以往法律援助工作机构直接指派的传统做法，让残疾人自主选择援助人员，或者根据残疾人的需求、意愿为其推荐人员。山东省司法厅与省残联开展"法援惠民生　关爱残疾人"法律援助品牌建设，要求各级法律援助机构建立残疾人维权绿色通道，提高审查指派效率，一般案例实行当日受理、当日审批、当日指派，对行动不便的残疾人提供上门服务。河南等省份在特殊教育学校、福利机构设立法律援助工作站点，延伸服务网络触角，方便残疾人就近获取。北京市注重发挥"12348"法律服务热线和北京法网的功能，畅通残疾人法律咨询、服务渠道。2020~2022 年，北

---

[1] 参见国务院新闻办公室 2019 年发布的《平等、参与、共享：新中国残疾人权益保障 70 年》白皮书。

[2] 《2022 年残疾人事业发展统计公报》，中国残疾人联合会网站，2023 年 4 月 6 日，https://www-current. cdpf. org. cn/zwgk/zccx/tjgb/4d0dbde4ece7414f95e5dfa4873f3cb9. htm。

[3] 参见 2023 年 12 月，司法部、中国残疾人联合会发布的《关于进一步加强残疾人法律服务工作的意见》。

京市各级法律援助机构共接待关于残疾人来信来电来访咨询 3 万余人次，为残疾人办理法律援助案件 1695 人次，为残疾人困难群体上门服务 50 余人次①。江苏省宜兴市在法律援助中心成立残联法律援助工作站，并在镇、街道的"残疾人之家"设立"法律之家"或法律援助联络点，实现了残疾人法律援助触角延伸至基层。

（三）便残助残服务与无障碍的法律服务快速推进

根据残疾人本身的特殊性，提供无障碍的法律服务，是残疾人法律援助的题中之义。我国已有多部法律、法规，要求对残疾人提供无障碍的法律服务。《法律援助法》第 45 条规定，为残疾人提供法律援助服务的"应当根据实际情况提供无障碍设施设备和服务"。《无障碍环境建设法》第 41 条第 1 款要求，"司法机关、仲裁机构、法律援助机构应当依法为残疾人、老年人参加诉讼、仲裁活动和获得法律援助提供无障碍服务"。《办理法律援助案件程序规定》第 4 条第 2 款规定："法律援助机构为老年人、残疾人提供法律援助服务的，应当根据实际情况提供无障碍设施设备和服务。"根据司法部、中央文明办共同印发的《法律援助志愿者管理办法》，法律援助志愿者提供的服务包括，"为有需要的残疾受援人提供盲文、手语翻译等无障碍服务"。实践中，信息无障碍服务建设快速推进。北京法律服务网提供"无障碍浏览"功能，确保听障、视障群众可以正常使用，浏览相关信息。北京 12348 公共法律服务热线对残疾人提供专门服务，包括设置分类专席安排专家律师进行解答。一些慈善组织、志愿者针对听障群体的特殊阅读习惯和手语语法特征，以及听障群体的常见法律风险，设计专门课件，推动普法的信息无障碍。

为残疾人提供上门服务、电话服务、在线服务等助残服务。2022 年，山东全省 90% 的法律援助机构实现了临街落地并设置无障碍通道，配备残

---

① 《北京市公共法律服务，为残疾人幸福"加码"》，北京市司法局网站，2023 年 8 月 25 日，https：//sfj. beijing. gov. cn/sfj/sfdt/ywdt82/flfw93/436200732/index. html。

疾人拐杖、轮椅等辅助工具，开辟残疾人专属等候区并提供人性化服务①。辽宁省沈阳市各级法律援助机构为残疾人提供上门服务，并提高无障碍设施覆盖率，配备坡道、盲道、轮椅、助视器等便捷设施，提供语音和文字提示、手语翻译等无障碍信息交流服务②。

（四）司法机关广泛参与

司法机关的有效参与和服务提供，对于残疾人权益保障和救济，具有重要意义。

法院在残疾人权利救济和保障中有着广泛职责。最高人民法院要求为残疾人提供司法便民服务，为残疾人参加庭审提供无障碍设施。各级法院把扶残助残工作落实到诉讼服务、司法审判、执行和救济各个方面。比如，上海市打造全流程无障碍通道，为残疾人开辟绿色通道，提供优先服务。来法院的残疾人由诉讼服务大厅专人陪同，搭乘无障碍电梯，优先办理各项事务；诉讼服务大厅工作人员向包括残疾人在内的信息技术应用能力较弱的群体提供帮助引导，协助使用法院智慧舱、自助机等设备进行网上立案、提交材料等，跨越了信息化鸿沟；在案件办理时，根据需要聘请手语翻译等人员提供辅助；畅通残疾人涉民生案件执行绿色通道，确保"优先立案、优先办理、优先发款"全面落实，最大限度优先维护残疾人权益的兑现。对于残疾当事人可能符合司法救助情形的，法院办案人员积极进行释明指导，协助其申请司法救助；对于符合法律援助条件的，主动与残联、司法行政部门联系，形成司法机关与法律援助的联动。

各地检察机关一直将残疾人作为司法救助与支持起诉的重点对象。2015年，最高人民检察院和中国残疾人联合会共同出台《关于在检察工作中切

---

① 《"扩范围 提质效 强宣传"山东省多措并举做好残疾人法律援助工作》，司法部法律援助中心网站，2022 年 6 月 17 日，https：//www.moj.gov.cn/pub/sfbgw/jgsz/jgszzsdw/zsdwflyzzx/flyzzxgzdt/202206/t20220617_ 457730.html。

② 《辽宁沈阳：升级残疾人公共法律服务》，司法部法律援助中心网站，2024 年 4 月 11 日，https：//www.moj.gov.cn/pub/sfbgw/jgsz/jgszzsdw/zsdwflyzzx/flyzzxgzdt/202404/t20240411_ 497409.html。

实维护残疾人合法权益的意见》，要求检察机关办理涉及残疾人的案件时，要"注重关爱、扶助残疾人，方便其诉讼，采取有效措施防止侵害残疾人权益的行为，保障残疾人平等、充分地参与诉讼活动和社会生活"，在办理案件过程中"发现有关单位存在侵犯残疾人合法权益行为的，应当依法及时向有关单位发出检察建议，督促其纠正"，在办理案件、处理涉法涉诉信访问题过程中，"应当主动了解残疾当事人的家庭生活状况，对符合国家司法救助条件的残疾人，应当告知其有权提出救助申请"，以及"新建接待场所应当符合无障碍设施的相关要求，现有接待场所不符合无障碍要求的要逐步加以改造，以方便残疾人出入"等。2023 年，最高人民检察院会同民政部、中国残疾人联合会共同发布维护残疾人合法权益行政检察典型案例，表现出检察机关发挥检察监督职能维护残疾人合法权益的贡献。

（五）队伍发展日渐壮大

法律援助律师库建设成效明显。律师是残疾人法律援助工作的主力军，也具有法律援助的法定义务。各地司法行政部门积极鼓励和动员律师加入法律援助律师库，法律援助案件分派以入库人员为优先考虑对象。一些地方司法行政部门组建残疾人法律援助服务团，通过驻点值班、远程接访、预约接访等方式，为残疾人提供法律咨询、法律文书代拟、法律援助申请转交等服务。

（六）资金保障更加到位

残疾人法律援助资金来源包括财政投入、政府购买和社会捐赠等方面。在财政投入方面，中央财政、省级财政补助和本级财政安排的法律援助专项经费，构成主要来源。各地普遍根据《法律援助法》的要求，将法律援助经费纳入同级财政预算，保障法律援助工作开展。在政府购买方面，《法律援助法》第 15 条已规定可通过政府采购择优选择法律服务机构为受援人提供法律援助。多个地方将不符合法律援助条件的残疾人公共法律服务事项纳入政府购买项目，保障残疾人获得普惠性、公益性、可选择的公共法律服务。在社会捐赠方面，司法部、中国残疾人联合会《关于进一步加强残疾人法律服务

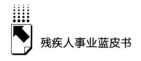

工作的意见》明确提出"鼓励社会力量以捐赠资金等方式参与残疾人法律服务工作"。一些地方还探索公益性法律服务补偿机制。对于积极参与残疾人公共法律服务的机构和人员，通过奖励、免费培训等方式给予补偿和激励。

四　挑战与问题

残疾人经济水平普遍偏低，其法律服务需求还不能得到充分有效满足。残疾人获得法律援助，仍存在各类显性门槛、隐性门槛，残疾人权益保障和救济受到程序、实体方面的各种梗阻和限制。

（一）涉残疾人案件纠纷快速增加

残疾人与外界沟通联络不便，往往生活圈子狭小，容易轻信他人，遭遇诈骗的概率比一般人更大，但后续追讨沟通成本高而效率低。近年来，残疾人作为一方主体的经济纠纷不断增多，遭遇诈骗求助问题增多，对法律援助需求水涨船高，且往往需要专业人才的深度参与才能解决。

（二）涉及部门较多但供给较为单一

残疾人的法律援助的实施，涉及民政部、司法部、残联、律协等多个部门单位，相互间缺乏足够协调联动。在具体服务提供上，残疾人法律援助主要由政府法律援助机构和各级残联提供，慈善组织、志愿者等参与度还有较大提升空间。

（三）交流沟通障碍多，存在沟通困难

残疾人基于其身心、生活状况的特殊性，既不容易收到周围人的信息，别人也不容易理解其表达的意思，甚至其对事实和诉求的表达和交流，也存在不同程度的障碍。残疾人的手语有方言手语和通用手语的区别。只会方言手语的残疾人，和健全人进行法律沟通时，还需要专门人员进行转译，费时费力，且交流容易出现误解。

（四）法律援助质量有待提升

一方面，残疾人对法律援助的质量需求不断上升，常规性、一般性的咨询解答已不能满足维权需求；另一方面，在实践中，各地残疾人法律援助案件办理质量不尽如人意，仍有较大提升空间。案件质量是一些地方、领域的短板。律师本应是残疾人法律援助案件承办的主力军，但律师参与热情并不高，且参与办理的律师总量也不多。其背后原因在于，办案补贴经费有限，补贴标准较低，且有些地方按年度发放，损害到律师的参与积极性。

（五）经费支撑保障存在缺失

残疾人法律援助的经费保障问题，值得关注。其中，既有经费总额不足的问题，也有经费来源单一的问题。总体上过于依赖国家财政拨款，其他经费来源过少。社会各界的慈善捐赠等，在残疾人法律援助经费来源中占比微乎其微。在经费支出方面，也存在结构性不合理，未能充分体现律师的工作量和实际效果。

（六）相关宣传教育引导不到位

受制于残疾人身体、精神等状况，对法律援助政策听得懂、学得会、用得上的残疾人并不多。一些法律援助机构甚至担心法律援助申请人过多而工作压力过大，宣传时不无顾虑。

五　未来展望

今后，为让法律良法美意全面贯彻落地，让残疾人获得更加高效、便捷、高质量的法律援助，建议兼顾需求导向与问题导向，从以下方面继续发力。

（一）完善制度规范体系，强化可操作性

《法律援助法》的对象是所有困难公民，位阶高而内容偏于全面，对于残疾人的特殊需求考虑不足。今后，针对残疾人的法律援助，应考虑出台专

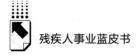

门规范，明确管理体制、职责分工、经费保障和实施流程，使得残疾人法律援助迈向制度化、常态化和刚性化。在制定主体上，宜由司法部、中国残联联合出台，以更加适应残疾人群体的需求。

（二）以残联为枢纽完善工作机制

法院、检察院、司法行政、公安、民政、人力资源和社会保障、教育、卫生、残联等部门、单位，形成合力，保障残疾人维权绿色通道更加畅通。其中，应充分发挥残联在残疾人法律援助工作中的枢纽功能。考虑到残联在残疾人权益维护中的地位和功能，它既是残疾人自己的组织，也是在党领导下联系残疾人群体的纽带桥梁，理应在残疾人维权、救济和纠纷化解中发挥出独有优势。在外部，还应引导社会组织、志愿者广泛参与，形成共同推动残疾人法律援助工作的强大合力。

（三）降低门槛，扩大法律援助范围

《法律援助法》规定了通知辩护制度，对无固定生活来源的残疾人免予核查经济困难状况等制度机制，对于残疾人权益救济意义重大。司法部、中国残疾人联合会《关于进一步加强残疾人法律服务工作的意见》明确要求"降低残疾人法律援助门槛"，提出"司法行政机关可以通过推动制定修订地方性法规、政府规章等形式，扩大残疾人民事、行政法律援助事项范围"。应进一步降低残疾人法律援助门槛。北京市对于重度残疾人取消了经济状况审查，而直接给予法律援助，其做法值得广泛推开。在适用主体范围上，应考虑对重度残疾、老残一体、多重残疾等情形，全面取消经济状况审查，而直接纳入法律援助的范围之内。案件类型上也应进一步扩充。实践中，残疾人法律援助主要关注刑事案件的盲、聋、哑被告。对于其他类型残疾人以及残疾人作为被害人的案件，则较少涉及。在刑事案件之外，涉及残疾人权益的民事案件和行政案件，关注相对缺失。今后，残疾人作为一方当事人的婚姻家庭、工伤认定、人身损害、劳动争议等各类民事、行政纠纷，其一审、二审、再审均应纳入法律援助之列。

（四）简化法律援助申请办理流程

一是应用信息化简化申请审核流程。不断优化法律援助综合管理平台，加强残疾人人口基础数据库、社会救助平台等与法律援助信息管理系统的数据对接、实时共享。由此，推动申请办理网上实施，迈向免申即享。在浙江等地告知承诺制探索基础上，通过政务信息共享查询以及推行申请人经济困难状况诚信承诺制，推动法律援助从审批制全面迈向告知承诺制。

二是完善法律援助指派程序。2023 年修订的《办理法律援助案件程序规定》第 25 条第 1 款已明确要求"法律援助机构应当根据本机构、律师事务所、基层法律服务所的人员数量、专业特长、执业经验等因素，合理指派承办机构或者安排法律援助机构工作人员承办案件"。一些地方推动"法律援助统一服务平台"建设，利用大数据技术自动识别并推荐律师，以提高案件指派的匹配度和精准度。

（五）加强法律援助人才队伍建设

残疾人法律援助的实施，离不开人才队伍建设。在此，应注重以下方面。

一是应注重发挥好律师功能。《律师法》明确规定了律师提供法律援助的职责。在此基础上，有必要建立完善法律援助律师库，贴上专业特长、执业经验、服务倾向等标签。在指派时，借鉴法院立案分案的模式，采取随机分配为主、人为分配为补充的分配模式。对于同一案件的不同诉讼阶段，原则上指派熟悉案情的同一律师承办，以更好维护当事人权益。

二是要加强志愿者队伍建设。特别是高校法学专业师生和具有残疾人法律服务经验的志愿者，应成为残疾人法律援助的一支生力军。

三是加强团队和专家库建设。充分考虑专业特长、执业年限、工作经历等，分类组建刑事、民事、行政、劳动、未成年人等类型的资源库，为残疾人提供更加专业、更有针对性的法律援助服务。还应组建残疾人法律援助专家库，为疑难复杂、有重大影响的法律援助案件提供智力支持。

（六）完善案件办理质量保障

案件质量在残疾人法律援助中至关重要。一是全面推行法律援助标准化规范化建设。应建构并全面落实残疾人法律援助服务规范。二是建立案件质量评估监管体系。在案件办结后，探索通过当事人回访、卷宗评查、同行评估等方式进行评估。通过平台监管、法官意见征询、受援人满意度评价及回访、案卷审核、案件质量评查等方式，推进法律援助案件办理质量不断提升。三是应建构案件质量与办案补贴相挂钩的差异化补贴确定机制，增强承办律师、法律服务工作者的积极性，提高经费使用绩效。

（七）强化经费多元保障体系

残疾人法律援助的资金保障，应当更加多元化。具体包括以下方面：一是要确保财政拨款投入。积极争取财政部门支持，确保对残疾人法律援助、公共法律服务的经费投入，并争取将更多相关事项纳入政府购买服务指导性目录。二是扩大社会投入。畅通慈善捐赠渠道。我国《慈善法》明确将"助残"活动纳入慈善活动内，残疾人法律援助相关的公益活动、社会捐赠，也理应可享受《慈善法》规定的促进措施和税费优惠。三是进一步发挥慈善功能。建议畅通捐赠渠道，鼓励设立残疾人法律援助、权利维护相关慈善组织、残疾人法律援助基金会和慈善信托。

（八）做好信息公开和宣传引导

应着力提升残疾人法律援助的知晓率、美誉度和公信力，争取让残疾人事前能知晓，遇到问题能解决。《法律援助法实施工作办法》要求司法行政机关建立法律援助信息公开制度，其信息公开的渠道、表述均需充分考虑残疾人身心特殊性，确保残疾人看得到、看得懂、用得上。在此，还应进一步优化中国法律服务网和各地法律服务网的信息无障碍建设，使其真正成为残疾人获取法律咨询和法律服务的主阵地。

B.5

无障碍环境建设法治化12年：
发展、挑战与新征程

徐　爽[*]

摘　要： 党的十八大以来，党和国家高度重视无障碍环境建设。2012年，首部无障碍行政法规《无障碍环境建设条例》颁行。十余年来，以该条例为主干法规的无障碍环境建设取得历史性成就，无障碍环境建设步入法治轨道，覆盖城市及家庭的无障碍化改造全面开展，残疾人的受教育与就业水平显著提升，残疾人等有需求群体的生活更加便利。在中国式现代化建设新征程上，无障碍环境建设面临新挑战，迫切需要建设适需型、高水平无障碍环境。由此，需要解决无障碍环境建设目前仍存在的不平衡、不充分、不系统、不协调、不实用等问题。《无障碍环境建设法》于2023年6月通过，扩大适用人群的范围，细化相关配套法规标准，力促无障碍环境顶层设计的融合化，加强部门间协作，加强司法救济，完善相关体制机制，以更加有力的法律政策反映客观规律、回应人民关切，走出无障碍环境建设高质量发展之路。

关键词： 无障碍环境建设　社会立法　无障碍需求群体　高质量发展

一　引言

无障碍环境是社会文明程度的重要标志和典型体现。2020年9月17日，习近平总书记在湖南考察并主持召开基层代表座谈会时指出："无障碍

---

* 徐爽，中国政法大学人权研究院副教授，研究方向为宪法学、特定群体权利保障。

设施建设问题是一个国家和社会文明的标志，我们要高度重视。"① 这一论断精辟地表明了无障碍环境的地位和推进无障碍建设的巨大意义。党的二十大擘画了中国式现代化蓝图，明确指出，"中国式现代化是物质文明和精神文明相协调的现代化"②。无障碍环境作为一个既可无阻通行又易于接近的友好环境，包括物质环境、信息交流、获得公共服务的无障碍，即落在物质文明与精神文明的交叠区。2012 年 8 月 1 日，《无障碍环境建设条例》实施。十余年来，以该条例为主干法规的无障碍环境建设取得历史性成就，我国无障碍环境建设水平有了显著提高，残疾人等有需求群体的生活更加便利。2023 年 6 月 28 日，第十四届全国人民代表大会常务委员会第三次会议通过了《无障碍环境建设法》，这是无障碍环境建设法治化的一座新里程碑。

二 无障碍环境建设法治化进程：法治与人权的飞跃

我国无障碍环境建设起步不算早，但发展非常快，尤其是在制度化、规范化、法治化方面的进步，是有目共睹的。1989 年出台第一个有关无障碍建设的规范性文件《方便残疾人使用的城市道路和建筑物设计规范》（JGJ50-88）；2012 年，首部无障碍行政法规《无障碍环境建设条例》颁布实施，这是我国无障碍环境建设法治化进程的里程碑。在党和国家的高度重视下，无障碍环境建设法治化取得突飞猛进的成就，形成了多层次、系统化的无障碍环境建设法律法规体系。

---

① 《奋进新征程 建功新时代 | 有爱无碍，"十四五"无障碍环境建设良好开局 为助力残疾人全面发展和共同富裕奠定基础》，中国残疾人联合会，2022 年 3 月 11 日，https：//baijiahao.baidu.com/s？id=1727018128985897055&wfr=spider&for=pc。
② 习近平：《高举中国特色社会主义伟大旗帜 为全面建设社会主义现代化国家而团结奋斗——在中国共产党第二十次全国代表大会上的报告》，人民出版社，2022，第 22 页。

（一）无障碍环境建设步入法治轨道

中央层面无障碍法律法规已具规模。目前残疾人相关法律法规形成了以《残疾人保障法》《无障碍环境建设法》为核心，《残疾预防和残疾人康复条例》《残疾人教育条例》、《残疾人就业条例》为支柱的"两法四条例"体系，覆盖了残疾人地位、康复、教育、劳动就业、无障碍环境等多方面的基本权利。新制定和修订的《体育法》《职业教育法》《老年人权益保障法》《法律援助法》《乡村振兴促进法》《数据安全法》均设置了提供满足残疾人和老年人等无障碍需求的公共体育场地①、职业教育②、法律援助③、乡村无障碍设施④、智能化公共服务⑤的条款。

地方层面无障碍立法不断推进。仅 2021 年，就有北京、江苏、四川、重庆、上海等 5 个省市出台了无障碍地方性法规和规章，深圳市、杭州市、雄安新区也相继出台，立法理念进步，立法质量明显提升，为全国无障碍环境建设立法提供了地方经验。

无障碍建设司法活动日渐活跃。2021 年，最高检公布的无障碍环境建设检察公益诉讼十大典型案例显示我国部分省份的检察机关正积极尝试将无障碍环境建设纳入检察公益诉讼，尤其是涉及面广的公共场所无障碍设施改造成为该领域公益诉讼的重点关注对象，检察机关联合行政机关共同排查无障碍设施建设短板，吸纳专家学者、社会组织和需求群体代表的宝贵意见，形成完善无障碍建设的检察建议，并要求有关部门给予反馈，以此推动无障碍环境建设基层自治和行业自律，督促政府职能部门依法履职，确保无障碍环境法律法规得到统一正确实施。

---

① 《体育法》第 82 条。
② 《职业教育法》第 18 条。
③ 《法律援助法》第 45 条。
④ 《乡村振兴促进法》第 37 条。
⑤ 《数据安全法》第 15 条。

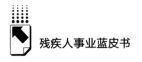

（二）无障碍环境建设技术标准不断细化

除立法层面的规定外，为提升法律法规的可操作性，我国还颁布了有关无障碍环境在建筑道路、信息通信、文化体育、社区服务等方面的无障碍建设实施标准和整体规划。物质环境方面，住房和城乡建设部制定并公布了《建筑与市政工程无障碍通用规范》[①]，完善了城市公共基础设施的无障碍设计标准。信息交流方面，工业和信息化部与中国残联共同印发了《关于推进信息无障碍的指导意见》[②]，确立了信息化社会无障碍建设的目标就是为任何人（包括残疾人）安全获取、交互、使用信息，消除信息鸿沟和助力社会包容性发展，并提出到2025年底我国将建立起较为完善的信息无障碍产品服务和标准体系。2020年3月1日，《信息技术 互联网内容无障碍可访问性技术要求与测试方法》国家标准正式施行；中国互联网协会也发布了网页无障碍浏览的标准《Web信息无障碍通用设计规范》（T/ISC-0007-2021）（以下简称《Web规范》），为残疾人使用网页浏览信息提供了无障碍模式的标准样板。文化传播领域，《马拉喀什条约》[③]的通过首次为视力障碍者和阅读障碍者提供无障碍阅读出版物的国内和国际传播规则，促进丰富的文化作品以无障碍阅读的形式向残疾人传播；国家版权局也为此公布了《以无障碍方式向阅读障碍者提供作品暂行规定》，进一步细化了向视力残疾人和阅读障碍者传播无障碍格式作品的操作细则。在家庭领域，中国残联等6部门联合印发《关于"十四五"推进困难重度残疾人家庭无障碍改造工作的指导意见》。截至2024年3月底，91.47万户困难重度残疾人家庭得到改造。此外，《中华人民共和国国民经济和社会发展第十四个五年规划和2035年远景目标纲要》亦把无障碍环境建设纳入第五十章第四节"提升残

---

① 中华人民共和国住房和城乡建设部公告2021年第174号，2021年9月8日发布，2022年4月1日施行。
② 工信部联信管〔2020〕146号。
③ 全称为《关于为盲人、视力障碍者或其他印刷品阅读障碍者获得已出版作品提供便利的马拉喀什条约》，2013年6月27日由世界知识产权组织发起，在摩洛哥马拉喀什签署。

疾人保障和发展能力"中，充分显示出无障碍环境建设受到了党和国家的高度重视，标志着我国向着融合社会蓝图迈进了一大步。

《无障碍环境建设条例》实施十余年来，我国从物质文明到精神文明、从法治到行政、从上到下的无障碍环境建设水平都有了长足进步，这主要取决于各方的努力协作：一是党政部门高度重视残疾人等特殊群体的权益保障，在"十三五"规划、"十四五"规划中对"支持无障碍环境建设"作出安排，将无障碍环境建设作为支持残疾人自我发展的重要举措。无障碍环境对残疾人人权保障的作用得到前所未有的重视，其地位已然被置于促进残疾人融合发展的位置，充分体现了党和国家对特殊群体发展权的维护。二是无障碍理念深入普及，人们愈发认识到无障碍环境不再是小众群体的"特惠"，而是方便全体社会成员的"普惠"，学校、社会组织、企业纷纷参与到无障碍环境建设的过程中，为践行残疾人权益保护都作出了不容忽视的贡献。三是无障碍环境建设从支撑残疾人事业发展深入经济社会发展大局。《无障碍环境建设条例》第十条规定："无障碍设施工程应当与主体工程同步设计、同步施工、同步验收投入使用。新建的无障碍设施应当与周边的无障碍设施相衔接。"无障碍环境建设水平与城市的文明水平相挂钩，城市化进程不再忽视残疾人等少数群体的权益，残疾人还可以成为城市化进程的决策者、为无障碍环境建设建言献策，大大提升了残疾人的社会主体意识。四是法规政策和标准规范不断完善，在传统的"两法四条例"基础上衍生了众多地方特色的无障碍法规和社会团体的无障碍设计标准，完善了无障碍环境法律法规体系。无障碍环境建设亦受到司法的重视，检察公益诉讼将其视为维护公共利益的重要领域，通过检察建议纠正了诸多无障碍建设违法行为，提升了无障碍环境建设的法治化水平。

三 无障碍环境建设法治化面临的挑战

看到成果斐然的同时，还需清醒地认识到，我国的无障碍环境建设仍普遍存在不平衡、不充分、不系统、不协调、不实用等问题，无障碍环境建设在微观层面还比较粗放，残疾人融合程度还没有达到法律要求的程度，与按照残疾人平等观主张的理想的无障碍环境尚有一定差距。为此我们需要从深层次剖析无障碍环境建设法律法规体系中存在的问题，方能为今后的发展找到需要改进和提升的着力点。

（一）无障碍环境法律法规体系内部的不协调

无障碍环境法律法规体系内部的不协调，首先是无障碍环境建设囊括的社会生活领域范围，《无障碍环境建设条例》与相关上位法对此规定边界不清。如《无障碍环境建设条例》第二条规定无障碍环境主要包括自主通行道路、出入建筑物、搭乘公共交通、交流信息和获得社区服务五个方面，而《残疾人保障法》《残疾人权利公约》规定的是残疾人在政治、经济、文化、社会和家庭生活上均享有与身心正常者平等的权利，因此《无障碍环境建设条例》理论上应当符合上位法，完整的无障碍环境包含的社会生活也应当包括政治、经济等多个领域，但是上位法中涉及的教育、文化、体育、劳动就业领域的规定没能在《无障碍环境建设条例》中得到充分体现。

（二）无障碍法规与其他法律的不协调

由于无障碍专门性法规的位阶大都在行政法规之下，为此无障碍环境建设必须受制于相关领域的上位法，教育领域的无障碍法规《残疾人教育条例》效力层级低于《高等教育法》《义务教育法》《教育法》等教育领域普通法律，因此虽然《残疾人教育条例》规定了教育机构不得歧视残疾人，不得拒绝招收符合法律法规条件的残疾人学生，但是作为上位法的三部教育类法律均规定残疾人接受教育应当符合相关法规规定，对不能适应普通学校的残疾人应安排其进入特殊教育学校学习，也就是说《教育法》实际给予了学校决定残疾人学生是否接受普通教育的权力，却未规定何种情况可被定义为不能适应普通学校，学校应当在学校环境方面为残疾人作出哪些工作以及如何避免其中可能夹带的歧视。《残疾人教育条例》自身也没有把教育歧视和能够适应普通教育环境的条件解释清楚，这很可能让《残疾人教育条例》对歧视残疾人学生之行为的责任规定被束之高阁，因为歧视行为很可能因为上位法模糊表达而有了可乘之机。还有一个矛盾之处就是，《残疾人教育条例》第三条将"融合教育"作为残疾人教育的目标与原则，融合教育就是在学校建设有利于残疾人融入校园学习生活的无障碍环境、提升残疾人受教育的质量，而《教育法》等普通法律却未规定残疾人融合教育或对此作出说明。这导致融合教育的建设被局限于特殊教育领域，而普通学校的融合教育因缺少法律的约束而受到忽视，客观造成了残疾人难以适应普通学校的情况，间接导致了教育领域的残疾人隔离现象，这对保障残疾人受教育权造成了诸多不良影响。如高等教育招生条例未适时更新，严格限制视力、听力、言语残疾人的专业选择范围。更重要的是，《无障碍环境建设条例》第十二条将特殊教育学校纳入优先推进无障碍设施改造的范围，而掌握主要教育资源的普通学校未被归为优先无障碍化改造之对象，这不仅会扩大普通学校与特殊教育学校残疾人入学比例之间的差距，也给了普通学校歧视残疾学生一个借口：不适应学校环境。然而这种不适应多是学校自身的无障碍建设滞后造成的。

（三）无障碍建设标准不完善与不充分

我国虽然针对道路和建筑已经出台了较为完善的无障碍设计规范，[①] 对道路、垂直平台、卫生设施、各类建筑等的无障碍设施的设计都有较为全面的标准，然而在这十余年间有诸多城市公共领域的变化冲击了原有的城市空间格局。共享经济最为典型，近年来，以共享单车、共享电动车为代表的共享交通工具蓬勃发展，虽然给市民出行带来了不少便利，但是其使用与停放都需要占用公共道路空间，共享交通工具可能挤占盲道，对视力残疾者的出行造成不小的安全隐患，这都是前所未有的新现象、新问题。另外，信息无障碍方面缺少相应的规范，目前只有《Web规范》等涉及网站的无障碍化建设的标准，且这些文件是中国互联网协会的行业性自律公约，只对互联网行业从业人员有效，人民团体、事业单位的网站并不必然

---

① 即《建筑与市政工程无障碍通用规范》（GB 55019-2021）。

受其约束。如对于现在常用的手机软件、小程序都没有相应的无障碍设计规范，软件设计存在诸多需要考虑残疾人个性化需求的问题，显然原有的信息无障碍规范已经落后于时代。《无障碍环境建设条例》中与社区服务的无障碍标准相关的是，规定了公共服务设施、报警呼叫系统、家庭无障碍改造和选举中应该逐步实现无障碍化，但没有具体规定各个服务项目应当达到怎样的无障碍标准，如报警呼叫系统要采取何种模式才能让残疾人尤其是视听言语障碍者无障碍使用，对文字信息、字幕、语音未作规定，没有统一技术标准。另外，《无障碍环境建设条例》涵盖的社区服务之范围比较有限，社会生活中高频出现的政务服务均未被包含在内，这可以说是较大的遗憾。

（四）无障碍建设法律法规实施中存在的问题

实践中的问题主要是无障碍法规的实施效果问题，中国无障碍环境发展报告归纳了我国无障碍法律法规与政策的实施存在几个主要问题：实施的形式化、归责机制的孱弱、部分规则存在歧视。

无障碍环境相关法律法规虽然涵盖残疾人医疗、出行、教育、就业等领域，但是实施中常常受到不同地方、不同机构、不同职业的制约，存在着地区、机构、职业发展的不平衡，其中一部分造成对残疾人的隐性歧视。第一种歧视是在户籍方面的歧视。残疾人享有的权益会因为是否拥有当地户籍而存在较大差异，[①] 比如《残疾人保障法》第五十条规定的残疾人公交出行减免政策就常因为户籍受到不同地方的区别对待。第二种歧视是社会机构对残疾人的歧视，教育机构容易出现此类情况。《残疾人教育条例》虽在反对教育机构歧视残疾人方面进行了原则性规定，然而现实中学校尤其是普通学校还是会通过专业招收体检标准设置对残疾学生的"显性歧视"和没有残疾人友好型环境的"隐性歧视"；特殊教育的情况也不容乐观。结合《普通高

---

① 张小燕、管越、李森：《户籍制度背景下我国残疾人就业影响因素分析》，《人口与发展》2020年第2期。

等学校招生体检工作指导意见》第一章、第二章、第三章①关于不可录取、不宜就读的学生之规定，可以得出以下结论。其一，不同类型的残疾人在高等教育方面受到的准入限制不同，限制程度的高低总体上可排名为：严重精神障碍>轻度精神障碍>智力障碍>视觉障碍>听觉障碍>肢体障碍>言语障碍。其二，残疾人包容性高的五大类专业排名，即康复类>艺术类>计算机>工艺类>社会工作，对残疾人包容性最低的五大类专业包括：医学类、理学类、公安类、教育类、工程类。其三，残疾人教育的层次通常在本科及以下，只有少部分院校设有硕士学位点。② 这种歧视不仅影响了残疾学生的受教育权，且对残疾人的社会角色与性格都造成了某些负面影响，还影响了其日后的自主择业权等发展性权利，属于较为系统性的歧视问题。机构歧视还体现为生活环境内的公共行政主体的歧视。作为服务残疾人"最后一公里"的生活环境，社区承担的无障碍环境建设责任意义重大。然而目前《无障碍环境建设条例》第九条只明确规定了新建建筑的无障碍设计要求，涉及老旧建筑的只有第十一条规定的"对城镇已建成的不符合无障碍设施工程建设标准的道路、公共建筑、公共交通设施、居住建筑、居住区，县级以上人民政府应当制定无障碍设施改造计划并组织实施"，缺少时间和财政方面的约束力，因此老旧建筑无障碍化改造效果不甚理想。另外，由于我国采取基层群众自治制度和业主集体决策制，小区内的无障碍设施改造往往要通过居（村）委会和业主委员会两个主体的同意方可进行，而基层自治组织尚未建立起"包容性环境"理念，残疾人缺少在社区治理中的参与。③ 由于社区治理存在的排他性，④ 残疾人社会组织难以介入社区内部事务，也难以发

---

① 《普通高等学校招生体检工作指导意见》第一章第四条规定有严重精神疾病不得录取，第二章第一条到第五条规定视觉障碍者可予不录取的专业，第三章第三条规定肢体残疾人不宜就读之专业、第四条到第六条规定视力残疾人不宜就读之专业、第七条规定听力残疾人不宜就读之专业、第九条到第十条规定言语残疾人不宜就读之专业。

② 《盲人女孩考研被拒，残疾考生能读取的专业有哪些？》，澎湃新闻，2020 年 11 月 2 日，https：//www.thepaper.cn/newsDetail_forward_9785924。

③ 凌亢主编《中国无障碍环境发展报告（2021）》，社会科学文献出版社，2021。

④ 李健、李苗苗、马小红：《残疾人社会组织发展现状、问题与对策建议》，《残疾人研究》2020 年第 3 期。

挥提升公众对无障碍科学合理之认识的作用，这都导致残疾人的无障碍需求可能被社区其他成员忽视。机构歧视是残疾人生活不便与个人发展难以进步的直接原因，对残疾人融入社会的影响较为直接，也常常为无障碍环境建设所忽略，往后应当成为无障碍环境法规的重点关注对象。

第三种歧视是残疾人职业方面的歧视，它直接影响残疾人独立生存的能力，这关乎无障碍环境之正常化宗旨的实现。职业歧视首先表现为职业招聘歧视，而这种歧视又分为招聘对象和招聘方式上的歧视，前者为显性歧视，后者为隐性歧视。虽然《残疾人保障法》第四章明确规定残疾人的就业不得被歧视，并且单位应当对残疾人提供适当保护和改造劳动场所以创造无障碍环境，但是实际上残疾人的能力仍然受用人单位质疑，用人单位为了维持自己的劳动生产率常设歧视残疾人任职的标准限残疾人进入，或者是拒绝对工作场所的无障碍改造降低残疾人用人成本。当然，现实生活中用人单位通常不会直接设置拒绝招录残疾人的规定，但是有可能会因为一些针对残疾人身心状况的招录标准而排斥他们就业。以公务员招录为例，公务员岗位通常通过招录条件限制残疾人报名，即便是在专门向残疾人开放的岗位上，以招录条件为由限制残疾人报考的现象也屡见不鲜。其次是考试形式的歧视，虽然公务员笔试依法应当提供电子语音、盲文等试卷，且对于听力障碍者是没有障碍的，但是面试由于需要借助视觉与听觉回答问题，因此给视障与听障人士造成了不小阻碍，尤其是当前一些省份实行的无领导小组、讨论会等面试形式，使得视障听障人士在面试中独立获取信息的途径受阻，面试目前尚未有明确的无障碍辅助考试规定，这使得听障、视障人士几乎不可能即时适应此类面试环境，更是对孤独症患者等社交障碍人士造成了极大困难。此外，教育歧视本身也可能导致职业上的歧视，因为职业通常要设置专业门槛，而这些专业中不少是排斥残疾人的，因此残疾人的职业选择范围因为教育不平等而进一步缩小，这两种歧视（障碍）之间的联动关系值得我们深思。

法律施行过程中出现的问题究其根源在于法律体系不够系统化，是残疾人无障碍环境法制与其他法律、政策对接缺乏联动性，以及缺乏有效的惩戒机制和保障机制的后果，因此无障碍环境建设还是要正本清源、回归到法律体系之构建和多方主体协同的问题上来。

四 新征程：推进适需型、高水平无障碍环境建设立法

随着残疾人对美好生活的需要日益增长和人口老龄化程度持续加深，人们对无障碍环境的需求不再是"有"，而是"好"，迫切需要更加有力的法律政策反映客观规律、回应人民关切，适应高质量发展的现实要求。2022年10月，全国人大常委会对《无障碍环境建设法（草案）》进行了第一次审议；2023年6月28日，十四届全国人大常委会第三次会议表决通过《无障碍环境建设法》，该法自2023年9月1日起施行。该法的制定出台为无障碍建设开辟了一条新路径，对现有《无障碍环境建设条例》的法律原则及规则进行改革和优化，力图满足更大范围、更多层次、更宽领域的无障碍环境需求，从无障碍建设受益人群、体制机制、设施建造、信息交流和服务内容等方面进行了精细化补充与完善，推动了无障碍环境法治化程度的整体提升，将开启我国无障碍环境建设的新篇章。

（一）本次无障碍环境建设立法的增长点

一是无障碍环境理念的更新与适需群体普适化。传统意义上的无障碍环境起源自残疾人的通行交流需要，后因人口老龄化的到来，老年人的适老化需求增加，老年人也被纳入无障碍需求群体。此外，由于计划生育政策的松动及新一波婴儿潮的影响，育婴人群和儿童对无障碍设施的需求也日益高涨，而现实中缺少符合母婴以及儿童需求的设施，这影响了这些特殊群体与普通人一样享受丰富的经济社会生活。诸多专家学者呼吁将无障碍环境的适用群体扩大化，学者黎建飞提出我国老年人、儿童数量高达2.5亿人，超过残疾人数量，且老年人面临的物理上和数字上的双重障碍在某种程度上多于残疾人，为此无障碍环境法律不应当仅以残疾人为中心，也应充分考虑适老化、适幼化需求。[①] 学者吴振东等也建议我国无障碍环境建设应参考联合国

---

① 黎建飞：《推进我国无障碍环境建设立法的进程》，《残疾人研究》2022年第S1期。

《2030 年可持续发展议程》中的定义，将无障碍环境诠释为"满足每个用户需求与偏好"，强调其普惠性和对人类多样性的尊重。[①] 中国残联副主席吕世明认为，无障碍环境建设的魅力，正在于人人有责、人人尽责、人人共享。[②] 这句话清晰地体现出新时代无障碍环境建设日益普及普惠、成为社会生活环境的一部分的最新理念。《无障碍环境建设法》将《无障碍环境建设条例》的立法宗旨由"保障残疾人等社会成员平等参与社会生活"改为"加强无障碍环境建设，保障残疾人、老年人平等、充分、便捷地参与和融入社会生活，促进社会全体人员共享经济社会发展成果，弘扬社会主义核心价值观"。首先，新法改变了以往单一的以残疾人为中心的立法理念，将适用范围开放化，使母婴、儿童、病患等群体的要求得到重视，能够满足人们多样化、复杂化的发展需要。其次，新法扩展了无障碍建设的广度与深度，重点强调社会成员参与社会的充分性和便捷性，贴合了我国目前无障碍设施增量提质的双重趋势。最后，新法注重社会成员的参与，不再是"形式上的出现"，更强调"实质上的融入"，表明其在社会生活中的地位应当要有相应的保障，从追求过程平等进化到追求实质平等。新法规定，无障碍环境建设的目标或愿景是"共享发展成果"，有力地证明了其他社会主体应当尽可能地履行与不同社会成员分享其资源的法定义务。这一革命性的修改对于我国人权理念与实践的进步是意义重大的，相信它会引领其他无障碍法规或者立法主体推出更为全面的普适性无障碍概念革新。

二是法律位阶的提升。《无障碍环境建设条例》属于行政法规，可以对地方性法规和规章进行约束和指导，但是对于法律层级和行政法规一级的其他文件无约束力，因而才会存在与《教育法》等法律相脱节的地方，学校为主体的无障碍建设责任未能有效落实，损害了残疾人等特殊群体的无障碍环境权益及其基础性权利。此次出台的《无障碍环境建设法》属于法律层级，相较于《无障碍环境建设条例》在法律位阶上有了重大提升，而且该法第一条

---

① 吴振东、汪洋、叶静漪：《社会融合视角下我国无障碍环境建设立法构建》，《残疾人研究》2022 年第 S1 期。

② 转引自闫晶晶、刘婷婷《无障碍环境建设法草案首次提请审议，检察公益诉讼写入草案》，搜狐网，2022 年 10 月 29 日，https://www.sohu.com/a/600848583_118060。

指出该法是根据宪法制定的全国性法律，在该法影响下，其他法律日后也会根据该法作出相应修改，融入无障碍建设的原则和规则，照顾需求群体的无障碍环境权益，有助于全体社会成员充分、平等、便捷地参与和融入社会生活、共享发展成果，有助于确保无障碍建设的根本目的之实现。

三是无障碍建设体制机制完备化。首先，关于体制机制。无障碍环境建设效果的好坏取决于与无障碍环境建设相关的各项体制机制能否共同运作，《无障碍环境建设条例》及地方实施办法都对无障碍环境建设的管理主体、规划、意见征求、奖励激励以及设施建设、信息交流、社区服务方面进行了规定，但由于缺乏配套措施且部分规则过于简单，无障碍环境建设的推行遭遇了一些阻力。此次立法，特别增加了县级以上政府应当建立稳定的经费保障机制的规定，表明了无障碍环境建设的财政保障从其他领域相对独立出来，能够为需求群体所需要的公共无障碍设施直接提供维修保养经费，夯实了无障碍环境建设的财政基础。其次，关于部门间协调问题。由于无障碍环境建设涉及建筑、通信、教育、就业、医疗等诸多领域，相应行政机关都应负起其管理职责且相互协同，但《无障碍环境建设条例》只规定了住建部门与工信部门在各自职责范围内做好无障碍环境建设工作，缺少部门间协调机制的规定，无法应对现实中愈加复杂的障碍问题，如经营者只接受扫码而拒收现金、公交车不保留刷卡和投币渠道、共享单车侵占盲道和缘石坡道等问题的解决涉及多个部门的职责。《无障碍环境建设法》关于部门协调机制的内容，规定由住建部门承担具体协调工作，以立法的形式明确了住建部门的核心地位，使部门间建立健全协调机制有章可循。再次，关于监督机制。目前《无障碍环境建设条例》只对建筑不达标、占用无障碍车位、管理无障碍设施不到位和主管人员滥用职权玩忽职守四种情形的法律责任作出规定，对于各情形的外延没有列举条款，且局限于无障碍设施领域，忽视无障碍信息交流和社区服务中的违法行为，因此现实中无障碍设施普遍利用率低、不系统不实用的问题较为突出，也难以被有关部门及时发现或处理。新法在法律责任一章将不同责任按照责任承担主体、行为方式进行了有效区分，并且规定了常见的信息交流和社区服务领域的违法行为的法律责任

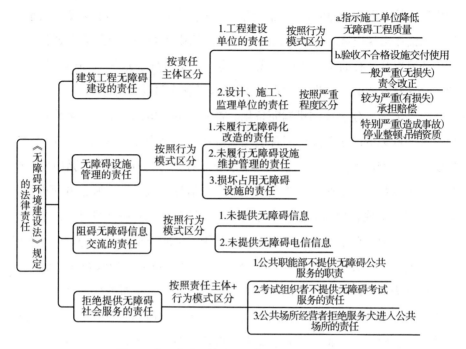

图1 《无障碍环境建设法》规定的法律责任

（见图1）。可见，新法对无障碍环境法律责任制度进行了精细化分类，并按不同主体、行为模式和后果轻重规定了不同责任，实现了法律责任上的平衡，对完善违法行为的监督机制大有裨益，也有助于无障碍环境建设法律减少倡议性的软法色彩，增加强制性硬法元素，对法律实施的成效有重大意义。最后，司法保障途径的完善。此前无障碍环境建设相关的法律纠纷很少进入诉讼程序，少数关于无障碍责任主体不提供无障碍服务的案件多以不属于民事案件或行政案件受案范围为由败诉。因为无障碍环境带有很强的公共属性，由是以检察机关主导的公益诉讼成了不二选择，因为它可以针对侵犯公共利益的行为开展诉讼，且针对对象处于开放状态，甚至江苏就有一例给未成年人非法纹身而被提起公益诉讼的案件。① 但此前无障碍

---

① 《全国首例为未成年纹身公益诉讼案一审宣判：纹身馆停止侵害》，澎湃新闻，2021 年 6 月 1 日，https：//www.thepaper.cn/newsDetail_ forward_ 12902627。

环境领域的公益诉讼只是部分城市的试点工作，而新法正式对检察公益诉讼作出规定，授予了检察院提起公益诉讼、制裁侵犯无障碍环境公共利益的职权，未来需求群体可以经此途径实现无障碍环境建设的事后监督和自身权益的维护。

在肯定《无障碍环境建设法》诸多可喜变化的同时，我们还需看到，无障碍环境建设法治化还可在以下方面努力。

（二）实施《无障碍环境建设法》还需加强的着力点

一是力促无障碍环境顶层设计的融合化。无障碍环境涉及社会生活诸多方面，会广泛涉及残疾人法律法规之外的公民基本权利义务的法律、政策、国家标准等。因此，在以新法为中心的无障碍环境建设法律法规体系构建过程中，尤需注重无障碍环境顶层设计的系统性、统一性与贯通性。横向的法规与纵向的上位法、政策标准都应当致力于残疾人融合社会的建设、融入"人权模式"的理念，限制立法主体对残疾人法律法规的"变通"。通过对上述无障碍环境法律法规体系的结构化分析可以看到，体系构建需做好"一横一纵"两个方向的立法补充工作。"一横"，即横向上，在完善《残疾人保障法》的同时，也需要对与其同一位阶的《教育法》《劳动法》等法律进行适宜无障碍环境建设的改造，尤其是在法律原则中应分别引入融合教育、残疾人友好工作环境的理念，以此为指导促进教育、劳动就业准入和环境建设规则的修改，提升对残疾人群体的包容性、维护更多残疾人机会平等权利。"一纵"，即纵向上，不断完善具体社会生活领域的无障碍建设规则与操作标准。如信息无障碍建设需进一步加快手机软件无障碍设计标准的出台，网页无障碍建设也应当细分出政府网站和其他公用网站的无障碍标准，政府无障碍建设规划中亦应当增加网页无障碍建设的内容，优先促进残联和其他政府办事网站的无障碍化改造。此外，在就业和教育准入标准上，建议采取列负面清单的方式，只对部分具体类型残疾人无法参与的专业与职业进行限制，如视障人士不能选飞行技术专业，而对于"不建议就读"的专业，其设置目的是引导残疾人发挥自身优势、避开一些专业劣势，除此之外对残疾人的决策不宜施加过多外部影响。比如，现实生活中已有少数优秀的视障法律工作者在岗位上正常就职。[①] 法学专业虽属于不建议视力残疾人学习的专业，但为尊重残疾人择业自由，我们建议在立法中，对于"不建议就读"的专业不要一律不允许就读，或者逐渐删减"不建议就读"专业的类别和数量。从长远考虑，这种专业或者职业壁垒在阻挡残疾人进入的同时，也对该教育机构或者用人单位的无障碍环境建设造成了间接阻碍，容易造成一种"社会排斥"。[②] 由此，为把辅助残疾人学习相关专业或就业的义务重新施加给教育或用人单位主体，立法者可以通过修改准入规则和环境保障规则限缩单位在招收残疾人时的自主权，增加后者承担保障残疾人学习工作的义务。此外，减少专业及职业对残疾人的限制显然不仅可以增加残疾人自身的发展机会，也可以促进教育主体、用人主体从管理者向服务者转变，让其真正成为无障碍环境建设的主动方，而不是让残疾人自身克服残疾造成的学习、工作障碍。

二是受益人群扩大后的配套规定需要跟上。新法将无障碍环境需求群体从残疾人、老年人扩大至全体人群，具体措施规定中涉及老年人的条款有6条，涉及未成年人和妇女的有2条，涉及残疾人、盲文的有13条。建议进一步细化配套法规，以满足老年人、妇女、儿童的特殊利益需求，比如App应为老年人提供适老模式，公共场所应建母婴室，图书馆、博物馆应为儿童提供适儿化阅读室和展台。这些热点利益均可以作为相应群体的重要无障碍权益写入法律。以母婴室为例，目前仅有《妇女权益保障法》第三十四条规定了政府规划应考虑母婴室，且除广东省《母婴室安全技术规范》（DB44/T 2279-2021）外尚无全国性设计规范。[③] 这需要无障碍环境建设立法主动将母婴室建设纳入无障碍设施建设中，培育社会对母婴室与育婴人群

---

① 《中国首位视障律师金希：残障人士的人生也可以有不同选择》，澎湃新闻，2023年3月16日，https://www.thepaper.cn/newsDetail_forward_22322066。

② 即由于缺少社会参与和权力形成的障碍。夏菁、陈宏胜、王兴平：《残疾人视角的无障碍设施低使用率研究——以南京市为例》，《城市规划》2020年第12期。

③ 《让母婴室成为公共场所标配》，人民网，2019年12月17日，http://legal.people.com.cn/n1/2019/1217/c42510-31509520.html。

关系的正确认识，明确公共场所建设母婴室的法律义务，优先在车站、地铁月台、商场等公共场所建设母婴室，满足育婴者的需求，打造生育友好型社会。

三是无障碍检察公益诉讼应形成常态化机制。检察公益诉讼在正式纳入无障碍环境建设法律后，需要考虑的问题是让检察公益诉讼的启动有顺畅环境，且有适合无障碍环境建设实践的操作规则。可以借鉴最高检公布的典型案例中的经验，比如青海省无障碍公益诉讼中适用的诉前磋商机制，检察院与残联、相关无障碍环境建设责任主体、受益人群和专家学者等举行圆桌会议进行诉前磋商，找出核心问题，并对财政部门提出检察建议，这既有利于解决矛盾，也有利于节约司法资源、避免诉累。江苏宝应无障碍公益诉讼案件的公开听证也是值得借鉴的诉前程序建议。而且，检察公益诉讼不能仅停留在事后救济的被动层面，对于现实中群众反映的无障碍设施隐患、行政机关无所作为，也应建立起预防性检察公益诉讼，弥补传统的行政行为末端或结果评价机制的不足，最大限度保护社会公益，① 这样对发挥检察公益诉讼的独立价值大有用处。

五 结语

我国在《无障碍环境建设条例》等法律法规指导下，已经构建起惠及8000多万残疾人的无障碍环境体系，为今后无障碍环境建设的进阶打下了坚实的物质基础。但是快速进步中产生的结构性问题仍然不容忽视。为克服无障碍环境建设面临的结构性难题，应当共同推进无障碍环境走法治化道路，从无障碍环境的平等观念本身调整、夯实、完善我国的无障碍环境法治，首先是立法对顶层设计的完善应遵循无障碍环境的平等普惠理念，实现无障碍环境建设立法与其他领域法律的衔接，使其贴合残疾人平等参与、融入社会生活的原则，这是无障碍环境建设走法治化发展轨道和不断进步的前

---

① 高志宏：《行政公益诉讼制度优化的三个转向》，《政法论丛》2022 年第 1 期。

提条件。其次是责任主体应当恪守无障碍法律规范，住建部门、民政部门和残联组织与其他政府部门、社会组织和基层自治组织协调好无障碍环境建设的落实工作，这是无障碍环境建设的主心骨，实施效果关乎无障碍环境建设的水平。最后是司法机关通过审判、公益诉讼等途径，监督行政机关和其他无障碍环境建设主体履行相关建设责任，构筑保护相关群众无障碍环境权益的最后一道防线。

B.6
无障碍环境建设法律法规发展报告
（2024）

黎建飞　窦　征*

摘　要：　2024 年政府工作报告明确指出，要加强无障碍环境建设，让人民群众享有更高品质的生活。2023 年《中华人民共和国无障碍环境建设法》（简称《无障碍环境建设法》）的颁布实施写就了我国无障碍环境建设法制发展的新篇章。本报告认为，追溯我国无障碍环境建设法律法规的源流，综论过去无障碍环境法制发展不同阶段的问题与经验是十分必要的。此外，有必要在此基础上，对《无障碍环境建设法》从立法模式和立法重点进行解读。最后提出贯彻实施《无障碍环境建设法》的建议，以期推动无障碍环境建设更高水平的发展。

关键词：　《无障碍环境建设法》　立法模式　立法重点

一　无障碍环境建设法规发展历史

（一）萌动期——《无障碍环境建设法》的源流

一是法规政策建设。我国无障碍环境建设立法始于 20 世纪 80 年代。

---

*　黎建飞，中国人民大学教授，博士生导师，兼任中国人民大学残疾人事业发展研究院副院长，中国人民大学民商事法律科学研究中心劳动和社会保障法研究所所长，研究方向为劳动法、社会保障法、残疾人保障法、无障碍环境建设法。窦征，中国人民大学法学院博士研究生，研究方向为残疾人保障法、无障碍环境建设法、社会保障法。

《方便残疾人使用的城市道路和建筑物设计规范（试行）》于 1989 年颁布，也是我国无障碍环境建设立法的发轫之始。1990 年，《中华人民共和国残疾人保障法》（以下简称《残疾人保障法》）囊括了无障碍设施的规范内容，明确要求："国家和社会逐步实行方便残疾人的城市道路和建筑物设计规范，采取无障碍措施。"于此，"无障碍"首次见于我国法律规范。1996 年《中华人民共和国老年人权益保障法》（以下简称《老年人权益保障法》）虽没有明确提到"无障碍"，却也规定了保障老年人的无障碍生活需求。[①]新千年伊始，地方政府也纷纷开始出台无障碍环境建设相关地方政府规章，包括北京、上海、天津、南京、辽宁等都出台了地方无障碍设施建设和管理办法。2008 年以前，各地方政府出台了共 12 部地方无障碍设施建设管理办法或实施细则以及 1 部地方性法规。[②]

二是存在的问题。首先，在此阶段，我国的无障碍环境建设立法主要集中体现在对无障碍设施的规范方面。2008 年以前出台的地方性无障碍设施建设管理办法或实施细则，文件均以"××省（或市）无障碍设施建设管理办法"或"××省（或市）无障碍设施建设和使用管理实施细则"为名，这足以说明在 2008 年以前，在法规层面，我国对"无障碍"的理解还仅停留在设施无障碍，即物理空间层面的无障碍。其次，与世界其他国家的无障碍理念演变过程相似，我国无障碍理念在此初步发展阶段也将无障碍环境认作残障人士的专属福利，认为推进无障碍环境建设是为了满足残障人士的基本生活需求。再次，尽管一些大中城市纷纷开展了无障碍设施建设，但实践当中广泛存在着无障碍设施建设水平不高、质量参差不齐、缺乏系统性和规范性、无障碍设施管理效率低下等问题。最后，无障碍环境建设立法呈现零星发展状态，无障碍设施建设仅在一些大中型城市得以试验。无障碍环境建设体系化、科学化发展任重道远。

---

① 《老年人权益保障法》（1996）第三十条规定："新建或者改造城镇公共设施、居民区和住宅，应当考虑老年人的特殊需要，建设适合老年人生活和活动的配套设施。"
② 北京市于 2004 年颁布实施了《北京市无障碍设施建设和管理条例》。

（二）快速发展期——《无障碍环境建设法》的奠基期

一是法规政策建设。在此时期，我国在无障碍环境建设领域的法制发展主要体现为：一方面对以往无障碍环境建设相关法律进行增补或修订，另一方面积极推动无障碍环境建设专项部门规章的制定与施行。与此同时，我国对无障碍环境建设标准规范也进行了积极的探索制定。2008年，我国修订了《残疾人保障法》，对无障碍环境进行了专章规定，增加了对信息交流无障碍的规定，要求为残疾人获取公共信息提供便利。2012年，我国开展了《老年人权益保障法》的修正工作，也对无障碍环境给予了重视，于第六章"宜居环境"中对无障碍环境建设提出了更高要求。此外，《公共文化服务保障法》《公共图书馆法》《乡村振兴促进法》《数据安全法》《法律援助法》等法律，都对无障碍环境建设进行了相关规定。2012年我国颁布了第一部无障碍环境建设领域的行政法规——《无障碍环境建设条例》。《无障碍环境建设条例》是无障碍环境建设立法快速发展期最具代表性的法规，集中体现了我国无障碍环境建设最前沿的实践与理论探索成果。自此之后，我国无障碍环境建设进入系统性、规范性发展时期。其后，我国于2017年修订了《残疾人教育条例》，于2018年修订了《残疾预防和残疾人康复条例》，修订后的这两部行政法规都对无障碍环境作出了相应的规定。

二是存在的问题。在此阶段，我国无障碍环境建设法制建设得到了快速发展，且已经基本建立起以《残疾人保障法》为核心的法律依据，以《无障碍环境建设条例》为统筹的实施规范，以部门规章、地方性法规、地方政府规章为细化的落实指南的制度体系，但仍面临以下突出问题。首先，此阶段我国无障碍环境建设法制建设在法律层级上是没有专门法律的，仅有《无障碍环境建设条例》作为无障碍环境建设的专项行政法规，欠缺一部统筹规范无障碍环境建设的基本法律。《残疾人保障法》以及《无障碍环境建设条例》中的无障碍环境建设立法趋于宏观，在实际落地过程中缺乏可操作性。其次，在立法内容上：对责任主体的规定不清晰，对法律责任的设定不明确。无障碍环境建设部门及人员的责任有待强化。《无障碍环境建设条例》明确了县级以上人民政府负有编制无障碍环境建设发展规划并组织实施的责任，也指出了住建部门、工信部门等均应在各自职责范围内做好无障碍环境建设工作，但没能够进一步对其在无障碍环境建设方面的职责范围作出更具体的规定。该条例仅在第三十四条原则性地规定了"无障碍环境建设主管部门工作人员滥用职权、玩忽职守、徇私舞弊的，依法给予处分；构成犯罪的，依法追究刑事责任"。立法内容不全面，存在立法空白。例如，《无障碍环境建设条例》缺少对无障碍设施改造的经费保障等内容的规定，对于贫困家庭的无障碍设施改造给予一定补助的规定也不够细化，这在实践中很大程度影响了无障碍环境改造的推进和经费的落实。

（三）成熟发展期——《无障碍环境建设法》的颁布实施

2023年6月28日，《无障碍环境建设法》通过，并于2023年9月1日正式施行。

一是对无障碍内涵的丰富。《无障碍环境建设法》在总结过去无障碍环境建设实践经验与理论发展的基础上，对"无障碍环境"的法律概念进行了重新界定。以《无障碍环境建设法》的法律文本为依据，我国无障碍环境建设主要包括"无障碍设施建设"、"无障碍信息交流"以及"无障碍社会服务"。[①] 在设施无障碍领域，《无障碍环境建设法》对设施工程建设相关单位责任义务都作出了更为具体的规定：明确要求新、改、扩建工程设施必须符合无障碍设施工程建设标准，对既有建筑的无障碍改造也提出了具体要求；另外对无障碍停车位、老旧小区加装电梯、就业场所无障碍等都作出了新的规定。在信息无障碍领域，该法在沿袭《无障碍环境建设条例》对手语节目、语音、大字信息、盲文等规定的基础上，新增了对影视类录像制品、移动互联网应用程序、自助公共服务终端设备、紧急呼叫系统、商品和药品说明书等的可及性要求。此外，该法对提供无障碍信息服务相关单位的

---

① 《无障碍环境建设法》第二条规定："国家采取措施推进无障碍环境建设，为残疾人、老年人自主安全地通行道路、出入建筑物以及使用其附属设施、搭乘公共交通运输工具，获取、使用和交流信息，获得社会服务等提供便利。"

责任义务进行了更为具体的规定，细化了包括医院、银行、电信服务机构、公告文化服务机构等场所和机构提供无障碍信息服务的义务。该法首次在法律层面确认了无障碍社会服务作为无障碍的基本内容，并对无障碍服务的内容进行了丰富和拓展。无障碍社会服务涵盖了社会生活的方方面面，包括了公共服务场所、行政服务和社区服务机构、交通运输部门、教育部门和机构、医疗卫生和文化旅游等服务场所，更是对司法机关、法律援助机构、基层法律服务所等司法活动场所提供无障碍社会服务也作出了具体要求，用无障碍的方式维护无障碍的权益。

二是对责任体系的完善。无障碍环境建设涉及多个领域和部门，需要各方面共同努力才能实现。《无障碍环境建设法》在完善责任体系方面做出了积极探索。

首先，该法明确规定了政府在建设管理无障碍环境中的核心地位。制定的国民经济和社会发展规划应当涉及无障碍环境建设，各级人民政府应当制定实施办法和年度计划。同时，政府还应当加强无障碍环境建设的宣传教育，提升全社会的无障碍意识。其次，该法统筹规定了无障碍环境建设所涉及的各个部门在无障碍环境建设中的权责与分工。依据该法，住房和城乡建设、民政、交通运输、财政、工业和信息化、文化和旅游、卫生健康、教育、体育等部门应当按照各自职责，做好无障碍环境建设工作。例如，住房和城乡建设部门负责推进无障碍设施工程建设，交通运输部门负责推进交通运输无障碍设施建设，教育部门负责推进学校无障碍环境建设等。最后，该法还鼓励社会各界积极参与无障碍环境建设。企事业单位、社会团体、其他组织和个人应当支持无障碍环境建设，不得损害无障碍设施或者妨碍无障碍环境建设。同时，该法还规定了要对无障碍环境建设做出突出贡献的单位和个人给予表彰和奖励的制度。

三是对无障碍环境建设标准体系提出了更为严格要求。无障碍环境建设标准体系是无障碍环境建设的重要技术基石，是建设更高水平无障碍环境的重要保障。《无障碍环境建设法》第五十一条明确规定，应当建立并完善无障碍环境国家标准以及各行业性和地方性的无障碍环境标准，以此激发各类团体和企业的标准化创新动力，实现无障碍环境标准体系建设的全方位布局。同时第五十一条也强调无障碍环境建设标准的体系化建设应当加强标准间的衔接与配合。《无障碍环境建设法》中"标准"共出现了33次，涉及14个条文，对完善无障碍环境建设标准体系方面提出了更高的要求。另外，无障碍环境建设标准体系的构建与完善，依托于无障碍相关科学技术的发展创新。《无障碍环境建设法》积极倡导无障碍环境建设技术的创新与突破。国家大力扶持相关科技研发，推动成果转化及智能化应用，以促进无障碍设施、信息及服务的综合发展。

二 《无障碍环境建设法》解读

（一）立法模式

一是以无障碍权为本位。所谓"本位"，是指立足点、侧重点、基点。具体到立法理念上，当提到一部法律的本位时，指的是该法律的立足点、侧重点或基点。权利本位，则可以解释为以权利作为法律的本位，即以权利作为法律的立足点、侧重点或基点。《残疾人权利公约》第九条明确规定了无障碍的权利，并指明无障碍是实现其他所有条款的条件。联合国残疾人权利委员会在2014年颁布了《第2号一般性意见（2014） 第九条：无障碍》，该文件在阐述无障碍的法律性质时，主要强调了无障碍作为基本原则的功能以及其在遵守平等权利方面的作用。根据该文件，无障碍是一种社会投资方式，也是可持续发展议程中的重要组成部分。作为《残疾人权利公约》的基本原则之一，无障碍是残障人平等、有效且不受限制地享有所有权利，以及充分平等地参与社会生活的先决条件。此外，《消除一切形式种族歧视国际公约》在其第五条第六款中确认了无障碍的权利，要求保证人人有不分种族、肤色、民族或人种在法律上享有"进入或利用任何供公众使用的地方或服务的权利，如交通工具、旅馆、餐馆、咖啡馆、戏院和公园等"。《消除对妇女一切形式歧视公约》第七条关于反歧视的规定也包含了类似表述。《无障碍环境建设法》是集结了我国无障碍法制发展、理论研究、实践分析之经验的结果。《无障碍环境建设法》第一条规定："为了加强无障碍环境建设，保障残疾人、老年人平等、充分、便捷地参与和融入社会生活，促进社会全体人员共享经济社会发展成果，弘扬社会主义核心价值观，根据宪法和有关法律，制定本法。"根据此条规定，我国已经在法律层面确认了无障碍权。现如今，随着《无障碍环境建设法》的颁布实施，我国无障碍权法制发展进入一个新的阶段。立足于《无障碍环境建设法》的体系安排以及具体内容，可以推导出我国残疾人无障碍权的内涵包括：空间无障碍（包括建筑、设施、交通等无障碍）、信息无障碍（包括信息的接受、传播和交流无障碍），以及社会服务无障碍。

二是立法理念的突破——平等与融合理念的贯通。《无障碍环境建设法》在第一条明确了其立法宗旨，即确保残疾人、老年人等群体能够平等地参与并融入社会，这亦是无障碍环境建设的终极目标。同时，该法条强调了社会融合为其基本理念。一个真正的无障碍社会，必须是一个让残疾人和老年人能够充分融入的社会，这包括物质与精神两个层面。无论是物理环境的障碍、数字鸿沟的差距还是社会文化上的隔阂，都可能造成并加剧老年人被社会排斥的现象。要想减少乃至消除残疾人和老年人被社会排斥的现象，应大力建设无障碍环境，为残疾人和老年人创造更加友好的社会环境。反过来说，无障碍环境建设则是残疾人社会融合的重要内容，是实现残疾人社会融合的必不可少的一环。实现残疾人社会融合，是建设无障碍环境的目的；而建设无障碍环境，是实现残疾人在平等的基础上享用社会服务和设施，平等且充分参与社会事务的重要途径。《无障碍环境建设法》以融合发展的理念作为其基础理论支撑，这一理念不仅在法律条文中得以体现，更在实践应用中发挥了重要作用。该法鼓励新技术的广泛应用，将信息化和数字化发展成果融入建筑、交通、信息以及服务等领域，以实现全面的融合发展。此外，它还致力于利用新型技术优化外部环境，为残疾人、老年人等社会成员提供功能补偿，以期实现增能赋能以及潜能激发，使他们能够更好地享有社会经济文化建设的主体身份。这不仅是法律条文所追求的目标，更是社会融合理念的精髓所在。同时，《无障碍环境建设法》还强调了平等理念的重要性，这一理念贯穿了整部法律。该法的颁布与实施，标志着我国无障碍环境建设立法进入了一个新的阶段，遵循了一种以保障基本权利为核心的模式。这不仅有助于提升残疾人、老年人的生活质量，也体现了对所有人平等权利的尊重与保障。从国际经验来看，大多数国家的无障碍相关立法被嵌构在残疾人法案之中，即遵循一种特定群体权益保障的立法模式。随着社会经济的发展，无障碍理念的更新迭代，这种特殊群体权益保障的立法模式已趋于滞后，在实践中更是难以满足全体社会成员的无障碍需求。《无障碍环境建设法》则以专项立法的形式保障全体社会成员的无障碍权，平等保护全体社会成员的无障碍权益。

（二）立法重点

一是制度性——强调无障碍环境建设各领域的制度建设。一方面建立无障碍环境建设相关管理体制。无障碍环境建设流程包括规划、设计、审查、施工、监理、验收和维护等方面。根据《无障碍环境建设法》的规定，我国应当致力建立无障碍环境全流程的建设与管理机制；明确建设环节建设单位、设计单位、施工单位、建立单位等责任主体的法定义务，建立全流程责任主体协调工作机制，以提高各单位工作效率，减少不依法履职、责任落空的现象。另一方面健全无障碍环境建设保障机制。第一，加强无障碍环境理念的宣传教育，做到理念先行，转变认知，消除误区。对无障碍理念、通用设计、社会融合等理念和概念的宣传教育，能够有效解决无障碍环境建设理念落后、认识存在误区、无障碍意识不强等现实问题，转变"无障碍设施无用论"、"残疾人不宜独立出行论"和"无障碍环境成本论"等错误观念。第二，构建科学、全面、有机协调的无障碍环境建设标准体系。科学完备的标准体系是促进《无障碍环境建设法》有效落地的必要技术基础。各类无障碍环境建设相关标准，是对《无障碍环境建设法》的有效支撑和补充，发挥着重要的规范和引导作用。目前我国虽已建立了基本的无障碍环境建设标准体系，但仍存在着无障碍设施施工、验收的具体标准缺失，不同场所无障碍设计规范不一致，无障碍相关产品、设备标准空白等问题。第三，建立无障碍环境建设相关领域的人才培养机制。《无障碍环境建设法》明确要求构建无障碍领域人才培养机制，并在无障碍环境建设学科建设、教学实践以及考试内容等方面进行了规定。无障碍环境建设法律法规、政策及标准的制定与实施推行都离不开专业人才的支持以及广泛的宣传推广工作。目前我国建筑、交通、计算机科学等无障碍相关专业对无障碍相关的教育与培训还不够，教学内容缺乏无障碍相关专业知识。应当认识到这些现实问题，持续加强无障碍宣传培训，为无障碍环境建设输送稳定数量的专业人才。

二是完善无障碍环境建设监督制度。《无障碍环境建设法》第六章规定了无障碍环境建设的监督制度，明确了以无障碍环境建设相关主管部门为主导的行政监督制度，提出建立以社会组织、个人、残疾人联合会、老龄协会以及新闻媒体为主体的社会监督制度，在司法监督层面确立了无障碍环境检察公益诉讼制度。残疾人联合会、老龄协会以及新闻媒体在社会监督中发挥着重要作用，不少地方残联已经建立起无障碍环境督导员队伍，并积极组织开展无障碍设施体验试用活动，对于完善无障碍环境，督促行政主管部门积极履职发挥了一定的监督作用。检察机关在无障碍检察公益诉讼当中不仅扮演着公益诉讼起诉人的角色，也承担着司法监督的重要职责。检察机关通过发出诉前检察建议以及提起公益诉讼的方式对行政机关的违法行为进行监督，能够有效督促相关行政责任主体积极依法履职，倒逼无障碍环境建设水平的提高。

三是实践性——以问题为导向，突出解决重难点问题。《无障碍环境建设法》的起草制定经过充分的实践调研论证。调研组前往上海、重庆、黑龙江、海南等全国多个省市开展无障碍环境建设调研工作，召开了多次无障碍环境建设立法工作座谈会，与地方残联、住建、司法、交通、工信等部门进行了深入访谈与交流，充分了解各地无障碍环境建设与管理工作中遇到的重点、难点问题，为《无障碍环境建设法》的出台奠定了扎实的调研论证基础。这些重点难点问题在《无障碍环境建设法》中得到了有效

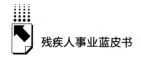

回应。针对老旧小区加装电梯的问题，根据《无障碍环境建设法》相关规定，地方政府部门应当积极创造条件、采取有效措施致力于城镇老旧小区既有多层住宅加装电梯以及建设其他无障碍设施，为残疾人、老年人提供更加便利的生活环境。针对无障碍环境权益司法救济的难题，我国建立了无障碍检察公益诉讼制度，人民检察院可对违反《无障碍环境建设法》并损害社会公共利益的行为进行司法监督。如发现违法行为，检察院可提出检察建议或提起公益诉讼，以敦促相关责任方依法履行无障碍环境建设的职责。

三　贯彻实施《无障碍环境建设法》的建议

（一）明确立法理念，坚持以人民为中心

"以人民为中心"的理念，作为习近平法治思想的核心要义之一，对于当代中国全面推进依法治国起到了重要的思想指引作用。在无障碍环境建设中，应当坚持以"以人民为中心"的重要思想为引领，确保包括残疾人、老年人在内的全体社会成员享有无障碍权的权利主体地位，要保障其参与到无障碍环境建设各项事务的监督管理之中，以确保其享有无障碍环境的合法权利。

一是受益范围的拓展。时至今日，无障碍已经被认为不单单是残疾人和老年人的专属权利。无障碍环境的受益人群，也不仅仅是局限于残疾人和老年人，而是拓展至任何有无障碍需求的全体社会人员。这一点在《无障碍环境建设法》第一条及第二条中得以确认。《无障碍环境建设法》是我国多年法治经验的提炼。回顾过去30多年的无障碍环境建设历程，不难发现以《无障碍环境建设条例》为代表的无障碍环境建设相关立法存在立法理念落后、受益范围狭隘等理论和实践问题。为满足新时代残疾人事业高质量发展的迫切需求以及响应积极应对人口老龄化的国家战略，《无障碍环境建设法》的出台是必然的。《无障碍环境建设法（草案）》一审稿中创设了"有无障

碍需求的社会成员"的概念。在全国人大常委会审议并征求意见之后，草案二次审议稿则更加突出了该法的立法目的，即突出无障碍环境建设重点保障残疾人、老年人的无障碍需求，同时兼顾其他社会成员的需求。结合无障碍环境建设发展历程以及社会各群体对于无障碍环境的现实需求，满足残疾人和老年人对无障碍的需求是我国近期无障碍环境建设的重点和难点，但这并不代表可以忽视其他社会成员的无障碍需求。无障碍环境的普惠性、通用性、基础性的特征，决定了全体社会成员都应当享受无障碍环境的便利，享有无障碍环境建设的成果。使无障碍环境的建设成果惠及全体社会成员是以人民为中心的必然要求，是坚持以人为本、尊重和保障人权的有力践行。

二是受益内容的丰富。《无障碍环境建设法》丰富和细化了信息交流无障碍和社会服务无障碍的相关内容。在信息交流无障碍方面，立足于新冠疫情以及其他突发公共事件的相关经验，规定相关政府部门采取无障碍信息交流的方式，确保社会成员能够及时获得自然灾害、公共卫生事件以及社会安全事件信息。鼓励出版无障碍格式的图书、报刊和教学用书。要求各级政府和相关部门在公共服务、社会治理、教育文化、科技创新等领域，积极推行无障碍信息保障措施，保障信息无障碍权利。拓展了无障碍社会服务范围，该法明确了公共服务场所的无障碍服务要求，针对医疗健康、社会保障等重要服务事项作出了更为详细的规定，明确要求保留传统的现场指导、人工办理等服务方式。此外，包括司法诉讼仲裁、公共交通、教育考试、医疗卫生、文旅体育等其他与社会生活密切相关的公共服务也都得到了针对性规定和拓展。

（二）落实法律责任，确保"救济有门"

一是细化政府权责。无障碍环境建设涉及多领域、多部门，是一项在政府领导下，住房和城乡建设、民政、交通运输、铁道、民航、公安、教育、财政、宣传、广电、旅游、残联、妇联、老龄等相关部门共同参与的系统工程。因此，无障碍环境建设的全过程都需要政府的积极介入。这一方面是由于无障碍环境建设的公共属性，另一方面是由于无障碍环境建设系统工程的复杂性，只有政府有能力组织协调全社会力量。30多年的无障碍环境建设经验表明，我国无障碍环境建设形成了以政府为主导，社会各界广泛参与，残疾人、老年人组织积极发挥作用的工作机制。《无障碍环境建设法》首先确认了无障碍环境建设的国家义务，要求建立多元主体共建共治共享的无障碍环境建设体制机制。另外，分别从无障碍设施建设、无障碍信息交流以及无障碍社会服务三方面对政府相关主管部门的法定权责进行了细化。以住房和城乡建设部门为例，住房和城乡建设部门要依法建立住房和城乡建设领域的无障碍环境建设工作机制；履行无障碍设施验收备案职责；行使责令限期改正、处以罚款等行政职权并依法接受检察院的司法监督。

二是严格法律责任。罚则是一部法律的"牙齿"，为了避免法律流于形式而在实施上缺了法治的"牙齿"，就要装置上详细可执行的处罚利器。《无障碍环境建设法》于第七章（共8条规定）对未按照该法规定进行建设、设计、施工、监理的行为，不履行无障碍设施维护和管理职责、不依法履行无障碍信息交流义务的行为，不依法提供无障碍信息服务的行为，未依法提供无障碍社会服务的行为，未依法向残疾考生提供便利服务的行为，以及相关主管部门工作人员滥用职权、玩忽职守、徇私舞弊等行为设置了法律责任，实现了"有法可依"。

三是严格建设主体责任。无障碍设施建设涉及设计单位、施工单位、监理单位等多方单位。建设单位依法对无障碍设施的建设、改造和验收负责，若未依法进行无障碍设施建设，就会面临限期整改或其他行政处罚。设计单位应当遵循《无障碍设计规范》以及其他强制性无障碍标准完成施工图设计。施工单位则需严格遵守国家有关施工规范和标准完成无障碍设施的施工。除此之外，无障碍设施改造的责任也需明确，通常来讲，无障碍设施的改造责任由设施所有权人或者管理人承担。若所有权人、管理人和使用人之间存在改造责任约定的，由约定的责任人承担改造责任。

（三）完善无障碍环境建设的监督机制

一是发挥残疾人联合会、老龄协会等社会组织的社会监督作用。残疾人联合会是中国特有的群团组织，代表着广大残疾人的利益诉求，是连接残疾人与政府的桥梁和纽带。残疾人无障碍环境建设的长足发展，离不开残疾人联合会的配合，它可以参与残疾人状况调查、宣传无障碍环境建设政策法律、帮助残疾人依法维权。因此，残疾人联合会在残疾人无障碍权利实现方面具有不可忽视的作用，需要充分发挥其作为广大残疾人代表的功能。残疾人联合会和老龄协会在无障碍环境建设中肩负着代表残疾人、老年人的利益的重要职责，致力于反映残疾人、老年人的无障碍需求；积极向政府及相关部门提供改善建议；配合政府及相关部门推动无障碍环境建设的立法和规划、计划的制定工作；组织开展无障碍环境建设的宣传和督导工作。残疾人联合会和老龄协会可以通过积极开展无障碍环境建设监督体验、开展无障碍督导检查等方式，对无障碍设施、无障碍信息交流以及获得无障碍社会服务提出指导建议。

二是依托无障碍公益诉讼的行政监督作用。习近平总书记在党的十八届四中全会上就《中共中央关于全面推进依法治国若干重大问题的决定》中对探索建立检察机关提起公益诉讼制度进行说明时指出："目的就是要使检察机关对在执法办案中发现的行政机关及其工作人员的违法行为及时提出建议并督促其纠正。"[①] 公益诉讼有利于弥补国家行政管理等漏洞，是一种有效的激励机制，具有预防的功能。检察机关提起公益诉讼，能够将侵害社会公共利益的行为置于严密的监督和有效遏制之下，还可以确保起诉标准的统一和实现最大化的公正，这不仅能够闸住私人滥诉的阀门，还能提升诉讼的效率、保证诉讼的效益。此外，相较于其他制度，公益诉讼具有不可替代的优势，公益诉讼是对现行法律制度的一种弥补，是调动民众广泛参与社会管理的一种有效模式。通过总结最高检发布的无障碍检察公益诉讼典型案例，可以归纳出无障碍权救济所遇到的现实困境，包括由于缺乏妥当案由，残疾人难以通过司法途径救济自身权利；残疾人不符合起诉主体条件，无法通过司法途径对无障碍环境进行监督；无障碍设施所有权人和管理人难以认定，

---

① 《十八大以来重要文献选编》（中），中央文献出版社，2016，第 153 页。

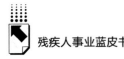
责任主体不清；原告发现无障碍环境违规情况后，情况属实，但无法正确分辨主管部门，导致起诉主体错误，无法救济自身合法权利；老旧建筑无障碍设施改造标准模糊，残疾人实际损害难以证明；残疾人在维权过程中存在举证困难现象；等等。检察机关应当发挥职能优势，承担起无障碍环境建设的公益保护责任，充分履行公益诉讼检察职能。拓宽监督领域，整体推动无障碍设施、信息、服务环境建设。与无障碍环境建设相关主管部门建立协作机制，发挥检察公益诉讼督促协同、补充兜底的制度功能，逐步健全无障碍设施监管机制。发挥典型案例引导作用，加强法治引导。

B.7
信息无障碍发展报告（2024）[*]

王忠彦　王　伟　安　娜[**]

摘　要： 本报告从信息无障碍内涵的发展演进着手，梳理了我国信息无障碍发展历程，分析了我国信息无障碍建设发展的法规政策体系、技术标准和规范体系，总结了我国信息无障碍建设事业取得的显著成绩。但是，与不断发展的信息技术和日益增长的社会需求相比，信息无障碍建设在政策法规、标准规范、科技赋能、有效供给等方面仍然存在一些问题与挑战。未来发展需要进一步完善信息无障碍的配套法规政策，加快信息无障碍标准体系的完善与落地，加强信息无障碍领域的人才培养与科技创新，推进信息无障碍产业发展和产品有效供给，以新技术、新业态、新模式培育信息无障碍领域新质生产力，推动信息无障碍建设高质量发展，为消除"数字鸿沟"、实现"信息平等"、建设普惠包容性社会奠定基础。

关键词： 信息无障碍　无障碍信息交流　数字鸿沟　科技助残　适老化

---

[*] 本报告系中国工程科技发展战略山东研究院咨询研究项目"山东省康复产业创新发展战略研究"（202303SDYB07）、山东省重点研发计划（软科学项目）"打造康复产业科技创新高地助推'中国康湾'建设"（2023RZB01013）和山东省本科教学改革研究项目"基于学科交叉范式的无障碍管理专业建设研究与实践"（Z2023167）的阶段性成果。

[**] 王忠彦，医学博士，康复大学（筹）社会发展与管理学院教师、山东省人口健康公共政策软科学研究基地骨干成员，主要研究方向为康复科技与产业政策、人口健康与社会医学、残障问题与社会政策等；王伟，管理学博士，康复大学（筹）副教授，硕士生导师，主要研究方向为城市建设与应急管理、社区公共安全治理、行为安全管理、教育行政管理等；安娜，法学博士，康复大学（筹）副教授，主要研究方向为残疾人事业发展、健康老龄化、乡村治理等。

信息是人类文明的产物，也是人类文明的基石。在数字时代，信息无障碍是残障人士平等参与社会交往、充分享受人类文明成果和经济社会权利的前提条件①。信息无障碍建设既是一项公益性、普惠性的民生事业，又是国家法律法规和行业标准规范的强制性、约束性要求。新中国成立后，特别是党的十八大以来，党和政府坚持以人民为中心的发展思想，高度重视残疾人、老年人等群体信息无障碍权益和全社会信息无障碍需求，从法规、规划、政策、标准、技术和产品研发等方面多措并举、协同推进，信息无障碍事业走过了"从无到有"和"从有到优"的不平凡历程，为消除"数字鸿沟"、实现"信息平等"、建设普惠包容性社会奠定了基础。

一　信息无障碍内涵的发展演进

"信息无障碍"是"无障碍"必不可少的组成部分。随着计算机和互联网的普及，特别是在第四次科技革命的助推下，人类进入了信息化和数字化时代。信息技术和数字技术的发展引起了生活和工作方式的变革，同时也给部分残疾人和老年人带来前所未有的不便。例如，对于那些有视力、听力、肢体和认知障碍的人士来说，可能无法使用网上办事、在线注册、刷脸认证、电子支付、刷卡取票、刷卡通行等功能。基于这种背景，联合国将"信息无障碍"定义为：信息获取和使用应对不同的人群具有平等的机会和差别不大的成本，使"任何人（无论是健全人还是残疾人，无论是年轻人还是老年人）在任何情况下都能平等地、方便地、无障碍地获取信息、利用信息"②。信息无障碍内涵演进大致经历了两个质的飞跃阶段。

（一）由"barrier-free"拓展为"accessibility"的理念飞跃

无障碍（barrier-free）理念可以追溯到 20 世纪 30 年代的欧洲，主张通

① 李静：《论残障人信息无障碍权：数字时代下的理论重构》，《中外法学》2023 年第 3 期。
② 王莉、杨子真、郭顺义：《信息无障碍发展战略》，辽宁人民出版社，2021。

过无障碍设施和技术的支持，帮助残障者融入社会①。1974年召开的联合国残疾人生活环境专家会议，正式提出了"无障碍设计"（barrier-free design）的概念，"无障碍"（barrier-free）一词开始被国际社会广泛使用。

随着时代的发展，无障碍概念由"barrier-free"拓展为"accessibility"，强调环境、设施、产品和服务的可及性、便利性、通用性。美国在1990年施行的《美国残疾人法案》中，将"accessible"（可获得的、可使用的）作为残疾人的重要权益②，由此提出了无障碍概念新的术语表达。1993年12月联合国大会通过的《残疾人机会均等标准规则》中，将包括物质环境无障碍、信息与交流无障碍在内的"accessibility"（联合国公布的中文文件译为"无障碍环境"）作为重要内容，这是"accessibility"概念首次正式出现在国际残疾人权利文书中③。2001年，国际标准组织首次界定了"accessibility"的标准，2006年12月第61届联合国大会通过的《残疾人权利公约》将"accessibility"（联合国的中文文件译为"无障碍"）确立为残疾人权利的基本原则。《残疾人权利公约》为人们更广泛认识、定义和使用"无障碍"（accessibility）提供了契机，也使"无障碍"成为当今时代理解和推动实现残疾人权利、促进残疾人全面融入社会的关键钥匙。

（二）由传统意义进入"互联网+"和"数智化"的时代飞跃

近年来，数字化和智能化的迅猛发展推动人类社会进入"互联网+"和"数智化"时代，物联网、大数据、云计算、人工智能、虚拟现实等新一代信息技术与无障碍环境建设的渗透与融合不断加深，为人们借助信息化手段消除所遇障碍带来了可能，信息无障碍的概念与内涵也随着时代发展不断演化。

随着互联网与数字时代的到来，信息无障碍已不仅仅局限于实现信息的

---

① 刘宇飞：《残疾人信息无障碍环境建设研究》，硕士学位论文，河北大学，2021。
② 李宇明：《语言是文化的鸿沟与桥梁》，《天津师范大学学报》（社会科学版）2023年第6期。
③ 厉才茂：《无障碍概念辨析》，《残疾人研究》2019年第4期。

获取与使用这一层面。2014 年，国际标准化组织将无障碍（accessibility）定义为"产品、服务、环境和设施能在多大程度上被最大范围的不同特征和能力的人群使用，以在特定使用环境中实现特定目标"[①]。在 2019 年第 74 届联合国大会上，秘书长报告了"无障碍环境与《残疾人权利公约》及其任择议定书的现况"（A/74/146），将无障碍（accessibility）定义为提供无论是虚拟还是实体的灵活的设施和环境，以满足每个用户的需求和偏好。这份报告第一次使用了"虚拟的世界"来表述信息化社会的基本特征。

新时代的信息无障碍概念更强调如何利用信息技术不断改善、提升人们的生活和工作环境，让包括残疾人和老年人在内的社会全体成员都能享受到经济社会发展的红利，而不受年龄、性别、地域、文化、语言、教育、经济、身体或心理条件等因素的限制。例如，基于网络信息技术的电子商务、在线教育、社交软件等便利工具，为某些残疾人居家就业、远程工作、在线购物、提升技能和信息交流等提供了方便，促进了残疾人的社会融入，提高了残疾人的生活质量和经济能力。

基于此，我国相关文件将信息无障碍定义为通过信息化手段弥补身体机能、所处环境等存在的差异，使任何人都能平等、方便、安全地获取、交互、使用信息[②]。

从概念上讲，信息无障碍包含两个层面：一是信息障碍消除，平等、方便、安全地获取和使用信息以及信息技术产品和服务，弥合信息技术带来的"数字鸿沟"，实现信息平等；二是信息技术赋能，利用物联网、大数据、云计算、人工智能等信息化、数字化技术手段，帮助社会群体特别是残疾人、老年人等解决工作和生活中遇到的种种障碍[③]。

从传播载体和呈现形式来看，信息无障碍中的"信息"既包括基于传统载体和形式的盲文、手语、标识导示系统等，又包括基于现代信息技术的

---

① 厉才茂：《无障碍概念辨析》，《残疾人研究》2019 年第 4 期。
② 参见《工业和信息化部 中国残联关于推进信息无障碍的指导意见》，中国政府网，2020 年 9 月 11 日，https://www.gov.cn/gongbao/content/2020/content_5570087.htm。
③ 参见中国信息通信研究院《中国信息无障碍发展白皮书（2022）》。

网络信息、移动应用、智能翻译、智能语音、智能图像等。本报告重点就后者的发展进行概述。

二 我国信息无障碍的发展历程

从 20 世纪 90 年代开始，相关国际组织和部分发达国家陆续开展信息无障碍理念传播和法规标准制定。国际电信联盟于 1992 年 12 月修订的《国际电信联盟组织法》提出，要使世界上所有居民更广泛地得益于新的电信技术。1997 年 2 月，万维网联盟（W3C）成立了网络无障碍推动（Web Accessibility Initiative，WAI）小组，在全球范围推动网络无障碍技术规范和标准制定[①]。

在党和政府的积极引导和统筹推动下，我国信息无障碍建设取得了显著成效，残疾人、老年人等重点受益群体在信息化发展中的获得感、幸福感和安全感不断提升，探索出了一条有中国特色的信息无障碍发展之路。总体来看，我国信息无障碍发展历程可以分为三个阶段。

（一）探索起步阶段（2002~2012年）

2002 年《琵琶湖千年行动纲要》审议通过后，信息无障碍理念受到了我国政府的高度重视。从 2004 年起，中国残疾人联合会、工业和信息化部、互联网协会、中国残疾人福利基金会共同发起举办"中国信息无障碍论坛"，越来越多的政府部门、国际组织以及社会各界积极参与，有效地宣传了信息无障碍的理念，促进了信息无障碍建设的广泛开展。2008 年修订的《中华人民共和国残疾人保障法》（简称《残疾人保障法》）特别规定了信息交流无障碍这一残疾人基本权益，信息无障碍建设有了法律依据。这一时期，工业和信息化部推动制定了信息无障碍相关标准，阿里、腾讯、百度等一批互联网企业开始投身于信息无障碍技术和产品研发。"十一五"期间，

---

① 丁晨、刘磊：《我国信息无障碍发展现状与未来发展趋势》，清华大学无障碍发展研究院，2018 年 5 月 21 日，https://mp.weixin.qq.com/s/l8mKB5Z4vtngDaeeqORVHw。

信息无障碍研究纳入国家科技支撑计划，并于 2008 年启动了"中国残疾人信息无障碍关键技术支撑体系及示范应用"科技重点项目，聚焦残疾人信息无障碍核心服务支撑平台、无障碍服务关键技术及信息资源支撑、无障碍数字化交互关键技术及产品等开展科技攻关。2009 年 1 月，中国残联与科技部联合启动"中国残疾人信息无障碍建设联合行动计划"，进一步推动"中国残疾人信息无障碍关键技术支撑体系及示范应用项目"，构建残疾人信息无障碍核心服务支撑体系[①]。

（二）快速发展阶段（2012~2020年）

2012 年，我国第一部无障碍环境建设行政法规——《无障碍环境建设条例》的出台，填补了我国在无障碍环境立法方面的空白[②]，提升了信息无障碍建设的法治化水平。在行动层面上，这一时期我国先后推出了一系列信息无障碍建设的具体举措和行动计划，信息无障碍建设取得了诸多实际成果。2013 年 5 月，工业和信息化部等部委和机构共同启动了"美丽中国——中国政务信息无障碍公益行动"，旨在缩小数字鸿沟、实现信息公平共享、推动社会更加公平正义，推动政务信息无障碍建设。2014 年，在"美丽中国——中国政务信息无障碍公益行动"第二阶段，分别开展了"中国百城政府政务信息无障碍行动"和"中国百家主流网络媒体信息无障碍行动"，中央、省级和部分市级政务网站和主流网络媒体积极开展信息无障碍建设[③]。通过上述举措，"中国政务信息无障碍服务体系"初步构建，信息无障碍标准规范陆续制定，政府政务信息以及其他公共服务信息

---

① 《科技部与残联启动残疾人信息无障碍建设行动计划》，中国政府网，2009 年 1 月 19 日，https：//www.gov.cn/gzdt/2009-01/19/content_ 1208799. htm。

② 李东晓、熊梦琪：《新中国信息无障碍 70 年：理念、实践与变迁》，《浙江学刊》2019 年第 5 期。

③ 《中国政务信息无障碍公益行动》，百度，https：//baike. baidu. com/item/% E4% B8% AD% E5%9B%BD%E6%94%BF%E5%8A%A1% E4% BF% A1% E6%81%AF%E6%97%A0%E9%9A% 9C%E7%A2%8D%E5%85%AC%E7%9B%8A%E8%A1%8C%E5%8A%A8/16383175？ fr＝ge_ ala。

无障碍建设水平取得显著成效，也带动了全社会信息无障碍意识的提升和实践的普及。

（三）拓展提升阶段（2020年至今）

随着我国信息无障碍相关标准、政策法规的不断完善，以及一系列具体举措的积极推行，我国信息无障碍的发展领域和受益人群不断拓展，信息无障碍发展的质量和效果不断提升。这一时期，信息技术适老化全面展开。2020年起，《关于切实解决老年人运用智能技术困难的实施方案》《互联网应用适老化及无障碍改造专项行动方案》《促进数字技术适老化高质量发展工作方案》等一系列方案相继发布实施，从2021年1月起在全国范围内开展为期一年的"互联网应用适老化及无障碍改造专项行动"，将信息无障碍从"助残"拓展到"适老"，并进一步向"普惠"延伸，推动信息无障碍建设成果惠及社会全体成员。2024年1月，《国务院办公厅关于发展银发经济增进老年人福祉的意见》发布，进一步强调推进新一代信息技术以及移动终端应用、开展数字适老化能力提升工程。这一时期，我国信息无障碍相关法律政策进一步健全，技术规范和标准体系进一步完善，科技助残和科技适老深入开展，信息无障碍关键技术不断突破，终端产品和服务不断丰富。特别是首个由我国牵头制定的信息无障碍国际标准由国际电信联盟（ITU-T）正式发布，标志着我国在信息无障碍领域从"学习和引进"阶段迈向"输出和引领"阶段①。

三 我国信息无障碍法规政策与标准规范

近年来，全国人大、国务院及有关部委、中国残联围绕残疾人和老年人权益保障，先后制定实施一系列与信息无障碍相关的法律法规和政策文件，基

---

① 《盘点2020年中国信息无障碍十大进展》，信息无障碍微信公众号，2021年2月4日，https：//mp.weixin.qq.com/s/_KFQq-trfRCAhdJvFxJ7Hg。

本形成了以《宪法》为核心、以《残疾人保障法》为基本法律，以专门法规和政策文件为基本内容的信息无障碍政策法规体系，与信息无障碍相关的法律建设、宏观规划和顶层设计不断完善，为信息无障碍建设提供了法律和政策保障。

（一）法规政策体系逐步健全完善

在法律法规方面，2008年修订的《中华人民共和国残疾人保障法》明确规定，国家要采取措施为残疾人信息交流无障碍创造条件，各级人民政府和有关部门应当采取措施为残疾人获取公共信息提供便利[①]。2012年，国务院颁布的《无障碍环境建设条例》，专门设立"无障碍信息交流"一章，要求县级以上人民政府将无障碍信息交流建设纳入信息化建设规划，并采取措施推进信息交流无障碍建设，同时对政府信息发布、考试、媒体、出版、网络、电信等相关领域的信息无障碍服务作出了明确规定[②]。2023年9月1日正式实施的《中华人民共和国无障碍环境建设法》（简称《无障碍环境建设法》），作为我国无障碍环境建设的专门性法律，进一步充实完善了"无障碍信息交流"的相关条款，要求各级政府和相关部门在公共服务、社会治理、文化教育、科技创新等领域采取有效措施，保障残疾人、老年人、儿童等特殊群体的信息无障碍权利，规范信息无障碍建设的标准和要求，加强信息无障碍建设的监督和管理[③]。此外，我国积极加入并履行联合国《残疾人权利公约》、世界版权领域《马拉喀什条约》等国际公约，信息无障碍发展不断与国际接轨。

在政策体系方面，2008年中共中央、国务院印发了《关于促进残疾人事业发展的意见》，提出"积极推进信息和交流无障碍"。2010年国务院办公厅

[①] 《中华人民共和国残疾人保障法》，中国政府网，https://www.gov.cn/guoqing/2021-10/29/content_5647618.htm。

[②] 《无障碍环境建设条例》，中国政府网，2012年6月28日，https://www.gov.cn/gongbao/content/2012/content_2182743.htm。

[③] 《聚焦〈无障碍环境建设法〉实施丨之二：信息无障碍建设——帮助不同群体跨越"数字鸿沟"》，中国人权，2023年8月31日，https://baijiahao.baidu.com/s?id=1775715347724662891&wfr=spider&for=pc。

转发中国残联等部门和单位《关于加快推进残疾人社会保障体系和服务体系建设的指导意见》（国办发〔2010〕19 号），提出制定信息无障碍技术标准，推进互联网和手机、电脑等信息无障碍实用技术和产品研发。2016 年，中国残联、中央网信办联合印发的《关于加强网站无障碍服务能力建设的指导意见》（残联发〔2016〕8 号）提出全面促进和改善网络信息无障碍服务环境，完善政府政务网站、加强公共服务网站无障碍建设、加强配套技术研发、完善技术标准。2017 年，中国残联、工业和信息化部联合印发《关于支持视力、听力、言语残疾人信息消费的指导意见》（残联发〔2017〕77 号），提出推进政府和从事相关公共服务的行业采取信息无障碍措施，鼓励支持相关信息无障碍产品研发、生产、推广、应用。2020 年，工业和信息化部、中国残联出台《关于推进信息无障碍的指导意见》（工信部联信管〔2020〕146 号），提出着重消除残疾人等重点受益群体在信息消费资费、终端设备、服务与应用等三方面的障碍。2020 年，国务院办公厅《关于切实解决老年人运用智能技术困难的实施方案》（国办发〔2020〕45 号）、工业和信息化部《互联网应用适老化及无障碍改造专项行动方案》（工信部信管〔2020〕200 号）分别发布，推进了互联网网站和移动互联网应用（App）适老化和无障碍改造。2021 年，中国残联、住房和城乡建设部等 13 部门联合印发《无障碍环境建设"十四五"实施方案》（残联发〔2021〕47 号），提出加快信息化与无障碍环境的深度融合，加快政府政务、公共服务、电子商务等信息无障碍建设，支持研发信息无障碍终端产品，解决老年人使用智能技术困难问题等目标任务。2021 年 11 月，国务院印发的《"十四五"残疾人保障和发展规划》（国发〔2021〕10 号），明确提出将信息无障碍作为数字社会、数字政府、智慧城市建设的重要组成部分，纳入文明城市测评指标。同月，中共中央、国务院印发的《关于加强新时代老龄工作的意见》，要求加快推进老年人常用的互联网应用和移动终端适老化改造，实施智慧助老行动。2023 年 12 月，工业和信息化部印发的《促进数字技术适老化高质量发展工作方案》（工信部信管〔2023〕251 号），要求积极推动数字技术适老化标准规范体系更加健全、适老化智能终端供给有效扩大、互联网应用适老化及无障碍改造更加深入。

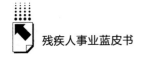

（二）无障碍技术标准和规范体系不断健全

近年来，有关政府部门、行业协会和研究机构认真落实党中央、国务院决策部署和政策法规要求，大力推广通用设计理念，组织编制、指导发布信息无障碍相关国家标准、行业标准和团体标准30余项，初步构建了较为系统的信息无障碍标准体系①，为加快信息无障碍进程提供了技术标准和规范。

2006年，信息产业部把信息无障碍工作纳入了"阳光绿色网络工程"，帮助信息障碍人群尽快融入现代社会、共享信息社会科技成果，并由中国通信标准化协会（CCSA）系统化制定信息无障碍标准，启动了信息无障碍的标准研究工作②。2008年，工业和信息化部电信研究院（现中国信息通信研究院）发布了《信息无障碍身体机能差异人群网站设计无障碍技术要求》（YD/T 1761-2008），这是我国第一个信息无障碍技术标准，为开展信息无障碍建设提供了技术依据。同年，中国通信标准化协会发布了国内首个信息无障碍标准体系——《信息无障碍标准体系框架》③，涵盖基础类、服务类、技术和产品类、评测类等4类标准，旨在为不同类型的残障人群提供有针对性的、个性化的信息无障碍解决方案。2011年，工业和信息化部发布了《信息无障碍 呼叫中心服务系统技术要求》（YD/T 2097-2010）、《信息无障碍 语音上网技术要求》（YD/T 2098-2010）、《信息无障碍 公众场所内听力障碍人群辅助系统技术要求》（YD/T 2099-2010）三项行业标准。2018年12月，由中国互联网协会组织制定的《Web信息无障碍通用设计规范》发布实施，此规范在WCAG 2.0规范和国内《网站设计无障碍技术要求》（YD/T 1761-2012）基础上，增加了信息智能化规范和移动化方面的内容，标志着我国网站信息无障碍建设工作在智能化和移动化方面有了指导规范。2020年3月，由中国国家标准化管理委员会审核通过的《信息技术 互联

---

① 参见《对十四届全国人大一次会议第2793号建议的答复》。
② 参见中国信息通信研究院《信息无障碍发展白皮书（2022）》。
③ 《我国信息无障碍工作在六个方面取得阶段性成果》，新浪，2008年5月16日，https://tech.sina.com.cn/t/2008-05-16/09402199316.shtml。

网内容无障碍可访问性技术要求与测试方法》（GB/T37668-2019）正式实施，成为我国互联网信息无障碍领域第一个国家标准①，该标准规定了互联网内容无障碍可访问性的技术要求和测试方法，适用于互联网网页（含移动端网页）和移动应用产品的开发测试，为互联网信息无障碍环境建设提供了技术规范。2020年8月，由我国牵头制定的信息无障碍国际标准——F.922《服务于视障者的信息服务系统》由国际电信联盟（ITU-T）正式发布②，为依托移动互联网建立助盲信息服务系统提供了技术依据。2021年，中国信息通信研究院牵头制定了专门服务老年人的《互联网网站适老化通用设计规范》《移动互联网应用（APP）适老化通用设计规范》《移动终端适老化技术要求》等技术标准，在屏幕显示、音频控制、屏幕触碰交互、语音交互、远程辅助、应急应用等适老化方面提出了具体标准。

四　我国信息无障碍改造进展

（一）互联网和移动产品无障碍改造富有成效

近年来，国家鼓励无障碍技术、产品和服务的研发、生产、应用和推广，支持引导信息技术与无障碍设施和服务的融合发展，推动信息化和无障碍环境深度融合，努力弥合残疾人、老年人面临的"数字鸿沟"。通过加强政策引导支持、促进技术开放共享，支持新兴技术在导盲、声控、肢体控制和语音识别方面的转化应用，助力构建信息通畅、体验舒畅的无障碍环境③，更好满

---

① 《互联网信息无障碍领域首个国标实施　视障人群打开新"视"界》，中华人民共和国国家互联网信息办公室，2020年3月2日，https：//www.cac.gov.cn/2020-03/02/c_1584692389416119.htm？from=timeline。

② 《我国主导的首个信息无障碍国际标准即将正式发布》，观察者网，2020年7月9日，https：//baijiahao.baidu.com/s？id=1671724497403638020&wfr=spider&for=pc。

③ 《如何助力弥合残疾人、老年人面临的"数字鸿沟"？工信部回应每经：支持新兴技术在声控、语音识别等方面的融合应用》，每日经济新闻，2023年8月22日，https：//baijiahao.baidu.com/s？id=1774936506320973188&wfr=spider&for=pc。

足老年人、残疾人多层次、多样化的信息交流需求。

自 2021 年 1 月起，工业和信息化部在全国范围内组织开展了为期一年的互联网应用适老化及无障碍改造专项行动，从政府部门网站到新闻媒体、交通出行、社交通信、生活购物等一大批关系国计民生的公共服务平台，均在适老化和无障碍方面作出了积极回应。在专项行动中，共有 166 家网站和 51 款 App 首批通过了适老化及无障碍水平评测，实现了移动社交、搜索、新闻、出行、购物、音乐、视频、外卖等主要门类的全覆盖。2022 年 11 月开始，工业和信息化部委托中国信息通信研究院组织开展了互联网应用适老化及无障碍改造优秀案例征集活动，天津市人民政府网站等 17 家网站和饿了么等 27 款手机 App 成为首批互联网应用适老化及无障碍改造优秀案例，涵盖政务服务、生活购物、社交通信、交通出行、金融服务、医疗健康、新闻资讯等应用场景，为互联网适老化及无障碍改造提供了经验借鉴①。

人工智能技术为信息无障碍快速发展提供了有力支持。近年来，华为、小米、锤子、OPPO、魅族等国内企业越来越重视智能手机和 App 的无障碍改造工作。2017 年，借助腾讯、百度等互联网公司开发的高精度图像识别服务能力，国内 PC 和手机读屏软件纷纷实现了对图片的朗读，攻克了以往读屏无法朗读界面上的图片的难题②。同时，近百款 App 推出了大字体、大图标、高对比度、功能界面简洁的长辈模式，以天使眼和引途者为代表的、搭载人工智能技术的导盲电子产品开始量产。在新闻资讯领域，腾讯新闻、微博等为老年人开发了专属 App 版本，带有一键操作、文本输入提示、语音朗读等适老化功能。此外，智能手机终端推出了语音读屏、远程协助、语速减慢等适老功能，让老年用户看得见、听得清、用得了③。2024 年 3 月 22 日发布的第 53 次《中国互联网络发展状况统计报告》显示，共有 2577 家老

---

① 《首批互联网应用适老化及无障碍改造优秀案例公布》，工信微报微信公众号，2023 年 4 月 2 日，https://mp.weixin.qq.com/s/GuLHFNBmQQui84zi1b2buw，最后访问日期：2024 年 7 月 10 日。

② 凌亢主编《残疾人蓝皮书：中国残疾人事业发展报告（2018）》，社会科学文献出版社，2018。

③ 参见中国信息通信研究院《中国信息无障碍发展白皮书（2022）》。

年人、残疾人常用网站和 App 完成适老化及无障碍改造，超过 1.4 亿台智能手机、智能电视完成适老化升级改造①，信息无障碍和适老化水平不断提升。

（二）信息无障碍解决方案日益丰富

新一代信息技术变革已经成为无障碍事业发展的强大动力，对构建高质量的信息无障碍环境产生了深远影响。在政策和技术双重推动下，信息领域行业企业积极承担社会责任，坚持技术研发与产品生产相结合，持续探索新兴前沿信息技术在无障碍领域的应用，助力产品和服务的信息无障碍和适老化，对构建信息无障碍社会起到了推动作用。

一是 AI 手语翻译助力无障碍传播。2018 年，AI 合成主播"新小浩"在中国诞生。2022 年北京冬奥会、冬残奥会宣传报道中，以中央广播电视总台央视新闻 AI 手语主播为代表的虚拟数字人集中亮相，受到广泛关注②。目前，华为、腾讯、百度、科大讯飞等互联网企业均研发了 AI 手语主播，在行业会议、新闻采访、赛事直播场景都有所应用。AI 手语主播整合 3D 数字人建模、语音识别、机器翻译、多模态交互技术、自然语言理解等技术，让处于无声世界中的特殊人群也能"听"并易于理解，助力建设更好的无障碍信息传播环境。

二是 QQ 和微信"适老模式"关怀老年群体。QQ 从 2009 年就开始研究如何实现无障碍化，陆续推出 OCR 图片文字提取功能、QQ 表情读取、声纹加好友等无障碍功能③。2021 年 9 月底，微信"关怀模式"已在 Android 和 iOS 双平台正式上线，用户可一键开启或关闭。在"关怀模式"下，文字更大更清晰，色彩更强更好认，按钮更大更易用，页面协调舒适，契合老年用户的特点和需求。用户可在微信内"我—设置"一级页面或通过微信

---

① 参见中国互联网信息中心《中国互联网络发展状况统计报告》（第 53 次）。
② 郑弘、丰树琪：《人工智能在新闻报道中的突破、传播和价值——以总台央视新闻 AI 手语主播为例》，《传媒》2022 年第 20 期。
③ 《信息无障碍之路还有多远》，中国青年报，2019 年 12 月 3 日，https：//baijiahao. baidu. com/s？id=1651837665641313716&wfr=spider&for=pc。

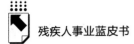
"搜一搜"功能，搜索"长辈版""亲情版""关爱版""关怀版"等关键词，一键开启微信"关怀模式"。微信同时升级无障碍体验，重点围绕读屏软件的兼容性、"验证码"的易用性、按钮和标签可读性等功能进行优化改造。微信支付也于 2021 年 5 月开启"长辈无忧专线"，提供无障碍支付服务。

三是华为 HarmonyOS 3 科技无障碍解决方案①。2022 年华为推出 HarmonyOS 3，这一系统不仅深度优化了屏幕朗读功能，还将 AI 智慧能力与视障用户痛点场景相结合，实现了拍照辅助、图像识别、文字识别等功能。在听障解决方案方面，人声增强功能可以根据用户听力损伤情况，有针对性地进行高中低不同频段的声音补偿；还可通过小艺通话、AI 字幕，实现文本语音的智能互转，解决听障者无法顺利打电话、看直播、欣赏无字幕视频以及与其他人顺畅交流的问题。针对老年人群体用机体验，华为通过推出"长辈关怀"模式，让年长用户能更好地融入数字化生活。

四是 12306 助力残障及老年群体便捷出行②。为解决老年人、残疾人等特殊群体在使用互联网等智能技术时遇到的困难，铁路 12306 科创中心根据互联网无障碍及适老化标准规范，对铁路 12306 App 开展无障碍及适老化优化，为老年用户提供更为友好的爱心版和标准版模式切换，方便用户进行火车票购票操作，有效地解决了障碍人士和老年人在网络购票中遇到的实际问题。同时，购票系统利用自动识别技术可自动识别有残疾证的旅客，并在有余票情况下自动分配无障碍车厢。根据 2024 年 1 月交通运输部和国家铁路局等六部门联合发布的《关于进一步加强适老化无障碍出行服务工作的通知》，12306 网站和手机客户端还将进一步优化完善购票功能，推动实现自动识别并优先安排老年人选择下铺，为老年人和残疾人提供更可及、更便捷的铁路出行体验。

---

① 《2023TADC｜2023 可及信息无障碍优秀案例结果公布》，信息无障碍微信公众号，2023 年 6 月 8 日，https：//mp. weixin. qq. com/s/82iUsnKS1_562kRSUwYxvw。

② 《2023TADC｜2023 可及信息无障碍优秀案例结果公布》，信息无障碍微信公众号，2023 年 6 月 8 日，https：//mp. weixin. qq. com/s/82iUsnKS1_562kRSUwYxvw。

五是蚂蚁安全科技无障碍核身产品[①]。为了解决视障用户在互联网上的身份验证难题，蚂蚁安全科技的身份识别技术团队研发了两款核身无障碍创新产品——"挥一挥"空中手势验证码和"划一划"个性图形密码。前者是利用摇晃手机或按压屏幕等简单动作来替代滑块拼图这类视觉验证码；后者则是视障用户自己设置图形作为密码，可以在登录、解锁、充值等环节轻松完成身份校验。两款产品解决了视障用户在互联网上的身份验证难题，给视障人群的数字生活带来更多的便捷与乐趣。

六是"众声"无障碍输入公益计划[②]。基于搜狗输入法、腾讯技术公益的无障碍技术积累，腾讯搜狗输入法开展了"众声"无障碍输入公益计划，搭建无障碍输入开放平台，向全行业免费提供视障输入、肢障输入、长辈输入、OCR 读图、AI 手语翻译等技术解决方案[③]，并联合行业力量，共同助力障碍群体在数字世界的输入表达。公益计划推进的过程中，无障碍输入解决方案不断优化，也连接了更多的生态伙伴，通过与眼控仪厂商的合作，搜狗输入法"眼动输入"帮助用户通过转动眼球完成输入，其声文互转功能，为听障人群提供聊天对话、听课会议、视频直播等场景下的语音转文字、文字转语音、悬浮字幕等服务。而与阳光读屏、争渡读屏、NVDA 中文网等合作伙伴共同制定的《Windows 应用无障碍开发指南》，也为行业伙伴在 PC 端的无障碍应用开发提供更好的指引。

七是高德地图无障碍"轮椅导航"[④]。2022 年 11 月，高德地图联合阿里公益研发上线了公益无障碍"轮椅导航"功能。开启"无障碍模式"后，可避开地下通道、人行天桥等轮椅无法通行的路段，并根据无障碍电梯、升降机等无障碍设施，为用户规划出一条无障碍路线，方便残疾人和老年人等

---

① 《2023TADC ｜ 2023 可及信息无障碍优秀案例结果公布》，信息无障碍微信公众号，2023 年 6 月 8 日，https://mp.weixin.qq.com/s/82iUsnKS1_562kRSUwYxvw。

② 《2023TADC ｜ 2023 可及信息无障碍优秀案例结果公布》，信息无障碍微信公众号，2023 年 6 月 8 日，https://mp.weixin.qq.com/s/82iUsnKS1_562kRSUwYxvw。

③ 《眼动输入：无障碍上网近在"眼前"》，《科技创新与品牌》2023 年第 1 期。

④ 《高德地图联合阿里公益上线首个全国性的无障碍导航，已覆盖 30 城》，新京报，2023 年 10 月 27 日，https://baijiahao.baidu.com/s?id=1780903214863103506&wfr=spider&for=pc。

弱势群体出行①。截至目前，轮椅导航已覆盖北京、上海、杭州、广州、深圳、武汉、长沙、济南、成都、青岛等全国 50 座城市，成为首个全国性的无障碍地图导航，受到了轮椅人士的欢迎和好评，同时也为行动不便的老年人、推婴儿车的家长、因意外受伤临时轮椅出行及携重物出行的人群提供了方便。

五　我国信息无障碍领域存在的问题与对策建议

近年来，我国信息无障碍建设取得了显著成绩，但与不断发展的信息技术和日益增长的社会需求相比，信息无障碍建设仍然存在一些问题与挑战，主要体现在以下方面。

从政策法规来看，信息无障碍相关的政策法规仍需进一步完善，贯彻落实《无障碍环境建设法》的配套政策需要进一步完善，对执行效果的督导检查和监管力度有待加强。

从标准规范来看，信息无障碍领域的技术规范和行业标准体系有待健全，针对不同类型残疾人、不同终端产品和服务的覆盖面有待提升，标准规范对于行业的约束力有待增强。

从科技创新来看，信息无障碍领域一系列关键核心技术仍有待突破，新一代信息技术与终端产品和服务的融合度不足，信息无障碍科研成果的转化应用力度仍需加大。

从有效供给来看，信息无障碍终端产品和服务有效供给不足，现有产品和服务的无障碍与适老化融合度不高，信息无障碍的产业化、普及化水平有待提升。

信息无障碍涉及政策法规、标准规范、科技人才、行业产业等各个方面，政府部门、有关机构和行业企业要协同发力，以新技术、新业态、新模式培育信息无障碍领域新质生产力，共同赋能信息无障碍建设高质量发展。

---

① 《方便残障人群出行　阿里高德工程师开发无障碍"轮椅导航"》，央广网，2022 年 11 月 25 日，https://baijiahao.baidu.com/s? id=1750435506841538507&wfr=spider&for=pc。

（一）进一步完善信息无障碍的配套法规政策

政策法规是信息无障碍事业发展的重要保障。要抓住《无障碍环境建设法》颁布实施这一重要契机，集中制定出台落实"无障碍信息交流"专章的配套法规和政策，对促进信息无障碍发展、扩大信息无障碍产品供给、提升信息无障碍服务水平等作出更加明确、更具可操作性的规定。明确法律法规的刚性要求，进一步压实责任主体和主体责任，加大执法监督检查力度，完善无障碍司法救助途径。加强部门间协同配合和政策协调衔接，制定切实可行的时间表和路线图，统筹推进相关规划和政策文件提出的目标任务落地实施，切实提高政策法规的执行力和落实力。完善信息无障碍发展的激励措施、奖惩机制、补贴政策等，充分调动全社会各方面的积极性和主动性，推动地方和行业结合本地区、本行业特点，出台相应的细化政策和具体举措。

（二）加快信息无障碍标准体系的完善与落地

标准和规范是信息无障碍建设的技术依据，是工作开展和行业监管的重要参照。要根据信息无障碍的发展趋势和特殊群体的个性化需求，分类分批开展无障碍标准的研究与制定，进一步完善包括总体性标准、通用性标准、应用标准及产品标准在内的标准体系，力求做到终端产品、信息服务系统、应用软件等各类信息服务载体成体系、全覆盖。统筹研、产、用等相关环节的协调配合，鼓励科研机构、行业企业和残疾人组织联合开展标准制定，通过充分的协商和讨论，共同制定标准、共同推进标准的宣贯工作。建立信息无障碍评测机制，指导第三方机构按照无障碍规范与标准进行符合性测试，面向社会发布评测认证结果，营造遵守规范、执行标准的良好社会环境。大力推动标准和规范的实施，引导企业按照最新标准和技术要求对产品进行无障碍优化，推动行业规范与技术标准有效应用。

（三）加强信息无障碍领域的人才培养与科技创新

教育、科技、人才是信息无障碍事业高质量发展的基础性支撑，是信息无障碍领域新质生产力的核心要素。要坚持教育、科技、人才一体推进，加强信息无障碍领域的人才培养与科技创新，为信息无障碍事业发展提供技术和人才保障。在人才培养方面，鼓励高校加强信息无障碍学科专业建设，开设信息无障碍相关课程，培养信息无障碍领域高层次人才。在科技创新方面，聚焦信息无障碍领域亟待解决的"卡脖子"问题，在国家级和省部级重点研发计划中设立信息无障碍专项计划，集中优质资源建设信息无障碍科技创新平台，加大信息无障碍关键共性技术攻关力度。深入开展科技助残、科技适老行动，推进新一代信息技术与无障碍环境深度融合，加快互联网、物联网、人工智能、5G、大数据、云计算、区块链等新兴技术在无障碍领域的转化应用，以信息化、数字化手段助力全社会无障碍环境的优化提升。

（四）推进信息无障碍产业发展和产品有效供给

在人口老龄化背景下，信息无障碍产品具有日益旺盛的社会需求。要坚持需求导向，充分调研和精准对接残疾人、老年人等特殊群体的信息无障碍需求，支持相关企业研制推出无障碍功能丰富的智能产品，引导企业探索更多新技术在信息无障碍领域的应用场景①。鼓励信息无障碍终端设备的通用设计和无障碍与适老化改造，加快智能轮椅、智能导盲设备、文字语音转换、康复机器人等智能终端的设计研发，支持开发残健融合型无障碍智能终端产品。把无障碍和适老化理念融入产品设计的全生命周期，从源头推进互联网网站无障碍设计和移动互联网应用无障碍产品研发，构建涵盖设备终端、服务应用等领域的无障碍和适老化供给体系，以更便捷的操作体验赢得用户和市场，形成互利共赢、健康可持续的产业发展新模式。

六　结语

在信息化和数字化时代，随着科技进步和法规完善，信息无障碍建设具

---

① 《加快智能应用适老化改造，这些举措便利老年群体融入数字生活》，新华社新媒体，2023 年 10 月 24 日，https：//baijiahao. baidu. com/s? id=1780632399730754373&wfr=spider&for=pc。

有公益性和强制性双重属性。近年来，党和政府高度重视包括残疾人、老年人等特殊群体在内的全社会信息无障碍需求，并从法规、规划、政策、标准、技术和产品研发等方面多措并举、协同推进，信息无障碍事业得到了快速发展。

信息无障碍建设是一项长期的系统工程，需要政府、高校、研究机构、企业和社会组织等各个方面协调联动、紧密合作。人的全面发展是科技进步的目的，科技进步是人的全面发展的手段。在突飞猛进的信息科技浪潮中，全社会要更加关注弱势群体的无障碍需求和权益，为建设一个更加普惠包容的社会而共同努力。

B.8
城市交通无障碍出行环境发展报告（2024）

胡 莹 王梦瑶[*]

摘 要： 在《中华人民共和国无障碍环境建设法》出台的背景下，加快推进城市交通无障碍出行环境建设是贯彻落实法律要求的重要途径。本报告回顾了城市交通无障碍出行环境建设的发展历程，围绕出行设施无障碍、出行服务无障碍和出行信息无障碍等三方面分析总结了现状问题，并从法律法规、标准规范、体制机制和公众意识等四方面进一步深入剖析了症结问题，借鉴国际经验，提出了发展建议。

关键词： 城市交通 无障碍出行环境 残疾人 老年人

自 2023 年 9 月 1 日起，《中华人民共和国无障碍环境建设法》（简称《无障碍环境建设法》）正式施行。作为我国首部就无障碍环境建设制定的专门性法律，它为无障碍环境建设提供了坚实的法治保障。据统计，截至 2022 年末，我国 65 岁及以上老年人占比已超过 14%[①]，标志着我国已进入中度老龄化社会，预计到 2035 年左右，我国将迈入重度老龄化社会。随着人口老龄化持续加剧，无障碍环境建设也是积极应对人口老龄化的重要手段。作为无障碍环境建设的重要领域之一，城市交通对于实现残疾人、老年

---

* 胡莹，博士研究生，北京交通发展研究院高级工程师，研究方向为交通运输规划与管理、无障碍出行；王梦瑶，硕士研究生，北京交通发展研究院工程师，研究方向为交通运输规划与管理、无障碍出行。
① 参见《2022 年度国家老龄事业发展公报》。

人等所有群体公平出行、共享社会物质成果具有极其重要的作用，因此如何提升我国城市交通无障碍出行环境是未来必须回应和解决的问题。在此背景下，本报告在系统梳理城市交通无障碍出行环境发展历程的基础上，剖析了现状问题，结合国际经验，提出了未来发展建议，以期推进城市交通无障碍出行环境高质量发展。

一 发展历程

20世纪80年代，为便利残疾人生活，我国启动了无障碍环境建设工作。其中，城市交通作为保障日常生活的重要领域也随之开启了无障碍建设。经过近40年的努力和奋斗，我国城市交通无障碍出行环境实现了从无到有、从点到线到面的突破。通过回顾其发展历程，将其总结为萌芽起步期、快速发展期和优化提升期三个阶段。

（一）萌芽起步期（1984~1999年）

20世纪80年代，随着改革开放的热潮，国民生活水平逐步提高，无障碍环境建设开始受到了社会关注，我国随后出台了无障碍标准规范，也在残疾人相关法律政策中加入了无障碍的内容。城市交通作为无障碍环境建设的重点领域，也率先开启了试点工程建设，多方面实现了"零"的突破。

一是北京作为试点率先开启无障碍建设。1984年，中国残疾人福利基金会正式成立，改善残疾人社会环境作为基金会的重要工作内容之一，得到了高度重视，无障碍环境建设由此开始。在成立的第二年，基金会携手北京市残疾人协会和北京市建筑设计院召开了"残疾人与社会环境研讨会"，在会上提出了"为残疾人创造便利的生活环境"的倡议[1]。同年，北京作为试点在全国率先开展了城市道路无障碍改造，改造道路包括王府井大街、东四至东单、西四至西单、朝阳门到中国美术馆。90年代末，以新中国成立50

---

[1] 安天义：《我国无障碍法律环境研究及国际比较》，硕士学位论文，清华大学，2010。

周年庆祝活动、举办远东及南太平洋地区残疾人运动会等为契机，北京重要地段、重大建筑物、交通要道、重要场馆进行了大规模无障碍设施改造，完成了 22 条繁华街道及重点区域盲道铺设（180 多公里），改造、新建无障碍路口 600 多处，修建有坡道的人行过街和无障碍地下通道设施 34 座和 13 个。

二是推出我国首部标准，为无障碍环境建设提供了系统指南。1986 年，建设部、民政部和中国残疾人福利基金会等部门商定编制《方便残疾人使用的城市道路和建筑物设计规范（试行）》，该规范于 1989 年 4 月 1 日起实施。该标准作为我国第一部无障碍设施设计技术标准，为后续城市道路无障碍设施建设提供了有效的参照依据。

三是无障碍相关内容纳入立法，提升保障力度。1990 年，首部维护残疾人合法权益的专门法律《中华人民共和国残疾人保障法》（以下简称《残疾人保障法》）正式出台，对无障碍环境建设提出了严格要求，规定"国家和社会逐步实行方便残疾人的城市道路和建筑物设计规范，采取无障碍措施"。1996 年出台的《中华人民共和国老年人权益保障法》（以下简称《老年人权益保障法》）也提出"新建或者改造城镇公共设施、居民区和住宅，应当考虑老年人的特殊需要，建设适合老年人生活和活动的配套设施"。这两部法律为推进城市交通无障碍出行环境建设起到了重要作用。

（二）快速发展期（2000~2011年）

在国际社会对无障碍环境建设的重视程度不断提高和我国相继承办 2008 年奥运会和 2010 年上海世博会等大型国际赛事活动的双重背景下，我国城市交通无障碍出行环境建设在法律法规、标准规范和建设实践方面均取得了显著进步。

一是完善法律法规，持续保障无障碍建设。2006 年，联合国大会通过了《残疾人权利公约》。我国作为首批缔约国之一，于 2008 年 6 月签署施行。该公约明确提出"缔约国应当采取适当措施，确保残疾人在与其他人平等的基础上，无障碍地进出物质环境，使用交通工具，利用信息和通信，包括信息和通信技术和系统，以及享用在城市和农村地区向公众开放或提供的其他设施和服务"①。该公约对后续我国无障碍相关法律法规的制修订起到了重要引导作用。公约签署同年，我国对《残疾人保障法》进行了修订，将无障碍环境建设的重视程度提升到了新台阶，原有一个条款扩展成一个章节，并对城市道路无障碍建设提出了高要求，强调新建、改建和扩建道路、交通设施等应当符合国家有关无障碍设施工程建设标准。这一阶段，地方城市也开始推动无障碍立法。北京、天津、上海、辽宁等地陆续出台了地方性法规②，有力保障和推进了城市交通无障碍出行环境建设。

二是优化标准规范，初步建立城市交通无障碍标准规范体系。2001 年，我国将《方便残疾人使用的城市道路和建筑物设计规范》（JGJ 50-88）修订并更名为《城市道路和建筑物无障碍设计规范》（JGJ50-2001），该规范的强制性和约束力进一步提升，有 24 条内容列入国家强制性标准条文，并对城市道路无障碍实施范围和无障碍设计作出了详细规定。2011 年，《无障碍设施施工验收及维护规范》（GB50642-2011）正式实施，该规范充实了无障碍标准体系，使无障碍设施建设从设计、施工、验收到维护全流程均有了系统性的规定，能够有效确保设施的建设质量和使用功能。这一阶段，城市交通领域根据其特点和特殊要求制定了无障碍行业标准，如《城市轨道交通客运服务规范》（GB/T 22486-2008）、《无障碍低地板、低入口城市客车技术要求》（CJ 207-2005）等。很多地方城市也编制出台了城市交通领域无障碍出行环境建设地方标准，如北京市颁布了《人行天桥与人行地下通道无障碍设施设计规程》（DB 11/T 805-2011），对立体过街设施无障碍化提出了具体要求，陕西省出台了《城镇道路和建筑物无障碍设施施工质量验收规程》（DBJ61-52-2009），进一步强化了设施工程质量的管理。

---

① 《残疾人权利公约》，联合国，https：//www.un.org/zh/node/181459。
② 郑功成主编《中国无障碍环境建设发展报告》，辽宁人民出版社，2019，第 170~189 页。

三是以全国无障碍城市创建为抓手，全方位推进城市交通无障碍出行设施建设。2002 年，建设部、民政部、中国残联、全国老龄办在北京等 12 个城市开展了全国无障碍设施建设示范城市创建活动。"十一五"期间，四部委进一步扩大了示范城市的创建范围，从最初 12 个拓展为 100 个城市。经过 5 年的努力，100 个创建城市在交通无障碍方面取得了十分显著的成绩，人行道盲道的设置里程占建成区城市道路总长度的 67%，城市道路人行道设置缘石坡道和进行坡化改造达 50 万余处，占路口总数的 83.2%，同时一些主要路口也增设了盲人过街提示音响装置①。

（三）优化提升期（2012年以后）

随着残疾人权利意识提高、我国老龄化程度的不断加深以及冬奥会和冬残奥会等国际赛事的举办，我国对无障碍环境的重视程度持续提升，法律法规和标准规范体系不断完善，这为保障残疾人、老年人等所有群体的合法权益提供了有力支撑。

一是出台无障碍专项立法，全面保障无障碍建设。2012 年，我国首部中央层面的无障碍专门立法《无障碍环境建设条例》颁布实施，该条例共有 6 章 35 条，主要内容包括无障碍设施建设、无障碍信息交流、无障碍社区服务和法律责任。其中，条例明确规定城镇新建、改建、扩建道路、公共交通设施应当符合无障碍设施工程建设标准②。同年修订的《老年人权益保障法》也提出了类似的要求。同时，为满足残疾人出行需求，城市交通领域相关法律法规，包括《中华人民共和国道路交通安全法》（以下简称《道路交通安全法》）、《城市道路管理条例》等，在后续修订中均增加了无障碍的相关内容。后续出台的《"十三五"加快残疾人小康进程规划纲要》《"十三五"国家老龄事业发展和养老体系建设规划》《关于进一步加强和改善老年人残疾人出行服务的实施意见》等文件中均强调加快无障碍交通基

---

① 吕世明：《我国无障碍环境建设现状及发展思考》，《残疾人研究》2013 年第 2 期。

② 《无障碍环境建设条例》，中国政府网，2012 年 6 月 28 日，https://www.gov.cn/gongbao/content/2012/content_ 2182743.htm。

础设施建设和改造，推动了交通领域无障碍出行环境建设。2023 年，《无障碍环境建设法》颁布，该法进一步明确了城市交通无障碍出行环境建设的保障机制和监督制度，从法律层面解决了"重建设轻维护"的问题。为贯彻落实法律要求，2024 年交通运输部等相关部门出台了《关于进一步加强适老化无障碍出行服务工作的通知》，提出要全面落实无障碍出行环境建设要求。除了中央层面的立法外，地方层面的无障碍立法和政策也不断完善和充实，截至 2022 年底，全国共出台了 761 个省、地、县级无障碍环境建设与管理法规、政府令和规范性文件[①]。

二是优化标准规范，城市交通无障碍出行标准体系基本建成。2012 年，我国无障碍标准强制性和约束力进一步提升，国家标准《无障碍设计规范》（GB 50763-2012）取代原有的行业标准《城市道路和建筑物无障碍设计规范》（JGJ50-2001），成为无障碍领域的最新的强制性最高的标准，为城市交通无障碍出行环境建设指明了方向。后续出台的《城市轨道交通运营管理规范》（GB/T 30012-2013）、《城市公共汽电车客运服务规范》（GB/T 22484-2016）、《城市公共交通设施无障碍设计指南》（GB/T 33660-2017）等标准也对城市交通不同领域的设施和服务无障碍建设提出了要求。2021 年，《建筑与市政工程无障碍通用规范》（GB 55019-2021）正式发布，该规范作为强制性国家工程规范，具有更强的约束力。该标准首次对无障碍通行设施提出了系列要求，这标志着城市交通无障碍建设有了更系统全面的规范指引。为进一步推进城市交通无障碍出行环境高质量发展，各地相继编制和颁布了地方标准，例如北京市发布了《城市轨道交通无障碍设施设计规程》（DB11/690-2016）。

三是全面推进城市交通无障碍出行环境建设。在法律法规和标准规范的指引下，我国不同城市均全面推动城市交通无障碍出行环境建设，城市交通无障碍出行环境的系统性、适用性不断提升。一方面是城市道路无障碍设施

---

① 《2022 年残疾人事业发展统计公报》，中国残疾人联合会，2023 年 4 月 6 日，https：//www. cdpf. org. cn/zwgk/zccx/tjgb/4d0dbde4ece7414f95e5dfa4873f3cb9. htm。

建设，城市道路无障碍化是城市交通领域无障碍环境建设的关键，我国从1984 年开始就已启动了无障碍改造工作。据了解，北京、杭州等城市均取得了显著成绩。北京市借助冬奥会冬残奥会的举办实现了全市主要道路盲道基本"无断点"、缘石坡道基本"零高差"①；杭州以亚运会的筹办为契机，完成了盲道、缘石坡道、立体过街设施、公交站台等多处无障碍设施改造工作，城市道路无障碍水平得到了明显提升②。另一方面是公共交通无障碍设施设备及服务建设，在公共汽车方面，2022 年各地加大力度推广应用低地板及低入口城市公共汽电车，全年合计新增及更新 1.6 万余辆，同时各地也积极打造敬老爱老服务城市公交线路，合计共打造了 2600 余条，此外，为提高老年人、残疾人等群体公交上下车的便利性，全国 29 个省份完成了9400 余个城市公共汽电车站台适老化改造③。在轨道交通方面，截至 2022年底，全国 44 个开通运营地铁的城市已全部实现地铁上下车无障碍渡板全配备④，并且北京、上海、杭州、武汉、重庆等城市也已开通了轨道出行预约服务。

此外，在无障碍出租车方面，北京、上海、深圳、大连和杭州等城市均配置了一定数量的无障碍出租车，为行动不便的残疾人和老年人出行提供了极大的便利。以深圳市为例，截至 2023 年 7 月，深圳市已投入 100 辆纯电动无障碍出租车，接受了无障碍出租车预约订单 56667 单，并成功完成了48022 单的服务⑤。

---

① 《无障碍环境建设特别报道丨北京：高标准建设无障碍城市》，中国建设报微信公众号，2023 年 1 月 23 日，https://mp.weixin.qq.com/s/5MNIBIcGTUsuuhsyrFiCMA。
② 温欣欣：《"无碍"迎亚残运，"有爱"的杭州准备好了》，《杭州日报》2023 年 10 月 14日，第 4 版。
③ 蔡筱懿、何宇、刘钇杭：《聚民声让幸福升温——运输服务部门交出 2022 年更贴近民生实事答卷》，《中国交通报》2022 年 12 月 28 日。
④ 《交通更加环保 出行更加低碳——主题宣传月记录绿色出行非凡十年》，中华人民共和国交通运输部，2022 年 11 月 23 日，https://www.mot.gov.cn/jiaotongyaowen/202211/t20221123_3713575.html。
⑤ 《生日快乐！无障碍出租车服务迎来三周年》，深圳残疾人服务号，2023 年 7 月 7 日，https://mp.weixin.qq.com/s/ltNslnzmY6qpPGNSrMfn4g。

（四）小结

经过近四十年的发展，我国城市交通无障碍出行环境建设已融入各层级的无障碍法律体系中，在城市交通领域相关的专项法律政策中也有体现，并且无障碍出行相关标准内容不断延伸细化，条文强制性也不断增强，为无障碍建设提供了坚强的法治和标准保障。在此基础上，城市交通无障碍出行环境建设也稳步推进，无障碍出行设施、无障碍出行服务和出行信息无障碍水平均得到了显著提升。

二　现状问题

随着我国对城市交通无障碍出行环境建设的重视程度不断提高，无障碍出行环境建设取得了突破性的进展，但不容忽视的是，城市交通无障碍出行环境仍待进一步完善，本章围绕表征问题和症结问题系统分析了现阶段无障碍出行环境存在的不足，为后续发展规划的制定提供支撑。

（一）表征问题

在法律法规和标准规范的引导下，我国城市交通无障碍出行环境不断提升，系统性和适用性不断加强，但无障碍出行设施、无障碍出行服务和出行信息无障碍等方面仍存在一些问题，仍需进一步优化。

一是无障碍出行设施仍待完善。随着我国对无障碍建设的重视程度不断提升，城市交通领域开展了大量设施的改善提升工作，但设施的缺失问题依然影响出行安全顺畅。北京、上海等超大城市虽然部分天桥和地下通道加装了无障碍电梯，但仍广泛存在天桥和地下通道缺少无障碍电梯的问题，给轮椅使用者出行带来了极大的不便。各城市也广泛存在公交站台缺少无障碍坡道的情况，轮椅使用者上不去也下不来。同时，城市交通领域无障碍设施"有而不好用"的现象依然严重。在北京、上海、广州的实地调研以及

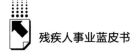
与受访者的沟通中发现，盲道铺设不合理的现象普遍存在，具体包括盲道铺设过窄，没有避开电线杆、井盖、花坛、输电设备、公交站牌、路树等道路上的公共设施，或铺设随意，这给视障人士出行带来了极大的不便[①]。某视障人士表示，她几乎不使用盲道，主要原因是盲道铺设不规范可能会导致跌倒受伤。并且，城市道路上盲道被非机动车、宣传牌等占用的情况也比较常见。

二是无障碍出行服务仍待优化。虽然我国相继出台了《城市轨道交通运营管理规范》（GB/T 30012-2013）、《城市公共汽电车客运服务规范》（GB/T 22484-2016）等标准规范，但无障碍服务的专业性仍待提升。北京、上海和广州等城市的残障人士反映，存在公交车司机停靠站台不规范的现象，具体表现为司机停靠距离路沿太远，公交踏板无法搭在马路牙子上而是直接放在了地上，这导致踏板坡度太陡，轮椅使用者无法上下车。并且在地铁无障碍服务中，也出现过工作人员服务不专业的情况，例如下车时工作人员忘记接洽、出现拖拽盲杖等不当行为。

三是出行信息无障碍待完善。随着科技水平提高，语音识别、人工智能等技术已逐步应用于无障碍领域，但仍存在"不能用""不好用"等问题。视障人士反映，部分出行软件十分不友好，仍缺少读屏、字体放大等功能。轮椅使用者也反映，虽然部分出行软件增设了无障碍设施查询功能，但软件中提供的设施信息与实际情况不完全相符，给出行带来了不便。

（二）症结问题

基于城市交通无障碍出行环境的表征问题，本报告进一步深入剖析，从法律法规、标准规范体系、监管评价机制和公众无障碍意识等方面分析总结了症结问题。

---

① 商业生态：《包容的低碳出行未来：北上广残障群体和老年群体城市公共交通无障碍出行调研》，见 http://www.bemedia.com.cn/Content/1359.html。

一是法律法规有待完善。城市交通领域相关法律法规虽涵盖了无障碍环境建设的相关内容，但存在内容不全面、细化不足等问题，例如《道路交通安全法》内容不全面，仅对盲人通行安全作出规定，对其他类型残疾人出行缺少法律保障。后续应结合《无障碍环境建设法》的出台，加快修订并完善城市交通领域的相关法律法规。

二是标准规范体系仍需完善。城市无障碍出行环境建设涉及交通、市政、园林等诸多领域，是一项综合性强的系统工程，但其标准的制修订和归口管理分别属于不同的行业标准委员会和管理部门，导致标准之间缺乏统筹衔接，存在不同标准建设要求不同，有些甚至缺少无障碍建设要求等问题。并且我国当前城市交通领域相关无障碍设施建设技术内容多集中于单个设施，而碎片化的设施发挥的作用有限，很难形成完整的无障碍出行流线。此外，标准内容深度有待提升，虽然我国颁布了无障碍出行服务相关标准，但内容较宽泛，可操作性和指导性不强。

三是监管评价机制有待完善。城市交通无障碍出行环境能否建好，严格的监管和评价是关键。但目前项目竣工验收等环节无障碍设施的监管大多缺位，监管部门更重视的是工程的质量、功能和安全，对于无障碍设施等细节要素的验收一般不会单独列入验收报告，其也不会直接影响工程的验收，从而导致在建设之初，无障碍设施往往被忽视。并且我国也缺少城市交通无障碍出行环境建设的评价机制，造成部分设计施工单位、交通运输工具生产商等相关方生产的无障碍设施不符合标准规范，严重影响了设施的功能质量，限制了城市交通无障碍的发展水平①。

四是公众无障碍意识仍待提高。社会大众对无障碍出行环境的认知度不高，且存在认知误区，误认为无障碍环境建设的受益群体仅为残疾人，而忽略了所有人在人生各个阶段都可能会处于"残障"状态，无障碍环境建设受益所有群体的事实。在这种认知下，社会上普遍存在无障碍设施建设不达标、被占用等现象。

---

① 陈朝：《交通无障碍环境建设认证初探》，《交通建设与管理》2020 年第 3 期。

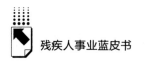

三 国内外经验

（一）健全无障碍法律法规体系

美国、日本等国家的无障碍环境建设得到了国际社会的普遍认可，通过前期研究发现，这些国家的无障碍环境建设均建立在完善系统的法律法规体系之上。美国建立了以《美国残疾人法案》为核心，以《航空运输无障碍法案》《电信法案》《老年人和残疾人选举无障碍法案》《辅助技术法案》为补充的法律体系，从设施无障碍、服务无障碍、信息无障碍等多方面作出了明文规定，从立法层面保障了无障碍环境建设。日本则是在出台国家法律的同时要求地方也同步制定地方性法规。日本无障碍环境专门法律为2020年修订的《关于促进高龄者、残疾者等的移动无障碍化的法律》，为了进一步细化落实法律要求，47个都道府县结合地方特色均制定了更为细致具体的地方条例①。

（二）优化完善标准规范

为了推动落实法律要求，美国、日本等国家构建了全面系统的无障碍出行标准体系，美国无障碍出行标准涉及多类设施，覆盖面广，出行设施包括公共汽车系统、快速有轨车辆系统、长途铁路系统、长途公共汽车系统等。日本也出台了《公共交通终点站残疾人设施整备指南》《人行步道建设基本标准》《关于提供乘客设施、车辆等和公共交通服务的便利移动等指南（无障碍维护指南）》等多类型多设施的无障碍出行标准，并且条文内容更细化、要求更严格，同时为了通俗易懂，也会附上相应的图片说明。

（三）建立系统严格的评价监督机制

美国是最早开始无障碍环境建设的国家之一，为了全面落实无障碍环境

---

① 韩笑宓等：《发达国家交通无障碍环境建设经验及对我国的启示》，《交通运输研究》2021年第3期。

建设相关要求，切实维护残疾人的合法权益，美国于 1973 年成立了无障碍委员会。该机构为联邦机构间的一个协调机构，直接代表公众，特别是残疾人。它鼓励社会大众监督各项设施的无障碍落实情况，也为民众设置了专门的投诉系统和投诉方式①。

（四）强化公众无障碍意识

日本十分重视公众无障碍意识的提升和加强，一般通过宣传和体验的方式让社会大众认识和了解残疾人的不便和无障碍设施的重要性，例如日本会在少儿启蒙阶段开设无障碍相关的体验课，通过体验的形式从小培育无障碍意识，同时也会制作面向儿童的漫画宣传绘本，传递无障碍理念②。此外，日本也注重在职业培训和学习教育中融入无障碍教育，例如 JR 东日本会与盲人福利中心合作，让其员工体验视障人士的出行及交流沟通方式，从而掌握无障碍服务要点。

四　发展建议

（一）完善交通无障碍法律法规

《无障碍环境建设法》的出台丰富和完善了我国无障碍法律，标志着我国无障碍环境建设进入了法治新阶段。在全面贯彻落实《无障碍环境建设法》的同时，应当确保《道路交通安全法》《城市道路管理条例》等城市交通领域法律法规与该法律无障碍条款的衔接，在城市交通领域相关法律法规制定或修改时逐步补充、完善、细化无障碍条款。

（二）优化无障碍出行标准体系

标准体系是系统指导无障碍环境建设工作的重要技术指南，也是监督、

---

① 陈朝：《交通无障碍环境建设认证初探》，《交通建设与管理》2020 年第 3 期。
② 宫晓东、高桥仪平：《日本无障碍环境建设理念及推进机制分析》，《北京理工大学学报》（社会科学版）2018 年第 2 期。

评价、验收无障碍环境建设质量的重要依据。为了保障无障碍环境建设工作有标可依，亟须从顶层构建城市无障碍出行标准体系，围绕全流程出行无障碍的原则，查缺补漏，制定新标准，完善既有标准，提高标准的系统化、精细化，并与《无障碍环境建设法》相衔接。同时，推动强制性条文的制定，提高标准的约束力。

（三）强化监督评价

《无障碍环境建设法》在原有条例的基础上，进一步细化完善了保障措施，强化了监督管理，明确提出了无障碍环境建设目标责任制和考核评价制度。为了全面落实法律要求，后续相关部门应当尽快出台相关实施细则、规章制度等文件。可委托第三方机构开展无障碍环境建设评估并发布调查评估报告。也可考虑建立社会监督员制度，相关部门聘请专业人员、有需要者代表等作为社会监督员，对无障碍设施设备建设、改造、维护和使用等无障碍建设情况进行监督评价。

（四）加强宣传教育

提升无障碍意识是助力无障碍环境向好发展的重要推手。应以《无障碍环境建设法》出台为契机，在全国范围内宣传推广无障碍意识。面向社会大众，推广无障碍知识教育，支持在中小学课程中增设无障碍知识教育，并在高等院校开展相关学科、专业、课程建设，同时加强宣传，尤其是在重要时间节点，包括全国助残日、国际残疾人日、敬老月等，高频率积极组织开展线上线下宣传活动，传播无障碍理念，推广无障碍设施相关知识[1]。面向城市交通领域相关工作人员，加强无障碍知识教育与培训，在相关职业资格考试及继续教育中增设无障碍相关内容，同时设立无障碍相关奖项，对在无障碍领域作出巨大贡献的单位和个人给予表彰和奖励。

---

[1] 孙计领、索浩宇、陈功：《中国式现代化进程中的无障碍环境建设：意义、发展与路径》，《残疾人研究》2023年第3期。

B.9
无障碍社会服务调查报告（2024）

徐　辉*

摘　要：　为了进一步了解我国无障碍社会服务现状，本报告抽取我国东、中、西三大地带部分省会（首府）城市作为典型调查地区，围绕行政、医疗、交通运输等公共服务机构内无障碍社会服务的提供情况展开调查并分析总结了我国无障碍社会服务进展情况。同时，提供了日本无障碍社会服务方面好的经验与做法，通过调查比较，我国无障碍社会服务存在无障碍服务意识需进一步增强、无障碍设施需持续完善、信息交流障碍比较突出以及无障碍法律法规有待进一步完善等问题。为了推进我国无障碍社会服务的发展，建议"加强无障碍社会服务宣传教育""完善无障碍服务设施""完善无障碍社会服务标准体系""畅通信息沟通渠道、加强服务制度建设、建设多部门协作机制""加强服务人才培养，提升专业服务及管理能力"。此外，还需要借鉴国外的好经验、好做法，需要强化法规制度的建设和多部门的协同合作，以确保无障碍社会服务的全面推进和有效实施。

关键词：　无障碍社会服务　服务设施　服务意识　信息交流

一　无障碍社会服务的内涵

（一）无障碍社会服务的基本内容

无障碍社会服务是指为残障人士、老年人、儿童等有特殊需求的人群提

---

* 徐辉，医疗福祉学博士，在日本留学、工作 20 年，日本自立支援照护学会会员，山东省无障碍环境促进会专家委员会、中国老年保健协会养老服务与人才教育专业委员会委员，主要研究方向为老年康复、适老化环境改造等。

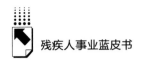
供方便、易于使用的服务，消除他们在社会生活中（物理、信息、交流等方面）的障碍，提高他们的生活质量，使其能够平等参与社会生活，享有基本权利和自由。无障碍社会服务主要包括以下七个基本内容。

无障碍道路建设。无障碍道路建设是指通过合理规划、设计和改造，使道路设施符合无障碍标准，方便残疾人、老年人等行动不便人群出行。

公共建筑无障碍。公共建筑无障碍是指通过建筑设计、设施配置等方式，消除公共建筑中的物理障碍，方便残疾人、老年人等使用。

无障碍停车位。无障碍停车位是指为残疾人、老年人等行动不便人群提供的特殊停车位。

公共交通无障碍。公共交通无障碍是指通过改进公共交通设施和服务，方便残疾人、老年人等行动不便人群出行。

社区服务无障碍。社区服务无障碍是指通过优化社区服务设施和环境，方便残疾人、老年人等行动不便人群在社区内生活。

家庭无障碍改造。家庭无障碍改造是指通过改变家庭环境、配置辅助器具等方式，方便残疾人、老年人等行动不便人群在家中生活。

信息交流无障碍。信息交流无障碍是指通过优化信息传递方式和技术手段，确保不同能力人群能够平等获取信息、进行交流。

综上所述，无障碍社会服务基本内容包括多个方面，涉及道路、建筑、交通、社区、家庭以及信息交流等领域。

（二）无障碍社会服务的重要意义

无障碍社会服务具有重要意义，不仅关系到特殊需求人群的生活质量和社会参与度，也反映了社会的文明程度和社会责任感。其重要意义主要体现在以下几个方面。

一是保障基本人权。无障碍社会服务是保障特殊需求人群的基本人权的重要手段。每个人都有平等参与社会生活的权利，无障碍社会服务能够帮助他们消除障碍，更好地行使这些权利。

二是促进社会包容。无障碍社会服务有助于提升社会的包容性。为特殊需求人群提供便利，可以消除社会偏见和歧视，增强社会的凝聚力与和谐性。

三是推动社会进步。无障碍社会服务是社会进步的重要体现。随着科技的发展和社会文明程度的提高，人们越来越重视有特殊需求人群的需求，无障碍社会服务的发展水平也反映了一个国家和地区的文明程度和社会责任感。

四是提高生活质量。无障碍社会服务能够显著提高特殊需求人群的生活质量。提供方便、易于使用的服务，可以帮助他们更好地融入社会，参与各种社会活动，享受生活的乐趣。

五是创造经济效益。无障碍社会服务不仅能够满足特殊需求人群的需求，还能创造经济效益。无障碍社会服务的发展，会催生新的产业和就业机会，为社会经济发展注入新的动力。

总之，无障碍社会服务是保障残疾人、老年人等群体平等充分便捷地参与社会生活，促进全民共享经济社会发展成果的一项重要工作，对于促进社会融合和人的全面发展具有重要意义；是保障残疾人与老年人权益、推动我国人权事业发展进步的内在要求，也是提升无障碍环境建设质量、提高人民生活品质的有力保障。因此，我们应该积极推动无障碍社会服务的发展，为有特殊需求的人群创造更加友好、包容的社会环境。

二　我国无障碍社会服务调查

2023 年 6 月 28 日，十四届全国人大常委会第三次会议通过《中华人民共和国无障碍环境建设法》（以下简称《无障碍环境建设法》），该法在我国《无障碍环境建设条例》的基础上，增加了无障碍信息交流和无障碍社会服务方面的内容。2024 年 1 月至 3 月，为了进一步了解我国无障碍社会服务的现状，中国人民大学开展了无障碍社会服务调查。

（一）调查方法

按照我国东中西区域经济的划分，结合人口特征、经济发展水平等因

素，分别抽取了东部的北京市和杭州市、中部的长沙市、西部的贵阳和南宁及成都市作为典型地区展开实地调查。通过实地走访、观察、访谈、体验等方式，调查了解典型地区无障碍社会服务实际情况，分析总结各地无障碍社会服务的经验与存在的不足，并以此提出改进建议。

（二）调查对象

本次调查以提供公共服务、行政服务、医疗服务、养老服务、交通运输服务等的机构为主要调查对象。公共服务场所包括购物商场、市民休闲公园、图书馆、商业银行，行政机构主要为政务服务中心，医疗机构包括综合医院，养老机构主要为当地养老院，交通运输机构包括火车站和公共汽车站。

（三）调查内容

主要针对公共服务、行政服务、医疗服务、养老服务、交通运输服务等机构提供的无障碍指示标识、无障碍坡道、盲道、无障碍卫生间、辅助器具租借、导盲犬准入服务、电子信息显示屏、语音提示（语音播报）、无障碍交流设施等无障碍社会服务系列指标作为调查内容。

（四）调查结果

一是公共服务。就购物商场来看，东部地区杭州和中部地区长沙的购物商场里，没有设置无障碍专用停车位；杭州的购物商场里也没有无障碍坡道和导盲犬准入服务。西部地区南宁的购物商场里没有无障碍指示标识和导盲犬准入服务，有爱心服务但不能正常使用。北京、贵阳、成都的购物商场都有无障碍专用停车位、无障碍坡道、无障碍电梯、人工问询服务台、爱心服务、辅助器具租借、无障碍卫生间、无障碍指示标识、导盲犬准入服务等（见表1）。

表1　购物商场无障碍服务

设施/服务	东部地区		中部地区	西部地区		
	北京	杭州	长沙	贵阳	南宁	成都
无障碍专用停车位	○	×	×	○	○	○
无障碍坡道	○	×	○	○	○	○
无障碍电梯	○	○	○	○	○	○
人工问询服务台	○	○	○	○	○	○
爱心服务	○	○	○	○	△	○
辅助器具租借	○	○	○	○	○	○
无障碍卫生间	○	○	○	○	○	○
无障碍指示标识	○	○	○	○	×	○
导盲犬准入服务	○	×	○	○	×	○

注：表格中"○"代表"有且能正常使用"、"×"代表"没有"、"△"代表"有但不能正常使用"。

就市民休闲公园来看，西部地区的3个省会（首府）城市贵阳、南宁、成都及东部地区北京的市民休闲公园里，都没有无障碍专用停车位和辅助器具租借。另外，东部地区的北京，中部地区的长沙，西部地区的贵阳、南宁、成都都没有设置无障碍电梯，杭州虽有但不能正常使用。特别是西部地区，有的城市没有无障碍游览路线、爱心服务、人工问询服务台等（见表2）。

表2　市民休闲公园无障碍服务

设施/服务	东部地区		中部地区	西部地区		
	北京	杭州	长沙	贵阳	南宁	成都
无障碍专用停车位	×	○	○	×	×	×
无障碍电梯	×	△	×	×	×	×
无障碍指示标识	○	○	○	○	○	×
无障碍卫生间	○	○	○	○	○	○
无障碍坡道	○	○	○	○	○	○
无障碍游览路线	○	○	○	○	×	×
人工问询服务台	×	○	○	×	×	○

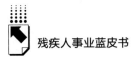

续表

设施/服务	东部地区		中部地区	西部地区		
	北京	杭州	长沙	贵阳	南宁	成都
爱心服务	○	○	○	○	×	×
辅助器具租借	×	△	○	×	×	×
导盲犬准入服务	○	○	○	○	○	×

注：表格中"○"代表"有且能正常使用"、"×"代表"没有"、"△"代表"有但不能正常使用"。

就图书馆来看，中部地区长沙和西部地区贵阳的图书馆都没有设置无障碍专用停车位，杭州虽然有无障碍服务窗口、辅助器具租借、语音讲解、手语讲解、盲文标识等却不能正常使用。特别是西部地区的部分城市，有的图书馆没有语音讲解、手语讲解、导盲犬准入服务等，有的图书馆没有设置电子信息显示屏、盲文标识、专用阅览室、无障碍服务窗口（见表3）。

表3　图书馆无障碍服务

设施/服务	东部地区		中部地区	西部地区		
	北京	杭州	长沙	贵阳	南宁	成都
无障碍专用停车位	○	○	×	×	○	○
无障碍电梯	○	○	○	○	○	○
无障碍坡道	○	○	○	○	○	○
无障碍指示标识	○	○	○	○	○	○
无障碍卫生间	○	○	○	△	○	○
电子信息显示屏	○	○	○	○	○	×
无障碍服务窗口	○	△	○	○	×	○
人工问询服务台	○	○	○	○	○	○
爱心服务	○	○	○	○	○	○
辅助器具租借	○	△	○	○	○	○
语音讲解	○	△	○	○	×	○
手语讲解	○	△	○	○	×	×
盲文标识	○	△	○	×	×	×
导盲犬准入服务	×	○	○	×	○	○
专用阅览室	○	○	○	△	×	×

注：表格中"○"代表"有且能正常使用"、"×"代表"没有"、"△"代表"有但不能正常使用"。

就商业银行来看，东部地区北京的商业银行没有无障碍专用停车位、无障碍服务窗口、无障碍交流设施、电子信息显示屏、语音播报、爱心服务、辅助器具租借、专用等候区。但同属东部地区的杭州，除了无障碍卫生间不能正常使用外，其他无障碍设施/服务都有提供。西部地区的贵阳、南宁及中部地区的长沙也没有无障碍专用停车位和无障碍卫生间。特别是南宁的商业银行里也没有无障碍指示标识、无障碍服务窗口、无障碍交流设施及专用等候区。但同属于西部地区的成都，除了没有爱心服务以外，其他无障碍设施/服务都有提供（见表4）。

表4　商业银行无障碍服务

设施/服务	东部地区		中部地区	西部地区		
	北京	杭州	长沙	贵阳	南宁	成都
无障碍专用停车位	×	○	×	×	×	○
无障碍坡道	○	○	○	○	○	○
无障碍指示标识	○	○	○	○	×	○
无障碍卫生间	○	△	×	×	×	○
无障碍服务窗口	×	○	○	○	×	○
无障碍交流设施	×	○	○	○	×	○
电子信息显示屏	×	○	○	○	○	○
语音播报	×	○	○	○	○	○
爱心服务	×	○	○	○	○	×
辅助器具租借	×	○	○	○	○	○
导盲犬准入服务	○	○	○	○	○	○
专用等候区	×	○	○	○	×	○
人工问询服务台	○	○	○	○	○	○

注：表格中"○"代表"有且能正常使用"、"×"代表"没有"、"△"代表"有但不能正常使用"。

二是行政服务。就政务服务中心来看，中部地区长沙和西部地区成都的政务服务中心没有设置无障碍专用停车位，特别是成都没有语音播报、无障碍服务窗口、辅助器具租借、导盲犬准入服务、信息无障碍交流系统、手写板、盲文标识等。但同属于西部地区的贵阳、南宁的政务服务中心相对来说无障碍服务比较完善。此外，东部地区北京的政务服务中心没有导盲犬准入服务、手写板及其他便民服务，杭州除了盲文标识不能正常使用之外，其他服务都比较完善（见表5）。

表5 政务服务中心无障碍服务

设施/服务	东部地区		中部地区	西部地区		
	北京	杭州	长沙	贵阳	南宁	成都
无障碍专用停车位	○	○	×	○	○	×
无障碍电梯	○	○	○	○	○	○
无障碍坡道	○	○	○	○	○	○
无障碍指示标识	○	○	○	○	○	○
无障碍卫生间	○	○	○	○	○	○
电子信息显示屏	○	○	○	○	○	○
语音播报	○	○	○	○	○	×
无障碍服务窗口	○	○	○	○	○	○
人工问询服务台	○	○	○	○	○	○
爱心服务	○	○	○	○	○	○
辅助器具租借	○	○	○	○	○	○
导盲犬准入服务	×	○	○	○	○	×
信息无障碍交流系统	○	○	○	○	×	×
手写板	×	○	○	○	○	×
盲文标识	○	△	○	○	○	×
其他便民服务	×	○	○	○	○	○

注：表格中"○"代表"有且能正常使用"、"×"代表"没有"、"△"代表"有但不能正常使用"。

　　三是医疗服务。从综合医院来看，西部地区的成都和南宁及中部地区的长沙的综合医院没有设置无障碍专用停车位。特别是成都的综合医院没有无障碍电梯、无障碍指示标识、电子信息显示屏、语音播报、爱心服务、导盲犬准入服务、盲文标识、手写板、上门听诊等其他服务。但同属于西部地区的贵阳，除了没有上门听诊等其他服务外都有提供。东部地区北京的综合医院里没有盲文标识和手写板等，杭州虽有盲文标识却不能正常使用（见表6）。

表 6　综合医院无障碍服务

设施/服务	东部地区		中部地区	西部地区		
	北京	杭州	长沙	贵阳	南宁	成都
无障碍专用停车位	○	○	×	○	×	×
无障碍电梯	○	○	○	○	○	×
无障碍坡道	○	○	○	○	○	○
无障碍指示标识	○	○	○	○	○	×
无障碍卫生间	○	○	○	○	○	○
电子信息显示屏	○	○	○	○	○	×
语音播报	○	○	○	○	○	×
无障碍服务窗口	○	○	○	○	×	○
人工导诊服务台	○	○	○	○	○	○
爱心服务	○	○	○	○	○	×
辅助器具租借	○	○	○	○	○	○
导盲犬准入服务	○	○	○	○	○	×
盲文标识	×	△	○	○	○	×
手写板	×	○	○	○	×	×
上门听诊等其他服务	○	○	○	×	×	×

注：表格中"○"代表"有且能正常使用"、"×"代表"没有"、"△"代表"有但不能正常使用"。

四是养老服务。从养老院来看，中部地区长沙、西部地区贵阳和东部地区北京的养老院没有设置无障碍专用停车位，北京的养老院里没有无障碍指示标识、电子信息显示屏、语音播报等。西部地区南宁的养老院的无障碍服务比较完善（见表7）。

表 7　养老院无障碍服务

设施/服务	东部地区		中部地区	西部地区		
	北京	杭州	长沙	贵阳	南宁	成都
无障碍专用停车位	×	○	×	×	○	○
无障碍电梯	○	○	○	○	○	○
无障碍坡道	○	○	○	○	○	○
无障碍指示标识	×	○	○	○	○	○

续表

设施/服务	东部地区		中部地区	西部地区		
	北京	杭州	长沙	贵阳	南宁	成都
无障碍卫生间	○	○	○	○	○	○
电子信息显示屏	×	○	○	○	○	×
语音播报	×	×	○	○	○	○
低位服务台	○	○	○	○	○	○
无障碍环境适老化设计	○	○	○	○	○	○
医疗卫生服务	○	○	○	○	○	○
生活照料服务	○	○	○	○	○	○
精神慰藉服务	○	○	○	○	○	○
导盲犬准入服务	○	○	○	○	○	×

注：表格中"○"代表"有且能正常使用"、"×"代表"没有"、"△"代表"有但不能正常使用"。

　　五是交通运输服务。就火车站来看，中部地区长沙和西部地区贵阳、成都的火车站没有设置无障碍专用停车位，东部地区杭州虽有设置却不能正常使用。特别是成都的火车站，没有设置无障碍电梯、盲文标识，也没有无障碍服务窗口、无障碍专用绿色通道、导盲犬准入服务等。北京的火车站没有盲文标识和专用候车区域（见表8）。

表8　火车站无障碍服务

设施/服务	东部地区		中部地区	西部地区		
	北京	杭州	长沙	贵阳	南宁	成都
无障碍专用停车位	○	△	×	×	○	×
无障碍电梯	○	○	○	○	○	×
无障碍坡道	○	○	○	○	○	○
无障碍指示标识	○	○	○	○	○	○
无障碍卫生间	○	○	○	○	○	○
电子信息显示屏	○	○	○	○	○	○
语音播报	○	○	○	○	○	○
盲文标识	×	△	○	○	○	×
无障碍服务窗口	○	○	○	○	○	×

续表

设施/服务	东部地区		中部地区	西部地区		
	北京	杭州	长沙	贵阳	南宁	成都
爱心服务	○	○	○	○	○	○
辅助器具租借	○	○	○	○	○	○
无障碍专用绿色通道	○	○	○	○	○	×
专用候车区域	×	○	○	○	×	○
预约定制服务	○	○	○	○	×	○
导盲犬准入服务	○	○	○	○	○	×
人工问询服务台	○	○	○	○	○	○

注：表格中"○"代表"有且能正常使用"、"×"代表"没有"、"△"代表"有但不能正常使用"。

就公共汽车站来看，西部地区贵阳、南宁、成都的公共汽车站都没有设置无障碍坡道、专用候车区域、轮椅固定装置，也没有预约定制服务；部分公共汽车站也没有无障碍指示标识、电子信息显示屏、语音播报、盲文标识、站台无障碍改造、无障碍渡板、优先座席、导盲犬准入服务等。中部地区长沙的公共汽车站，没有无障碍指示标识、盲文标识、无障碍渡板、专用候车区域、预约定制服务、轮椅固定装置等。东部地区的北京除了没有盲文标识外，其他无障碍服务比较完善。相比之下，同属于东部地区的杭州，虽然有无障碍指示标识、盲文标识、无障碍渡板、专用候车区域、预约定制等但都不能正常使用（见表9）。

表9　公共汽车站无障碍服务

设施/服务	东部地区		中部地区	西部地区		
	北京	杭州	长沙	贵阳	南宁	成都
无障碍坡道	○	○	○	×	×	×
无障碍指示标识	○	△	×	×	×	○
电子信息显示屏	○	○	○	○	×	×
语音播报	○	○	○	○	○	×
盲文标识	×	△	×	○	○	×

续表

设施/服务	东部地区		中部地区	西部地区		
	北京	杭州	长沙	贵阳	南宁	成都
站台无障碍改造	○	○	○	×	×	○
无障碍渡板	○	△	×	×	×	○
专用候车区域	○	△	×	×	×	×
预约定制服务	○	△	×	×	×	×
轮椅固定装置	○	○	×	×	×	×
优先座席	○	○	○	×	○	×
导盲犬准入服务	○	○	○	×	○	×

注：表格中"○"代表"有且能正常使用"、"×"代表"没有"、"△"代表"有但不能正常使用"。

三 我国无障碍社会服务进展

随着无障碍环境建设工作的逐步展开，无障碍环境逐步得到改善，无障碍社会服务意识逐渐形成，服务内容与形式逐渐丰富，服务能力与水平逐渐提高，特别是公共服务机构和公共服务场所的服务能力与水平得到大幅提升，无障碍社会服务标准化以及相关服务人才供需等也逐渐受到重视。

（一）无障碍服务设施设备得到完善

在所调查的六个城市中，公共服务场所无障碍服务设施普遍得到完善。例如，长沙市公共服务场所基本都进行了无障碍改造，配备有无障碍卫生间、无障碍坡道、无障碍电梯等无障碍设施，无障碍指示标识明显，一些无障碍卫生间内还会安装求助按钮；公共服务机构多数都配备有无障碍服务窗口、信息无障碍交流系统、电子信息显示屏、手写板等无障碍设备，大多数金融服务机构、商业银行出入口设有无障碍坡道或无障碍升降平台；市内大型汽车站、火车站、机场等交通枢纽同时配备有无障碍服务窗口、无障碍专用绿色通道，也有专门的工作人员为有需求群体提供爱心服务。北京市基本普及无障碍卫生间，建筑物出入口坡化处理，设置无障碍通道、无障碍楼梯、无障碍电梯、无障碍厕所及无障碍厕位，在设施旁设无障碍指示标识，在医院、公园等公共服务建筑同时设低位服务设施。贵阳市地铁站有无障碍电梯、专用等候区域、绿色通道和优先座席、辅助器具租借等。南宁市的商场、医院等公共服务场所出入口进行了坡化处理，并设置无障碍标志牌、安全扶手、无障碍卫生间、无障碍专用停车场等；市区主要道路交叉口、人行横道、公共建筑出入口等设置了缘石坡道。

（二）公共交通无障碍社会服务快速发展

调查中发现，六个城市公共交通无障碍社会服务得到快速发展。例如：长沙地铁无障碍指示标识明显，无障碍卫生间、无障碍电梯、盲道、盲文标识、轮椅专用位置等无障碍设施完善，并开通了"爱心预约专线"，为有需求群体提供站内无障碍一对一服务；长沙公交也进行了"导盲系统"的试验与推广，一些站台也进行了无障碍改造。贵阳市地铁站不仅设置了无障碍电梯、专用等候区域、绿色通道和优先座席，提供辅助器具等，同时地铁站及公交站点还提供咨询引导、字幕报站、语音提示、预约定制等相关服务，并为残疾人携带导盲犬、导听犬、辅助犬等服务犬提供便利。北京城市地铁同步建设无障碍设施，公共汽车等公共交通工具均设置了残疾人爱心专座，北京市翻转踏板覆盖率则达到了100%。南宁广西大学地铁站设置无障碍电梯、低位售票机、电子信息屏、盲道、盲文、求助电话、坡道板、轮椅专用区等。

（三）无障碍社会服务内容逐渐丰富

调查结果表明，城市无障碍社会服务内容逐渐丰富，对有需求的特殊群体提供无障碍关爱服务逐渐增多。例如，长沙一些便民服务台设有轮椅等辅助器具的租赁点，工作人员也会为残障、老年等行动不便群体提供相关服务；北京市、长沙市、贵阳市、成都市在购物商场、休闲公园、图书馆、商业银行等场所设有和提供人工问询服务台、爱心服务、辅助器具租借、手语讲解、导盲犬准入服务等。杭州浙江大学医学院附属第一医院庆春院区设有

"出院病人临时接泊点"、"老年关怀驿站"以及"浙壹汇"公众号等为有需求者提供各类相应服务。南宁广西国际壮医医院配备可租借的轮椅等。

（四）无障碍社会服务理念得到增强

无障碍社会服务观念、理念的广泛树立，是社会文明进步的重要标志。长沙市政府将每年12月的第一周确定为"无障碍环境宣传周"，通过广泛宣传来加深人们对于"无障碍环境"等概念的正确理解，使人们加大对于无障碍城市建设与社会服务的支持。同时，长沙市近期正在开展新一轮无障碍设施的"体验式督导"工作，邀请残障人士、无障碍技术专家对公共服务场所的无障碍设施进行体验并反馈意见，也开通了市民服务热线接收社会各界对城市建设与管理等方面的建议。这些活动极大地推动了长沙市无障碍城市建设与社会服务工作的开展，进一步营造了开放包容的无障碍社会服务氛围。

（五）关键场所无障碍社会服务标准化水平明显提高

调查发现，城市关键场所的无障碍社会服务标准化程度明显提高。一方面，服务设施标准化程度高。公共服务机构和场所无障碍服务设施设计建设基本达到国家标准《建筑与市政工程无障碍通用规范》的要求，例如政府机构、办公大厅等公共服务机构都配备有无障碍咨询低位服务台、信息无障碍交流系统、电子信息显示屏、手写板等无障碍设备；金融服务机构、商业银行出入口都设有无障碍坡道或无障碍升降平台；车站、机场等交通枢纽均配备有无障碍专用窗口、无障碍专用通道，地铁、公交等无障碍指示标识明显，无障碍设施完善；医院、旅游景区等公共服务场所基本配备有无障碍卫生间、无障碍坡道、无障碍电梯等无障碍设施，无障碍标识明显。另一方面，标准化服务人性化程度较高。例如：在政务大厅等设置无障碍志愿服务点，摆设相应的提示牌，留有专人的电话号码等；在地铁公交等设有"爱心预约专线""导盲系统""人工咨询引导"等；在医院设置"出院病人临时接泊点""老年关怀驿站"等。此外，服务人员素质普遍较高，关键场所无障碍服务人员多是经过一定培训的院校志愿服务人员，他们文化素质高、接受能力强、交流沟通易和服务热情高等。

四　无障碍社会服务存在的问题

（一）无障碍服务意识需进一步增强

部分政务服务中心、商业银行等服务场所没有辅助器具租借服务，大多数的市民休闲公园里没有某种设施或服务，或者有但不能正常使用。西部地区的部分综合医院、政务服务中心、养老院、火车站、商业银行没有设置无障碍服务窗口。此外，除了商业银行，公共汽车站、图书馆、政务服务中心、综合医院、养老院、火车站、购物商场、市民休闲公园等场所都没有导盲犬准入服务。这表明部分服务提供者对无障碍社会服务的重要性认识不足，缺乏主动提供无障碍服务的意识，从而导致在一些公共服务场所，有特殊需求的人群往往得不到应有的关注和支持，他们的需求也无法得到满足。

（二）无障碍设施设备需持续完善

一是无障碍专用停车位欠缺。无论是东部地区、中部地区还是西部地区，在购物商场、市民休闲公园、图书馆、商业银行等公共服务场所都存在没有设置无障碍专用停车位的现象。有的服务场所即使设置了无障碍专用停车位也出现了被占用，或者设置在停车场边角处不便于利用等情况。

二是无障碍卫生间设计/使用不合理。部分商场并不是每个楼层都设有无障碍卫生间，有的无障碍卫生间堆放了杂物不能使用。此外，很多地方的无障碍卫生间都存在手动拉门、扶手不足、卫生间空间小的问题，不便于轮椅使用者使用。

三是无障碍指示标识不完善。部分购物商场、市民休闲公园、商业银行里没有设置无障碍指示标识，有的设置了标识但是不明显，不便于来访者使用。

四是交通运输环境整备不完善。部分地区特别是西部地区公共汽车站没有无障碍坡道、没有无障碍渡板、没有轮椅固定装置，也没有预约定制等服务，使得老年人、残障人士的出行受到了极大的限制，交通运输的无障碍问题亟待解决。

五是服务设施衔接不畅现象依然存在。无障碍服务设施在设计、验收、维护、监管等环节不到位现象较为突出。例如，尽管长沙市盲道铺设率较高，但是也存在着地铁出入口的盲道与人行道的盲道未有效衔接、盲道被侵占、盲道指示砖贴错等情况；公共服务场所内的无障碍卫生间也存在未预留轮椅的回转空间、被占用、被破坏、缺乏日常维护等问题；一些无障碍坡道与地面的落差过大、无障碍坡道的坡度过陡等。北京市一些银行、医院药房门前要么不具备缘石坡道，要么坡道的角度和宽度都达不到标准，过陡或过窄。

（三）信息交流障碍比较突出

一是信息交流不顺畅。部分地区的商业银行、综合医院、政务服务中心、公交车站没有语音播报服务，也有部分地区的综合医院、政务服务中心没有设置手写板，还有部分综合医院、养老院、图书馆、商业银行、公交车站没有设置显示屏。而且只有部分城市的图书馆提供手语讲解服务。我国约有8500万的残疾人口，其中视力障碍和听力障碍的人口总数超过3000万人，占残疾人口总数的1/3以上。信息无障碍服务是无障碍社会服务的重要组成部分，但目前部分设施尚未设置信息交流设备，导致特殊需求人群在获取信息时面临一定的困难。此外，一些公共服务机构的信息发布和传递方式也缺乏无障碍化考虑，给特殊需求人群带来了信息交流上的不便。

二是多元化需求难满足。在调查走访中，发现公共服务场所、公共服务机构以及公交系统等在为残障人士提供精准、个性化的无障碍服务方面依然存在短板。一方面，公共服务场所缺少语音标识或人工引导等个性服务。例如，长沙市公交车站、休闲公园、旅游景区等公共服务场所的盲文指示标识、语音提示等过少，视障群体不能及时共享信息。北京市公共汽车车身的站点标志和路线图字体太小且没有盲文和语音提示，视力障碍者难以看清楚，部分老旧的公共汽车也没有无障碍翻转踏板、语音提示等；关键路口没有语音播报或人工引导等。另一方面，因缺乏无障碍路线导航功能，无障碍服务设施未得到有效利用，这给为有需要人士安全出行提供更为精准的无障碍服务带来诸多不便。

（四）无障碍社会服务人才不足

无障碍社会服务人才是无障碍社会服务乃至无障碍环境建设高质量发展的关键因素之一。一方面是专业人才不足，制约了专业服务质量的提高。例如，贵阳市无障碍服务人才不足，致使相关无障碍社会服务的作用未得到有效发挥。另一方面是服务管理人才缺乏，致使服务机构和服务场所综合服务能力和水平难以提升。调查发现，因服务管理人才缺乏、服务管理水平低，许多无障碍设施的使用、维护和升级换代等受到限制，加上缺少其他综合服务措施等，许多无障碍设施难以充分发挥其功效。

（五）区域服务能力与水平差距大

在调查中发现，政府大厅、医疗机构等公共服务机构和公共服务场所无障碍社会服务较好，而基层服务机构、旅游及商业等服务场所无障碍社会服务较为欠缺。例如，杭州城站地铁站，人工售票处设有宣传栏，需要者可从宣传栏中获得无障碍设施指南小册，指南中详尽介绍了杭州地铁1号线与5号线设置的各类无障碍服务标识、无障碍电梯位置等，地铁车厢设有无障碍优先座席，地铁运行过程中语音提示音量适中，车厢显示屏提供字幕报站和地铁运行线路图，站点电梯口处有"地铁助理"志愿者提供咨询引导等人工服务。而杭州嘉里中心商场内仅有一副轮椅以供租借。在五柳巷历史街区旅游景区内无障碍指引标识较少，缺少人工引导服务和志愿服务，景区内盲道数量较少，对于无障碍出行者而言较为不友好。南宁市秀灵南社区服务大厅基本没有无障碍服务设施，大型商场万象城也没有无障碍电梯。

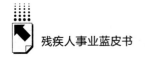

（六）无障碍监督检查与管理机制不健全

公共服务的很多场所虽然有无障碍卫生间、无障碍指示标识、盲文标识、辅助器具租借等，但现在都处于不能正常使用的状态。无障碍设施的完善也需要有完善的无障碍环境管理体制，设施的管理、维护也是极其重要的。尽管我国已经制定了一些与无障碍社会服务相关的法律法规，但还需要进一步完善监督检查机制，对于无障碍社会服务的监管和处罚力度也有待加大。

五 日本的无障碍社会服务借鉴

日本于1970年颁布《精神及肢体残疾人措施基本法》，首次将改善交通和完善公共设施写入法律。1973年日本地方政府制定了《福祉城市建设方针》并开始建设残疾人福利示范城市。1994年颁布了《爱心建筑法》，2000年颁布了《交通无障碍法》，2006年又将《爱心建筑法》与《交通无障碍法》合并修订为《关于促进高龄者、残疾人等的移动无障碍化的法律》（下文称《无障碍新法》）。《无障碍新法》是一部国家级法规，主要侧重于无障碍设施建设及促进出行方面的内容，对地方立法具有一定的指导作用，在2018年和2020年先后进行了两次修订。除此之外，日本还有《关于推进残疾人信息的取得和利用以及与意愿沟通相关的措施的法律方案》等。

（一）日本无障碍社会服务的宣传与普及

日本把对公民的教育和宣传等列为国家责任，希望通过这些活动深化公民对无障碍出行等的理解。通过开展各种宣传活动，一方面可以增进公民对促进便利出行等的理解，另一方面也促进民众在实施便利出行等方面予以配合。

此外，日本的地方政府制定了《教育启蒙特定事业计划》，实施开展相关的教育启蒙事业。例如，与学校合作开展教育活动，从而加深小学生或中学生等对促进无障碍出行的理解。相关部门还编写了小学生等用的各种宣传小册子和指导手册来开展活动。在宣传活动中，学生既可以听老师讲述无障碍的相关知识，又可以体验各种障碍人士出行时所遇到的困难，学生也可以一起外出进行社会实践，最后总结发表自己的体会。日本之所以重视对儿童开展无障碍教育，是因为儿童通常被认为处于学习环境中，非常敏感、灵活并且接受能力强。此外，当孩子长大成人后，他们会将无障碍教育传递给自己的子女，从而达到自然传播的效果。2023年我国开始实施《无障碍环境建设法》，下一步也必须进行广泛宣传，以此来深化公众对无障碍立法的认识和理解。与教育机构合作开展无障碍教育启蒙事业，应该是最积极有效的传播方式。

（二）日本的无障碍环境整备

一是无障碍专用停车位。日本的无障碍专用停车位一般设置在靠近主要设施的地方，在停车区域的表面涂装颜色，并设有无障碍标识，有的无障碍专用停车位则可以通过遥控来升降闸门。

二是无障碍卫生间。很多无障碍卫生间内都设置了两处紧急呼叫按钮，这样坐在马桶上可以使用，即使倒在地上也可以使用。此外，为了方便游客夜间使用卫生间，卫生间内外都有足够的照明。

男士小便器的旁边设有挂拐杖等用的挂钩，前面是放东西的行李台，靠近入口的小便池安装了扶手。此外，无障碍卫生间设置了婴儿椅、换衣台，换衣台上也设置了供幼儿支撑身体的扶手。

三是无障碍指示标识。商场在扶梯入口处设置了无障碍指示标识和扶手，以防止顾客绊倒。在主商场通往洗手间的通道墙面上，设置了视觉障碍者专用的指尖触摸式"导盲线"。

商场内各处设有显而易见的指引标志和店内指南，以闪烁灯的形式告知顾客当前所在位置。为了方便每一位顾客选择适合自己的洗手间，商场内设置了多样洗手间，并做了显而易见的标识。

在综合医院内不便于设置盲道的地方使用导盲贴，也可以在导盲贴上设

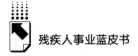

无障碍指示标识。使用导盲贴既不妨碍轮椅、婴儿车的使用，又可以为视力障碍者提供指引服务。

四是交通运输无障碍服务。电车内设有轮椅专用区域，并且车内附带轮椅固定设备，以保证轮椅使用者能够安全乘车。

日本的电车有无障碍预约乘车服务，车站工作人员会提供乘车搭板协助轮椅使用者乘车。地铁和公交车的工作人员也会主动为轮椅使用者提供上下车服务，如推轮椅或引导等。车站之间也都有联络机制，当轮椅使用者下车时，车站的工作人员会负责接送，并将其安全送出站。这种无缝衔接的交通服务确保了轮椅使用者出行的便利和安全。

在无障碍设施建设方面，日本通过几十年的发展已经基本形成系统，从国家到地方都制定了相应的规章制度。2023 年 9 月 1 日起，中国开始正式实施《无障碍环境建设法》，其中包含了无障碍设施建设方面的内容。为了进一步加强我国的无障碍设施建设，可以多借鉴日本的具体做法。例如，日本在设计无障碍设施时，规定必须由老年人、残疾人等当事人直接参与设计与评估工作。除此之外，日本还制定了《老年人、残疾人等无障碍出行的建筑设计标准》、公共交通移动等无障碍标准、路外停车场移动等无障碍标准、建筑物移动等无障碍引导标准、城市公园移动等无障碍标准、道路移动等无障碍标准等条例。日本无障碍环境建设标准化使得日本的无障碍设施建设有着人性化、精细化、国际化等特点，非常值得中国学习及借鉴。

（三）无障碍信息交流服务

日本的图书馆设有机械读书设备，为视力障碍者读书带来便利。银行的ATM 机有语音提醒功能，便于视力障碍者使用。

日本银行可以为听力障碍者提供放大声音的助听器设备，其能放大银行工作人员的声音，便于交流。还可以为听力障碍者提供震动呼出机，让听力障碍者能够更好地享受服务。

日本银行等场所提供手写板，便于听力障碍者手写交流。银行工作人员也会使用声音清晰助话器，便于听力障碍者能更清晰地交流。

日本内阁府 2022 年公布了《关于推进残疾人信息的取得和利用以及与意愿沟通相关的措施的法律方案》。此法律明确规定了国家、地方、经营者及国民的责任，提出从国家到地方及所有相关人员一定要协力互相配合，要倾听及尊重残疾人及其家属的意见，增进国民对该法律的关心和理解，等等。该法列举了日本国家及地方政府推进残疾人信息的取得和利用、意愿沟通相关的基本措施，也确定了以下 4 个基本理念：①可根据残疾的种类、程度选择相应的手段；②无论在日常生活还是在社会生活区域，都可以同等地获取信息；③能够在同一时刻获取与非残疾人同样的信息；④可以利用高科技信息通信网络或活用信息通信技术进行交流。借鉴日本的先进理念，从国家到地方制定推进残疾人信息获得、意愿沟通的相关条例和具体措施，并积极开发高科技信息通信设备，进一步提高无障碍信息交流的服务质量。

（四）日本的无障碍法律法规

日本无障碍建设立法遵循"通用化"的基本理念，即无论是残疾人、老年人、孕妇还是携带儿童等出行不便的人都可以顺畅出行，并且所有人都可以享受同一标准的服务，从而消除社会中存在的各种障碍。

日本于 2006 年制定《无障碍新法》，这是一部综合性立法，内容以方便出行为主。根据这个基本法日本制定了法律的施行令，国土交通省制定了省令，地方政府则出台了条例。在《无障碍新法》中，为了综合且有计划地推进无障碍化，日本总务大臣负责制定关于促进无障碍化的"基本方针"，国家、地方公共团体、设施管理者等联合推进了无障碍化。各市町村（地方政府）有努力制定推进地区无障碍的"主计划"（移动等圆滑化促进方针）和"基本构想"（事业计划）的义务。另外，残疾人和相关人员有权提出主计划和基本构想的内容，并参加讨论。由此可见，日本的无障碍立法已经形成了一个纵向的体系，非常健全，而且条文详细、实用性很强，便于使用及操作。并且通过这些法律法规的设计，有效推动日本无障碍出行从纸面落到地面。这些做法非常值得我们参考借鉴。

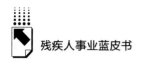

六 推进无障碍社会服务的建议

此次的无障碍社会服务状况调查结果表明，我国的无障碍社会服务虽然得到了快速发展，但依然存在无障碍服务意识不足、无障碍设施不完善、信息交流障碍比较突出、服务人才短缺、无障碍社会服务标准体系与监督管理机制不健全等问题。因此，为了推进我国无障碍社会服务发展，提出如下几点建议。

（一）加强无障碍社会服务宣传教育

社会宣传教育是深化、提高公众对无障碍社会服务认识和参与度的重要途径。建议加大宣传力度，通过各种渠道和形式普及无障碍社会服务的理念和知识。同时，鼓励社会各界积极参与和支持无障碍社会服务事业，共同营造包容、平等、友好的社会环境。

（二）完善无障碍服务设施

首先，应该广泛吸纳服务对象意见，尽快建立公众参与机制。在设计无障碍设施时，让老年人、残疾人等当事人直接参与设计与评估工作，以提升无障碍环境建设的实用性与合理性。

其次，在推进实施方面，日本国家级法规对分工、监督、审查三位一体的流程作出明确规定，要求在无障碍设施与人性化设计的建设过程中做到"各司其职，各尽其责"。在处罚方面，日本的无障碍法也作了明确的规定。另外，日本除了《无障碍新法》外，各个都道府县都根据自身的实际情况制定了更加细致具体的地方条例与地方和民间的无障碍标准和相关政策，构建了较为系统的法治保障体系。中国由于各个地方的地域环境、经济条件、生活习惯等差异很大，需要加快无障碍地方立法建设。由于现阶段的无障碍相关法律法规还过于笼统，缺乏具体执行细则，可以先通过地方立法有效补齐现存短板，强化落实长效管理，不断加强无障碍环境建设。

（三）完善无障碍社会服务标准体系

《无障碍环境建设法》涉及的无障碍社会服务较为全面，概括起来其内容主要有无障碍设备服务、辅助器具服务、信息及交流无障碍服务、合理便利服务、咨询引导服务以及法律援助服务等方面。《无障碍环境建设法》对这些服务作出了相应的要求，但是，这些仅仅是"有与无"的要求，而不是无障碍社会服务的标准制定，要推动无障碍社会服务高质量发展还需要对无障碍社会服务内容标准化进行规范统一。例如，在无障碍设备服务内容上，《无障碍环境建设法》第四十条只规定了在公共行政服务机构、社区服务机构以及供水、供电、供气、供热等公共服务机构"应当设置低位服务台或者无障碍服务窗口，配备电子信息显示屏、手写板、语音提示等设备"等，而具体是怎样的低位平台或窗口、显示屏是多大等未明确规定。在辅助器具服务上，第三十九条只要求公共服务场所应当配备必要的无障碍设备和辅助器具，而具体应配备哪些辅助器具未作出明确规定。同样，在无障碍社会服务其他方面也都只是对服务有无作出要求，而对服务的标准和程度未明确规定，这些要求在实际工作中很难准确把握。因此，急需出台具体标准，让《无障碍环境建设法》落地生根，推动我国无障碍社会服务走上新台阶、接轨国际高标准。

（四）畅通信息沟通渠道、加强服务制度建设、建立多部门协作机制

一是畅通信息沟通渠道。信息沟通是无障碍社会服务的重要组成部分。建立无障碍信息服务平台、提供手语翻译服务等，以确保特殊需求人群能够顺畅地获取和传递信息。同时，加强信息沟通的普及和宣传，提高特殊需求人群的信息沟通能力。

二是加强服务制度建设。为确保无障碍社会服务的全面推进和有效实施，必须强化法规制度建设，国家层面应制定更加详细、全面的无障碍社会服务制度，明确各级政府和各相关部门的责任与义务，同时，建立严格的执法和监督机制，确保各项规定得到有效执行。

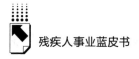

三是建立多部门协作机制。无障碍社会服务的推进需要多个部门和领域的协同合作。建立跨部门之间的沟通协作与信息共享和联合行动机制，以确保各项无障碍社会服务措施的有效实施和衔接。

（五）加强服务人才培养，提升专业服务及管理能力

无障碍社会服务应坚持职业与志愿的结合，增加服务供给的同时促进服务水平的提高。

首先，发展专业服务队伍。无论是服务模式、服务内容、服务过程，还是服务评估，都需要以无障碍服务的专业知识为基础。同时，完善无障碍社会服务专业人才培养机制，以无障碍需求为导向，以应用先进无障碍技术为手段，鼓励高等学校、中等职业学校等开设无障碍社会服务相关专业和课程特别是无障碍社会服务管理专业，这对无障碍社会服务高质量发展至关重要；鼓励业务相通的部门、单位、企业等通过预约服务借调无障碍社会服务专业人才，尤其是手语翻译和盲文翻译者等。

其次，以志愿服务队伍为补充，提高服务能力，打造多元化、专业化的志愿团队；加强志愿服务队伍无障碍社会服务知识与技能培训，使其充分尊重无障碍需求者和把握专业服务技能；建立完善志愿服务信息管理工作机制，设立无障碍志愿服务认证和激励制度，对志愿者的服务时间和服务质量进行记录与评价。

最后，引入社会工作专业人才，依托其优势培育无障碍需求者的权利意识与参与公共事务的能力，促进国家机关和承担公共事务职能的社会团体、企业事业单位以及其他社会组织树立服务理念、改进服务方法、提升服务能力。

B.10
社会公众无障碍认知调查报告（2024）

任祥霞*

摘　要：　本报告基于涵盖广泛背景的调查样本，深入分析了无障碍环境的认知与需求状况。调查结果显示，针对特定需求群体的设施仍显不足，特别是在智能设备、家电易用性及厨卫设计方面；在社区环境中，电梯缺乏、娱乐设施不足及公共区域无障碍设施缺失成为主要问题；工作场所则面临交通设施无障碍设计不足与人际沟通障碍；在需求方面，家庭对无障碍改造的需求各异，显示了对无障碍设施认识的不足；公众对无障碍设施的认知、法治意识亦存在差距，强调了教育与法制宣传的必要性。基于调查数据，报告提出无障碍环境改造优化、推动交通系统全面无障碍化建设、提升信息无障碍水平、普及无障碍知识进而提高公众无障碍认知的系列建议。

关键词：　无障碍环境　无障碍认知　无障碍需求　社区无障碍　交通无障碍

一　引言

（一）无障碍建设的重要性和必要性

　　无障碍是指残疾人和其他行动不便的人能够与其他人平等地使用和体验环境、产品和服务。它涉及消除物理、沟通和态度障碍，以确保每个人都能充分融入社会。无障碍不仅仅是为残疾人创造特殊设施或服务，它关乎设计

---

* 任祥霞，中国科学技术大学安全科学与工程博士，康复大学（筹）讲师，主要研究方向为老年人、残疾人等特殊人群的公共应急安全管理与通行无障碍。

和创建每个人都可以平等使用的包容性环境。无障碍的好处包括：提高残疾人的独立性和参与度，创造一个对所有人更具包容性的环境，促进经济增长和创新，减少对专门服务的依赖。无障碍环境的建设与完善离不开对社会公众无障碍认知的深入了解。通过实施无障碍原则，我们可以创造一个对所有人更具包容性和无障碍性的社会。

通过创建无障碍环境，我们可以确保残疾人和其他行动不便的人能够充分参与社会生活，并享有与其他人同等的权利和机会。无障碍环境建设起源于 20 世纪，联合国曾召开"障碍者生活环境"专家会议。我国无障碍立法从物理形态的建设环境着手，扩展到为残疾人和老年人等提供生活便利。2023 年 6 月 28 日颁布的《中华人民共和国无障碍环境建设法》，是我国第一部关于无障碍环境建设的专门法律，在我国法治建设和社会治理中具有里程碑意义，也体现出国家层面对保障特殊人群权益的决心和行动。立法为人民群众创立了新型权能，全面满足了特殊群体的普遍需要和普通群体的一般需要。其第二条所定义的"无障碍环境建设"，是指为便于残疾人等社会成员自主安全地通行道路、出入相关建筑物、搭乘公共交通工具、交流信息、获得社区服务所进行的建设活动。第四条规定"无障碍环境建设应当与适老化改造相结合，遵循安全便利、实用易行、广泛受益的原则"。

无障碍环境是一个既可通行无阻而又易于接近的理想环境，是指一种经过特别设计和建设的环境，旨在消除物理、交流和社会等方面的障碍，使得所有人群，特别是那些具有不同身体能力和需求的人（如残疾人、老年人以及临时性行动不便的人群）能够自主、安全、便捷、舒适地通行、使用设备和参与到日常生活中去。它主要包括以下几个方面。

其一，物质环境无障碍。涵盖城市道路、公共建筑物、公共交通设施、居住区等的规划、设计和建设，要求它们配备相应的无障碍设施，比如，平坦易行的道路和人行道，建筑物入口设有轮椅坡道、无障碍电梯、宽门和旋转门，公共卫生间设有适合残疾人使用的卫生设施，商业场所、公共服务机构内有低位服务台、触觉指示标识等。

其二，信息和交流无障碍。确保视力、听力和语言障碍人士能够无障碍地获取信息、参与文化娱乐活动和交流互动，具体措施包括：影视节目和网络媒体提供字幕、音频描述、手语翻译，公共场所和电子设备支持语音导航、盲文信息和屏幕阅读技术，政府服务和公共信息采用通用设计原则，易于理解和访问。

其三，社区服务无障碍。保证社区的各种服务设施和活动能方便残疾人使用、参与，如无障碍投票站、特殊通信服务（如短信报警）、家庭改造援助计划等。

通过创建无障碍环境，旨在提升包容性和公平性，保障每个人都能享有充分的社会权利和提升生活质量。无障碍环境的重要性在于促进社会包容和可持续发展。一个无障碍的环境不仅能够方便残障人士的生活和工作，也能够提升整个社会的生活质量和幸福感。而无障碍环境的建设与完善离不开社会公众对无障碍的认知。因此，我们开展了社会公众对无障碍认知的调查研究。

（二）调查目的和意义

无障碍认知调查旨在评估社会公众对残疾和无障碍环境的理解和态度。通过了解公众的认知，我们可以识别需要提高认识的领域，并制定有针对性的干预措施，以促进残疾人的包容和参与。

一是此次调查研究的主要目的。首先，调查公众对无障碍设计、技术和服务的了解和需求，确定公众对无障碍环境的认识和期望。其次，确定公众在理解残疾和无障碍方面存在的知识和态度差距，识别需要提高认识的领域。最后，提供数据以支持无障碍政策的制定和倡导工作，促进残疾人获得平等机会。

二是此次调查研究的内容。首先，日常生活中的障碍情景研究，包括居家生活、社区生活、外出工作等不同的情境下是否存在障碍情况展开研究。其次，无障碍需求研究，围绕家中是否需要无障碍改造、所居楼栋与社区内的无障碍电梯与通行设施情况，以及外出购物过程中是否需要辅助轮椅与坡道改善等问题开展调研。最后，公众无障碍认知研究，围绕对无障碍标识、

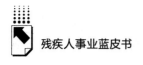

设施的认识，对无障碍使用对象的认识两大方面开展调查研究。

三是此次调查研究的意义。本次调查的核心意义在于识别并填补多元人群在日常活动中的功能障碍缺口，提升社会整体福祉。此项调研有助于深入剖析不同场景下特殊群体（如残障人士、老年人等）所面临的实际挑战，明确他们的无障碍需求，为改进住房设计、社区设施布局以及工作场所环境提供针对性建议。此外，调研也有助于普及无障碍理念，增进公众对无障碍设施必要性的认知，促使社会形成普遍关心无障碍环境建设的良好氛围。通过摸清现状与需求差距，可有效引导政策制定与资源分配，以满足日益增长的无障碍需求，推动社会公正与包容性发展，建设"人人皆可共享"的城市和社会环境。简而言之，此类调研是实现无障碍环境建设目标的基础工作，对于促进全社会无障碍环境的实质性改善和人文关怀的深度落实具有不可忽视的作用。

二　调查对象基本情况分析

（一）调查对象基本情况分析

此次大规模的社会调查项目，通过严谨细致的工作流程，成功收集到了共计456份有效调查问卷，样本覆盖广泛，性别比例较均衡。统计结果显示，女性受访者占据了总人数的相对多数，即58%，而男性受访者的比例则为42%，这为我们提供了有关性别视角下各项议题的第一手数据资料。

在年龄段的划分上，本次调研尤为注重涵盖各个年龄层次的群体，以便更准确地反映出不同年龄段民众的诉求与特征。数据显示，调查对象的主要年龄集中于（10，40]这一广大年龄段内，其中年龄在（20，30]区间的青年群体占总体的38.2%，这部分人正是社会活力和创新能力的核心源泉；年龄在（10，20]区间的群体占比达到21.8%，他们代表了未来的发展潜力和社会新生力量；而年龄在（40，60]区间的中年人群，其占比也达到了13.9%，这一年龄段的受访者多处于职业生涯的成熟阶段，其观点和经验极具参考价值；另外值得注意的是，虽然 60 岁以上的老年受访者占比相对较小，但也占据了 5.5%，他们的反馈对于理解老龄社会的需求和问题具有重要意义。（见图 1）

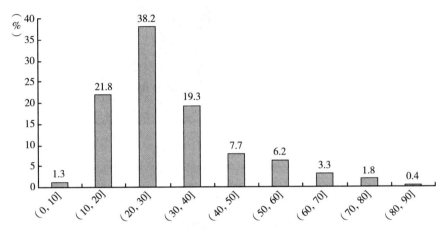

图 1　调查对象年龄分布

在教育背景方面，此次调查结果显示，参与调查的对象几乎全员具备一定的教育经历，高达 99% 的比例凸显了当今社会普遍较高的教育水平（见图 2）。进一步细分，在接受教育的人群中，拥有大学本科及以上学历的受访者占比 50%，专科生占 22%，高中毕业生占 15%，完成九年义务教育的占 12%，这也反映了我国教育体系多元化的格局及其对社会各阶层人才的培养。

就职业身份而言，调查对象的职业构成呈现出多元化的特点（见图 3）。在受访者中，有 25% 正处于在校学习阶段，农民或进城务工人员仅占 3%，7% 的退休人员反映了一部分长者的生活状况与需求，从事个体经营的占 9%，而在政府机关事业单位工作的群体同样占有 9% 的比例，他们的意见对于公共政策和行政管理有着直接影响；自由职业者的占比达到 13%，公司职员构成了最大的职业群体，占比高达 22%，他们的工作状况、生活方式及心理状态无疑对整个社会经济环境有着重要的影响。

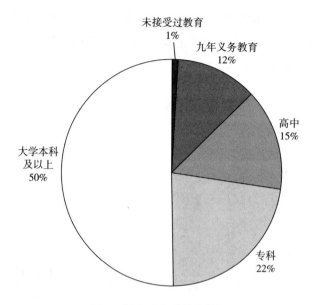

图2　调查对象受教育情况

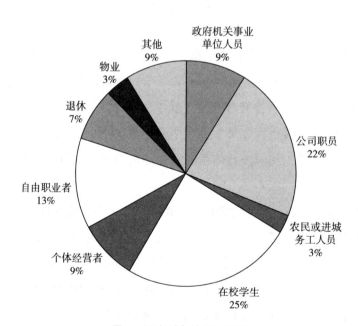

图3　调查对象的职业分布

综合以上数据分析，本次调查的样本代表性强，覆盖面广，既囊括了社会的多个年龄层次、教育背景和职业领域，又深入挖掘了各类人群的具体特点和需求，为今后相关政策的制定、服务的改进以及社会科学研究提供了翔实的数据支持和深刻的洞见。

（二）调查对象地区居住情况分析

本次调查项目在全国范围内精心选取了多个省份作为抽样区域，以期获得更具代表性和多样性的样本分布。据统计，456份问卷中参与分布地区调查的有效对象共有427人，地域分布上体现出鲜明的地域特色和地理差异（见图4）。其中，较多的参与者来自广东、河南、湖南、四川、广西，分别有98人、93人、92人、60人、53人，来自江西的有8人，来自江苏、河北的各有4人，来自陕西、甘肃的各有3人，来自安徽、湖北的各有2人，来自贵州、山东、山西、浙江、福建的各1人。

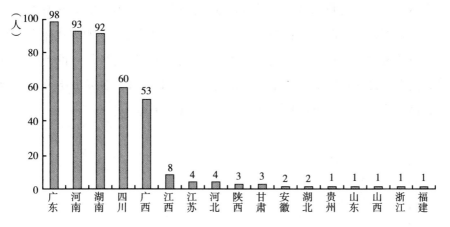

图4 调查对象的地区分布

在地形地貌方面，调查对象居住地的地理特征各异（见图5），其中，居住在平原地区的占55%，居住在丘陵地区的占17%，居住在盆地的占12%，居住在山地的占8%，另有3%的调查者居住在高原地区。

在居住环境方面，调查数据显示，大多数受访者居住在楼房建筑中，比

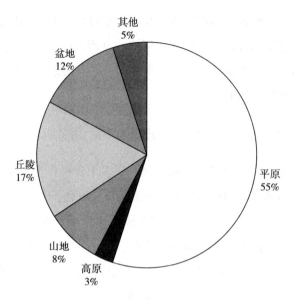

图5　调查对象居住地主要地形

率高达86%，这与我国城镇化进程加快，高楼住宅密集的城市发展趋势相吻合。其中，68%的楼房住户所在楼栋配备了电梯设施，表明现代住宅对便利出行的考虑已日趋成熟和完善。然而，仍有32%的楼房住户没有电梯服务，问卷收集到其中104位无电梯楼房住户的楼层情况多以七层及以下为主，高层住宅无电梯配置的情形相对较少（见图6）。

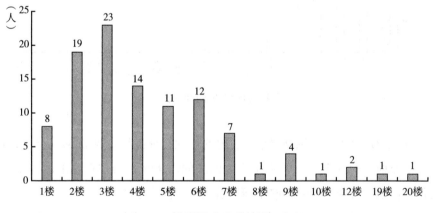

图6　无电梯楼房住户的楼层分布

本调查通过细化地域、地貌及居住条件等方面的数据，为后续政策制定与社区规划提供了翔实可靠的依据。尤其在无障碍环境建设和老旧社区改造等领域，针对不同地区、不同楼层类型的住宅电梯配置现状，将为决策者们在提升居民生活质量、兼顾城乡差异时提供重要的数据支撑。

（三）调查对象家庭成员使用无障碍设施情况分析

在深入分析调查对象的生活状况时，我们发现家庭结构中的特殊照顾需求尤为突出。在所收集的456份问卷中，共有443份问卷反馈了其家庭成员需要使用无障碍设施的情况，有60个调查对象反映其家里至少有一位高龄老人，他们通常需要更多的关怀和照顾，以及适老化的居住环境以保障生活质量。同时，还有13个调查对象表示家庭中有行动不便的成员，这一群体在日常生活中面临着诸多挑战，诸如上下楼梯、进出公共场所等基本活动都可能成为难题（见图7）。

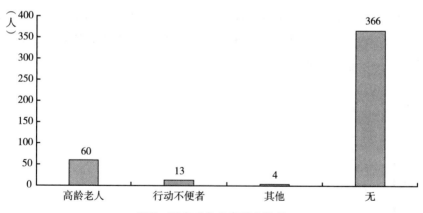

图7　调查对象家庭基本情况

而在无障碍设施的实际使用者中，各类残疾人士的需求和情况呈现出多元化的态势。451人反馈了无障碍设施使用者的残疾类型，其中，有视力残疾的使用者3人，肢体残疾的使用者8人，言语残疾的使用者1人，智力残疾的使用者1人，精神残疾的使用者2人，多重残疾的使用者则有2人，另外有13人因资料不全未能明确归类其残疾类型。

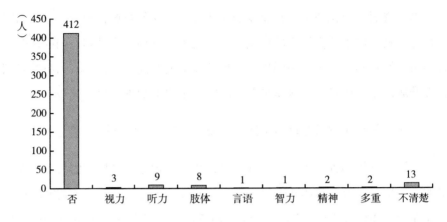

图8　无障碍设施使用者残疾类型

　　从残疾等级划分的角度来看，450 人反馈了无障碍使用者的残疾等级，其中，有 1 人被鉴定为一级残疾，其功能丧失严重且生活自理能力极低；二级和三级残疾者都为 3 人，他们虽然具备一定自理能力但仍高度依赖他人帮助；四级残疾者为 7 人，相对而言他们可部分自理但依然需要外部支持；此外，尚有 26 人的残疾等级信息未得到清晰界定，这为评估其需求并提供精准服务带来了额外困难（见图9）。

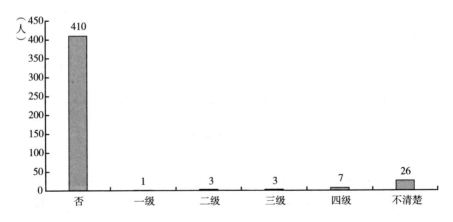

图9　无障碍设施使用者残疾等级

对于其中453人反馈的无障碍设施使用者的失能程度细分，据图10可知，轻度失能的有5人，他们虽有一定的生活自理能力，但在某些特定情境下仍需适当协助；中度失能者共计8人，其日常生活受限较明显，需要更多持续性照护；重度失能的2人则几乎完全丧失自理能力，依赖他人全天候看护；剩余19人的失能程度信息暂不明确，这也是未来进一步完善调查的重要方向。

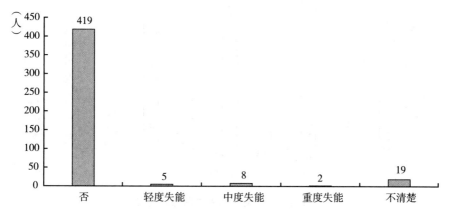

图10　无障碍设施使用者失能程度

三　生活中的障碍情境分析

（一）居家生活中遇到的障碍分析

调查研究所得数据详细描绘了调查对象在居家生活无障碍方面的现状和痛点。结果显示，在总计的调查样本中，大部分受访者，即278人表示在居家生活中基本不存在显著的障碍，他们在日常起居、生活自理和家庭设施使用等方面都能够相对顺利地进行。

然而，对于存在无障碍需求的另一部分人来说，他们的居家生活体验却存在不少实际困扰（见图11）。调查显示，在面对现代科技产品应用时，有显著障碍的用户不在少数。例如，在使用智能手机和互联网进行信息获取、沟通交流的过程中，分别有106人和82人表示遇到了不同程度的困难，涉及视力障碍、操作不便或者认知障碍等问题，凸显出智能设备和互联网应用在无障碍设计方面的巨大改进空间。

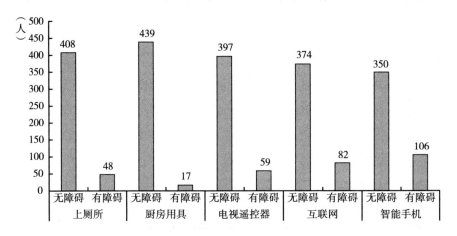

图11　调查对象居家生活障碍情况

此外，对于传统家用电器的操作，尤其是电视遥控器的使用，也成为一项不容忽视的挑战，多达59人表示存在使用障碍，这说明在家电产品设计中，有必要进一步强化简易操作和易于辨识的功能设计，以适应更多元化的用户需求。

在关乎基本生理需求和隐私保护的卫浴设施使用方面，调查指出有48人反映在自行如厕过程中遇到了障碍，这提示我们需要在家居设计中着重考量无障碍卫生间设施的配备与改造，确保每位家庭成员能在私密、安全的环境中进行个人护理。

至于厨房用具的使用，17名受访者表示存在使用上的困扰，这可能涉及灶具、餐具乃至储物柜等高度、布局或操作方式等方面，对于这部分人来说，提高厨房空间的可达性和器具使用的简便性显得尤为重要。

值得一提的是，还有一位受访者特别提到了住宅内部楼梯设置过多对其生活带来的不便，这揭示了建筑设计层面在考虑无障碍环境时，应尽量减少室内台阶数量，或者增设适宜的升降设施，以适应不同身体条件的居住者。

总体来说，本次调查揭示了居家无障碍环境建设在科技设备、家电设施、卫浴设施、厨房用具以及住宅内部布局等多个层面存在的不足，为今后相关领域的改进和发展指明了方向，以期营造更加人性化的无障碍居家生活环境，让每一位居民都能在自己的家中享受到便捷、舒适的日常生活。

（二）社区生活中遇到的障碍分析

在本次社区生活无障碍情况的调查中，我们深入了解了社区居民日常生活中的无障碍设施需求与实际体验。据记录，有 309 位居民表示目前社区生活基本实现了无障碍化，他们能够在现有条件下较为自如地进行日常生活活动。

然而，在进一步探究无障碍设施是否满足所有居民需求的问题时，我们发现，电梯设施的匮乏成为社区内一项突出的障碍因素。数据显示，有 72 位居民反映由于社区内没有电梯或电梯设施不足，上下楼的行动受到了严重影响，这对于行动不便的老年人、身体障碍者以及带婴幼儿的家庭成员来说尤为不便，极大地影响了他们的出行和生活质量。

此外，社区居民在精神文化和社交生活方面也表现出了明显的无障碍需求。有 40 位调查对象反映，社区内缺乏专门的无障碍娱乐设施和活动场地，或是已有设施并未充分考虑特殊群体的需求，导致他们在参与娱乐活动时遇到很大阻碍，同时也存在无障碍设施不足而导致的交友困难，他们渴望有更多的机会融入社区，与其他居民建立友谊，共享社区生活的乐趣。

在细节观察上，无障碍设施的不足体现在生活的细微之处。有 26 位调查对象提到，社区内的步道或公共区域缺少扶手设施，这对他们在步行时的安全与稳定性产生了实质性的负面影响，尤其是在湿滑地面或坡道行走时，这种情况尤为明显。同样，也有 26 位调查对象表示，由于社区内外部环境的不便利，例如距离超市、市场等购物场所远，无合适的代步工具或无障碍通道，使得他们无法独自外出购物，这影响了他们的生活，降低了他们的生活满意度（见图12）。

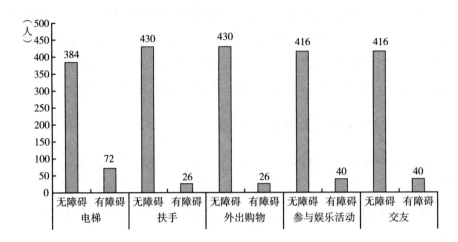

图12　调查对象社区生活障碍情况

综上所述，尽管社区内有相当一部分居民在无障碍设施方面获得了较好的体验，但仍有一部分居民在使用电梯设施、参与娱乐活动、交友等方面面临着实实在在的挑战。因此，为了更好地提升社区生活的无障碍化水平，未来社区规划与改造必须关注到这些具体问题，有针对性地进行设施增建与改良，从而确保每一位居民都能在安全、便利的环境中充分享受到高质量的社区生活。

（三）外出工作时遇到的障碍分析

在本次关于外出工作无障碍环境的调查中，我们发现有大部分参与者确认自身在外出工作过程中的行动并无显著障碍，他们能够较为顺利地完成从居住地到工作场所的通勤以及工作期间的相关活动。

然而，尽管大部分受访者表示外出工作无障碍，仍有部分特殊人士在日常出行中遭遇了多种实际困难。据图13可知，有84人反映城市交通信号设施在满足无障碍需求方面存在欠缺，具体表现为红绿灯系统缺乏必要的语音提示功能，这给视障人士带来不便，他们无法像普通人那样直观感知交通信号的变化，这不仅阻碍了他们的独立出行，也在一定程度上影响了他们的就业选择和工作效率。

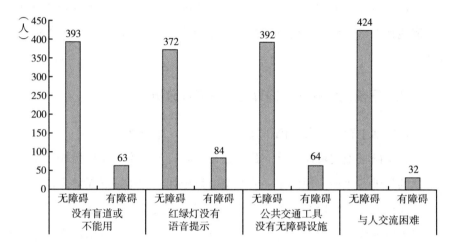

图13 调查对象外出工作障碍情况

与此同时，公共交通工具的无障碍设施不足也引起了广泛关注。64名受访者明确指出，公交车等公共交通工具缺乏如轮椅坡道、低地板入口等便利设施，这使得他们无法便捷、安全地搭乘公共交通工具，进而对他们的日常工作造成了较大的障碍。

另外，63位受访者表达了对于城市盲道建设和维护的不满，他们认为现有的盲道设施不足，且现存盲道经常被车辆或其他障碍物占用，使得盲道失去应有的功能，直接妨碍了视障人士的独立出行，间接地限制了他们的自由移动。

此外，还有32位受访者在人际沟通方面遇到了障碍，可能是因为听力障碍、语言障碍或是社交焦虑等，他们在工作场合与同事、客户交流时倍感困扰，这无疑影响了他们的工作效率和团队协作，也在某种程度上制约了他们的职业发展。

综上所述，虽然大部分受访者在外出工作时无障碍，但仍然有一部分特殊人士在交通设施的无障碍化、公共交通工具的无障碍服务、城市盲道的有效利用以及人际交流等方面感受到了显著的不便。因此，建立健全完善的无障碍设施体系，加强无障碍环境的维护与监管，以及提倡和推广包容性沟通，是社会各方努力的方向，只有这样才能确保每一个人，不论身体条件如何，都能在外出工作时享受到平等、便利的机会，实现更好的社会融合与发展。

（四）日常生活中遇到的其他障碍情况分析

日常生活中存在的其他障碍情况分为以下几个方面。

一是基础设施类障碍。其一是交通设施障碍。残疾人车位稀缺，导致行动不便的驾驶者无法方便停车；公共交通设施如公交车缺乏无障碍设施，如缺乏低地板入口、轮椅坡道和扶手等，且部分公交车司机缺乏服务意识；地铁站缺少电梯或升降平台，对于携带重物或行动不便人士进出地铁站造成困难；道路施工频繁，路面有沟壑或坑洼，不仅给残疾人带来不便，也影响其他市民出行安全；盲道被占用（包括但不限于私家车停车、临时障碍物摆放等）；天桥、过街设施对轮椅使用者不够友好；非机动车道与机动车道界线不清，尤其在长沙等地，非机动车道与机动车道界线模糊，增加了行走风险。其二是社区环境与住房设施障碍。小区内无障碍设施欠缺，如缺少坡道、电梯或适合特殊人群使用的公共空间；家庭内部设施不适合老年人或残疾人使用。其三是公共服务设施障碍。商场、公园、公共建筑等场所无障碍设施不足，如无障碍坡道数量少，且日常维护保养不到位；垃圾桶布局不合理，导致丢垃圾不便；为特殊人群服务的专用场所被挪作他用或未能合理保留。

二是社会心理与制度障碍。一方面是心理层面障碍。在职场中，部分员工存在与上级沟通的心理压力和恐惧感，影响工作效率和心理健康。另一方面是社会歧视与就业障碍。残疾人面临就业歧视，就业机会受限，收入水平相对较低；社会整体对残疾人的关注和支持力度不够，市政规划在满足残疾人需求方面考虑不足。此外是交流障碍。听力障碍和言语障碍者（如聋哑人士）在社会交往方面存在较大困难。

三是经济与政策障碍。一方面是经济压力。高昂的生活成本，如交通费用高，导致低收入群体生活质量受影响；资金紧张的家庭可能无力进行必要的无障碍改造。另一方面是医疗保障与服务。医保体系存在覆盖不全或报销比例不高的问题，增加特殊群体的生活负担。

综上所述，日常生活中的障碍涵盖了硬件设施缺失与不完善、社会观念与服务体系滞后、经济压力和政策保障不健全等多个方面，需要政府、社会团体和全体公民共同努力，推动无障碍环境建设与改善，提升特殊群体和所有市民的生活品质。

四　无障碍需求情况分析

关于家庭无障碍改造的需求，调查结果显示存在显著的差异化意见。在对无障碍改造需求的反馈意见中，有 44 位受访者明确表达了自家住宅需要进行无障碍改造，这涉及家庭内部的空间布局调整、增设扶手、浴室改造等便于残障人士、老年人以及行动不便者生活的设施。相反，有 348 位受访者表示目前自家无需进行无障碍改造，可能因为他们家中成员没有相应需求，或者已有的居住条件能够满足基本生活所需。另外，还有 58 位受访者对此表示不清楚，这可能源于他们对无障碍设施概念的认识不足，或者是尚未充分考虑家庭未来可能出现的无障碍需求。

在关于居住楼栋是否需要加装电梯的问题上，调查结果也呈现出明显的分歧。进行反馈的 450 人中有 76 位受访者认为所在楼栋急需安装电梯以方便上下楼，这尤其适用于多层住宅区的老年居民以及行动不便人士，电梯作为重要的垂直交通设施，能极大地提升他们的出行便利性。而与此相反，357 位受访者则认为目前楼栋没有必要加装电梯，可能基于现有楼栋结构、成本考虑，或者是居民楼内残障人士较少。另外，17 位受访者表示对此问题不清楚，这提示我们在推进无障碍设施建设的同时，还需进一步加强相关

知识的普及和宣传。

居住小区周边道路无障碍设施的配置情况也引起了广泛关注。调查收到455人对居住小区周围盲道设置情况的反馈，有253位受访者所在的小区周边道路上已经设置了盲道，这无疑是向建设无障碍社区迈出的重要一步，有助于视障人士独立出行。然而，仍有144位受访者所在小区周围缺乏盲道设施，这显然不利于残障人士融入社区生活，同时也暴露出当前城市无障碍设施建设的不均衡问题。另外，有58位受访者对该问题的答案不太确定，这同样折射出公众对于无障碍设施具体情况了解的不足。

关于外出购物是否需要轮椅辅助，所收集到的450人的调查数据显示，有29位受访者明确表示他们在外出购物时确实需要轮椅辅助，这很可能包括长期依靠轮椅出行的残障人士或因病需短期借助轮椅的居民。而414位受访者表示无需轮椅辅助，他们可能身体状况良好或目前并不依赖轮椅。此外，7位受访者对这一问题持不确定态度，这再次证明了对于特殊需求的认知与关注程度在不同人群之间存在差异。

在考察购物场所无障碍设施配置时，关于是否有无障碍坡道的问题有454人给出了答案，其中，236位受访者反馈他们常去的购物地点设有无障碍坡道，这为行动不便的消费者提供了便利，体现了一定程度上的社会关怀与服务意识的增强。然而，还有148位受访者指出他们常去的商店或市场没有配备无障碍坡道，这在很大程度上影响特殊群体的生活质量。此外，70位受访者对于购物场所是否设有无障碍坡道并不清楚，这在一定程度上反映出公众对无障碍环境设施的了解和关注度有待提高。

综上所述，本次调查揭示了社区无障碍环境建设在实际需求、设施配置及公众认知三方面的现状和存在的问题。为了构建更加包容和公平的社会环境，有必要加大无障碍设施的建设和改造力度，提高公众对无障碍设施重要性的认识，并根据实际需求制定更加科学、合理的无障碍环境改造方案，确保所有人都能在生活中享有便利、安全与尊严。同时，也要重视数据收集与分析，以便对无障碍设施的规划、建设和维护提供精确的指引和评估依据。日常生活中的无障碍需求可以从多个方面进行细致分类和综合分析。

（一）交通出行无障碍需求

一是出租车。需要更多的无障碍出租车服务，包括配备可伸缩斜板、轮椅固定装置等设施，以及深化驾驶员对无障碍服务的理解和加强培训。

二是道路设施。增设或完善人行道，严格规范电动车行驶秩序，确保行人尤其是行动不便者和视障人士的安全出行。

三是公共交通。公交车应当设有无障碍设施，如低地板入口、轮椅区及导盲设施；同时，景点、社区游园也应该有便于轮椅通行的平坦道路和设施。

四是过街天桥。应增设轮椅坡道或电梯，严禁非机动车违规骑行，保障行人尤其是行动不便者的安全使用。

（二）公共建筑与设施无障碍需求

一是电梯。扩大电梯尺寸，满足轮椅使用者和携带婴儿车者等的乘坐需求。

二是扶手。在公共建筑、住宅楼的楼梯、走廊等处增设扶手，方便老年人和体弱者稳定行走。

三是景区设施。提供轮椅租赁服务，并优化景点路线，确保轮椅可以畅通无阻。

四是居住单元。一层入口及楼梯间安装扶手，甚至考虑增设小型坡道或垂直升降设备。

（三）商业及公共服务设施无障碍需求

一是菜市场。加宽菜市场的通道和完善设施布局，使之符合无障碍标准，方便轮椅及婴儿车进出。

二是特殊人群专用场所及通道。商场、公园、服务机构等公共场所应配备母婴室、无障碍卫生间等。

三是农村基础设施。加大农村地区无障碍设施建设投入，完善公共设施、医疗卫生设施等。

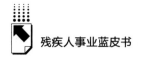

（四）设施维护与升级需求

一是无障碍坡道。一些单位和公共场所缺乏相应设施或设施陈旧，需要增设或更新无障碍坡道，确保设施完好可用。

二是街头座位。增加公共座椅，尤其是适合老年人及行动不便者休息的座椅，并确保其位置方便到达。

三是无障碍卫生间。改善和增设无障碍卫生间，确保其空间足够宽敞，设施齐备，以满足各类特殊需求。

（五）社会服务意识与宣传普及需求

一是提升服务意识。加强对各类服务人员的无障碍服务培训，包括普及残疾证申领程序等基础知识。

二是强烈呼吁。严格执行盲道使用规定，杜绝盲道被非法占用现象，确保视障人士能够安全、顺畅地使用。

综上所述，日常生活中的无障碍需求涵盖了交通、建筑、公共服务设施、设施维护更新和社会服务等多个方面，需要政府、企事业单位及社会各界共同关注和努力，以建成真正的无障碍环境，让每一位市民都能在日常生活中感受到便利与尊重。

五 无障碍环境认知情况分析

（一）无障碍设施认知情况分析

在此次关于无障碍设施认知的调查中，我们收集了关于无障碍停车位标识、盲道以及无障碍环境建设相关立法情况的公众认知数据。关于无障碍停车位标识的知晓度，有 454 位受访者给出了反馈，其中 316 位受访者表示熟悉无障碍停车位的标识含义和用途，这表明在社会的一部分人中，关于无障碍设施的知识普及已经取得了一定成效。然而，尚有 138 位受访者表示对无障碍停车位标识并不了解，这提示我们在无障碍设施教育和宣传上仍存在较大的发展空间，需要进一步加强对公众无障碍设施标识的普及和教育，让更多人认识到无障碍停车位对于残障人士及行动不便者出行的重要性。

关于盲道的认知情况，其中 453 位受访者对此问题给出了回答，数据显示，404 位受访者表示了解盲道的存在及其功能，这显示出盲道作为城市基础设施中的重要无障碍元素，公众已经建立起对其的认知框架。然而，仍有 49 位受访者对盲道的概念较为陌生，这提醒我们必须继续推进无障碍设施的普及教育，尤其是面向年轻一代和外来流动人口，以提升全社会对无障碍设施的认同感和责任感。

在无障碍环境建设立法的认知层面，针对此问题收集到的 448 份反馈中，仅有 11 位受访者表示知晓我国已有相关立法规定来保障无障碍环境的建设和维护，这表明公众对无障碍环境建设背后的法制基础知之甚少。对比之下，高达 437 位受访者对此表示不知情，这一方面揭示了我国在无障碍环境建设的法制宣传方面尚待加强，另一方面也预示着在未来无障碍环境建设推进过程中，强化法制教育、提升全民法治意识刻不容缓。令人遗憾的是，在此次调查中无人能够准确地说出与无障碍环境建设相关的具体法律名称，这一事实进一步证实了当前在无障碍法制宣传与教育方面存在空白，亟待采取有效措施予以弥补，以确保无障碍环境建设在法治轨道上得到有力保障和持续推进。

总而言之，本次调查揭示了社会公众对无障碍设施标识、盲道及无障碍环境建设立法的认知水平存在显著差异，反映出我国在无障碍设施建设和推广过程中，在公众教育和法制宣传方面显著不足，这既是今后无障碍环境建设工作的着力点，也是衡量社会文明进步和包容性发展的重要指标。唯有持续加大无障碍设施知识的普及力度，加强相关法制教育，才能确保无障碍环境建设真正惠及全体社会成员，特别是残障人士等特殊群体，推动我国社会朝着更加公平、包容的方向发展。

无障碍设施的使用人群极为广泛，跨越了不同的年龄、健康状况和社会

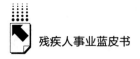

角色。调查结果显示，公众认为残障人士是最需要使用无障碍设施的群体，其次是老年人，再就是孕妇和携带大件行李出行的人员。

（二）无障碍设施使用人群的综合分析

无障碍设施使用人群集中于残障人士、孕妇儿童、患病人员以及携带行李者。

一是盲聋以及伤病康复人员。针对听障人士提供的设施主要是可视化的信息交流渠道，如文字告示、电子显示屏、字幕服务、振动警报等；视力障碍者依赖于触觉和听觉导航，为他们提供的无障碍设施包括盲道、有声提示系统、盲文标识等，以使他们能独立、安全地出行和使用公共设施；受伤人士和行动不便但未达到残障级别的人士，可能因为手术恢复、骨折、关节炎等一定时期内行动不便，无障碍设施对他们至关重要。

二是孕妇儿童。孕期妇女的身体负荷加重，行动可能会变得笨拙和不稳定，无障碍设施如平坦宽敞的地面、低位服务柜台、专用的母婴室和无障碍卫生间等能够为她们提供安全、舒适的环境；幼童身高较低、动作协调能力有限，无障碍设施如儿童友好型洗手间、安全的游乐区设计、易抓握的扶手等，都是为了保障幼儿的安全和便利。

三是患病及身体不适人员。这类人群因病情行动能力受限，无障碍设施可以帮助他们在康复过程中更好地独立生活，例如医院里的无障碍病房、无障碍治疗室等；身体不适者包括患有慢性疾病或暂时性身体不适的人，无障碍设施可以极大缓解他们在出行、就医、购物等日常生活中的不便，如宽阔的通道、电梯、扶手等。

四是年轻人和外卖人员及习惯性人员。尽管年轻人体力充沛，但意外伤害、短期伤病等情况也可能出现，同时年轻人中的残障人士、临时抱恙者和其他身体条件不佳的年轻人同样受益于无障碍设施；外卖人员骑行电动车穿梭于街道之间，合理的非机动车道、便利的停车场和友好的建筑物入口设计也能视为"无障碍"设施，保障他们高效安全地完成配送任务；有些人出于对便利和舒适的偏好习惯，也会选择使用无障碍设施，如平缓的坡道相较于楼梯更容易通行，无障碍设施的应用不仅仅局限于有特殊需求的人群。

总之，无障碍设施的使用者并非局限于传统意义上的残疾人，而是包含了所有可能在某个时期或某种情况下需要额外便利设施支持的人群。它的建设不仅仅是社会公益事业的体现，更是衡量一座城市人文关怀程度和现代化程度的重要标准。

（三）问卷调查中集中关注的问题

根据问卷调查中关于无障碍设施及其他建议的回答，可以将其归纳为以下几个主要类别。

一是设施建设与维护类。一方面是盲道管理与维护。大量反馈指向盲道被车辆、摊贩占用，以及盲道的连续性和清晰性不足的问题，建议加强管理和维护，确保盲道畅通无阻；人行道与交通分离，强调人车分流设施建设，以及人行道上安装扶手设施，保障行人特别是老年人、残障人士的安全出行。另一方面是公共交通无障碍。要求公交车增加轮椅上下装置，地铁站、火车站等交通枢纽提供无障碍设施，并确保其正常运行和开放。此外，还应保证公共区域无障碍。倡导在地下商场、公园、博物馆等公共场所增设无障碍通道和设施，比如电梯、扶手、无障碍卫生间等。

二是法规与制度建设类。一方面是法律法规完善，建议建立健全无障碍信息交流的法律法规体系，明确各方责任与义务，确保无障碍设施的有效落实与维护。另一方面是管理与监督机制，要求加大对无障碍设施的管理力度，落实法规，避免无障碍设施被滥用或损坏，并对违法行为进行处罚。

三是宣传教育与公众意识提升类。一方面是宣传教育与普及，强烈呼吁加大无障碍设施知识的宣传力度，提升公众的认知，让更多人意识到无障碍设施的重要性，以及占用无障碍设施的不道德性。另一方面是志愿服务与关爱行动，提议多组织志愿者参与帮助残障人士的活动，鼓励社会各方面力量共同关注和关爱残障、老年人及其他弱势群体。

四是设施设计与改造类。一方面是空间设计与改造，在新老城区规划和改造过程中，充分考虑无障碍设施的布局和实用性，确保在有限空间内合理

铺设无障碍设施，不脱离实际需求。另一方面是特定设施增设，针对学校、医疗机构等特定场所提出增设无障碍设施，如电梯、扶手等，同时也关注失智高龄老年人的特殊需求。

五是具体问题解决方案。一方面是停车管理，提出应规范无障碍停车位的使用，避免被非残障人士占用，同时改善盲道附近的停车管理。另一方面是交通信号系统，建议红绿灯增加多种语言提示和延长提示音时间，以利于视力、听力障碍者识别。

六是整体呼吁与期望。一方面是社会关注与投入，希望政府、社会团体及全体公民共同关注无障碍环境建设，增加对于无障碍设施的投资，不断改善和提高设施的质量和使用率。另一方面是关爱与尊重，强调树立尊重和关爱残障人士、老年人及其他弱势群体的社会风气，从实际行动出发，切实改善他们的生活环境。

六 总结与建议

（一）调查结果总结

本次关于无障碍环境认知与需求的综合性调查报告显示，调查对象涵盖了广泛的年龄、性别和地区，总样本量为456人。经过对上述各部分的综合分析，可以得出以下概要。

在居家生活中，无障碍环境的现状显示出明显的两极分化。大部分受访者在居家无障碍方面体验良好，但对于存在无障碍需求的人士来说，现代科技产品的无障碍设计、传统家电操作以及卫浴、厨房设施的使用均存在问题。智能设备和互联网应用的无障碍设计亟待改进，家电产品的简易操作和易于辨识功能需要强化，同时，无障碍卫生间和厨房空间的设计也需要进一步优化以适应不同需求。

社区生活中的无障碍环境虽得到了部分居民的认可，但明显存在短板。电梯设施的短缺是一个普遍的问题，特别是在老年人和行动不便群体中，它极大地影响了他们的出行和生活质量。此外，无障碍娱乐设施、活动场地的不足，以及社区步道、公共区域缺少扶手设施，都阻碍了特殊群体在社区内的社交互动和生活。

外出工作时，尽管大部分受访者能够顺利完成工作通勤，但仍有相当数量的特殊群体面临诸多实际困难，如城市交通信号系统的无障碍设计不足，公共交通工具无障碍设施的欠缺，以及城市盲道的有效性和连贯性问题。此外，人际沟通障碍也是一个不容忽视的因素，特别是对于听力障碍和社交障碍人士而言，无障碍环境不仅局限于物理层面，更包括信息传递与情感交流的无障碍。

日常生活中，除了以上提及的障碍外，还包括基础设施类障碍，如交通设施、社区环境与住房设施、公共服务设施等的不完善。社会心理与制度障碍，如职场沟通压力、社会歧视和就业难等问题，以及经济与政策障碍，如高昂的生活成本、医保体系的局限性等，构成了日常生活中的各种障碍。

无障碍需求情况方面，家庭无障碍改造的需求各异，一部分家庭明确需要改造以适应特殊需求，而另一部分家庭暂无此需求或对此认知不足。对于居住楼栋电梯的需求也同样存在分歧，反映了不同群体对于无障碍设施的不同需求层次。

在交通出行、公共建筑、商业设施和服务等方面，无障碍设施的建设和维护、更新换代的需求十分显著。同时，公众对于无障碍设施的认知水平也参差不齐，对无障碍停车位标识、盲道及其相关立法的认知程度差距较大，反映出无障碍环境建设在公众教育和法制宣传方面的不足。

总结起来，无论是居家、社区还是工作环境，无障碍设施的建设与完善都是一项涵盖多元层面的工作，需要全面审视并结合个体差异和特殊需求，从硬件设施、社会服务、公众意识、政策法规等角度入手，不断推动社会进步，创建一个更具包容性和便利性的生活环境。

本次调查揭示了无障碍环境在日常生活各个方面的重要性，以及当前公众在无障碍设施认知、需求识别、法治意识等方面存在的差距。未来在无障碍环境建设工作中，应着重提升公众认知度，加大设施建设力度，强化法制保障，并充分考虑不同群体的实际需求，以期构建一个包容、便捷、无障碍的生活环境。

（二）无障碍环境建设的改进建议和措施

根据上述调查报告，本报告对无障碍环境建设提出如下改进建议和具体措施。

一是居家无障碍环境建设。一方面是家庭无障碍设施改造，应根据相关政策，加强对有无障碍改造需求的家庭提供指导和技术支持，适当给予一定的经济补贴，鼓励家庭进行无障碍设施改造，如增设无障碍通道、卫生间扶手和升降设备，优化家居布局以适应轮椅通行等。另一方面是智能家居技术应用，推广智能家居技术和无障碍设计理念，研发和生产更多易于操作、具有语音识别和触控功能的家电产品，以满足特殊群体的需求。

二是社区无障碍设施改善。一方面是电梯设施建设与维护，在多层住宅区，特别是老旧小区改造过程中，应优先考虑增设或改造电梯，确保其符合无障碍设计标准，方便老年人及行动不便人群使用。同时，加强对现有电梯设施的维护保养，确保其始终处于良好运行状态。另一方面是完善公共设施，在社区内部及周边道路增设或修复盲道，确保其连续性和完整性，同时加强对盲道占用行为的管理和处罚。增加无障碍坡道、扶手等设施，保证残障人士、老年人及携带婴幼儿的家庭能够便捷安全地进出社区。此外，文化娱乐设施优化，在社区规划阶段，充分考虑特殊群体的需求，建设无障碍的休闲广场、健身器材区等公共设施，并定期举办适合各类人群参与的文化娱乐活动，增进社区凝聚力，消除社交障碍。

三是交通出行无障碍化。一方面是公共交通无障碍改造，全面推行公共交通工具无障碍化，包括公交车、地铁等增设轮椅坡道、低地板入口、盲文和语音播报系统等设施，并对驾驶员和工作人员进行无障碍服务培训。另一方面是道路设施完善，严格执行城市道路无障碍设计规范，加强人行道、过街天桥、交叉路口等的无障碍改造，确保盲道的连贯性和安全性，增设必要的交通信号语音提示。此外，停车设施优化：加大无障碍停车位的建设和管理力度，设置明确标识，严惩非合规占用行为，确保残障人士有足够的停车资源。

四是公共场所无障碍环境建设。一方面是商业及公共服务场所，各类商场、公园、医疗机构、学校等公共场所应严格按照无障碍设施标准进行建设和改造，增设无障碍电梯、卫生间、通道和母婴室等设施，并做好日常维护工作。另一方面是信息无障碍，提高公共信息无障碍服务水平，如在公共指示牌、网站、自助服务机等处增设盲文、大字体和语音播报功能，保障视力障碍群体的信息获取权利。

五是社会认知与宣传普及。一方面是无障碍知识普及，通过各类媒体和社区活动，加强对无障碍设施标识、使用方法以及相关法律法规的宣传和教育，提升全社会对无障碍环境建设的认识和尊重。另一方面是多方参与共建，鼓励社会组织、企业、志愿者等多元主体参与到无障碍环境建设中来，通过公益项目、技术研发、资源共享等形式，共同推动无障碍环境的持续改进和完善。

综上所述，无障碍环境建设应立足于全面覆盖各个生活场景，从政策法规、设施建设、运营管理、社会教育等多方面协同推进，形成全社会共同参与的良好局面，从而实现真正的无障碍生活，促进社会公平正义与和谐发展。

B.11
中国船级社质量认证有限公司
首批无障碍环境认证案例[*]

张 毅 孙 军 陈兴华^{**}

摘 要： 本文介绍了中国船级社质量认证有限公司（CCSC）概况，并从无障碍环境认证背景、主要内容、实施案例及所面临的挑战等多个方面，详细介绍了无障碍环境认证过程与应用现状，提出了无障碍环境认证未来发展及CCSC未来计划。中国船级社质量认证有限公司将以党的二十大精神为指引，促进无障碍上层建筑与无障碍认证有机融合，积极推进无障碍环境与认证事业的健康有序高质量发展。

关键词： 无障碍环境认证 质量认证 中国船级社质量认证有限公司

一 CCSC 简介

（一）CCSC 概况

中国船级社是国家的船舶技术检验机构，中国唯一从事船舶入级检验业务的专业机构，国际船级社协会的正式会员。中国船级社依据国家有关法规和国际公约、规则，为船舶、海上设施及相关工业产品提供技术规范和标

---

* 本文数据来源于中国船级社。

** 张毅，中国船级社质量认证有限公司，无障碍业务中心副总经理；孙军，中国船级社质量认证有限公司，无障碍业务中心主管；陈兴华，中国船级社质量认证有限公司，无障碍业务中心主管。

准，提供入级检验、鉴证检验、公证检验、认证认可服务，以及经中国政府、外国（地区）政府主管机关授权，开展法定检验和有关主管机关核准的其他业务。

中国船级社质量认证有限公司是中国船级社承担陆上检验与认证业务的专门机构，业务范围包括管理体系认证、服务认证、两化融合评定、动物福利评定、产品认证、集装箱检验、箱东代表检验、第三方公证检验、工业产品检验、绿色低碳业务、职业教育培训、安全业务、风险管理、技术服务与检测服务等。

作为技术密集型和专业服务型公司，CCSC致力于服务国家相关行业发展大局，依托中国船级社强大的技术资源和遍布全球的服务网络，不断加强自身能力建设，打造了经验丰富的专业团队，构筑了完善的服务体系，客户涵盖各个行业领域的龙头企业，业务涉足国内外重点大型建设项目，成为具有品牌影响力的业界领先的认证机构。

（二）CCSC无障碍环境认证主要工作介绍

CCSC无障碍环境认证工作于2021年开始进行孵化，其间CCSC参与相关标准起草编制，并对标准的可实施性进行了大量的现场试评工作，通过试评工作总结相关经验，为后续我国《无障碍环境认证实施规则》的编制提供了认证技术支持。2023年已完成8个项目的无障碍环境认证工作，其中包括6个无障碍环境认证三星级项目，2个无障碍环境认证二星级项目。2024年2月，CCSC无障碍业务中心正式成立，业务范围主要为无障碍环境认证。

（三）CCSC对无障碍环境认证的理解

无障碍环境认证是指通过认证手段对无障碍环境的设计、设施设备和管理制度进行审查及监督，以提高无障碍环境建设的质量、水平和促进其可持续发展，从而为有需求群体提供更加便捷、舒适的生活环境。这一概念的核心是以人为本，关注有需求群体的需求，通过技术创新和管理创新，实现无

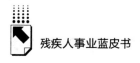
障碍环境的高质量发展，同时无障碍环境认证更是一项具有公益性质的事业，CCSC 将持续发挥国企认证机构的职责，积极推动无障碍环境建设高质量发展。

（四）认证与无障碍环境建设的关系

认证在无障碍环境建设中起到了至关重要的作用。通过对无障碍环境的设计、设施设备和管理制度进行审查，认证可以促进这些方面符合相关的标准和要求。例如，对于建筑物的设计，如坡道、扶手、电梯等设施设备的设置、细部尺寸等，可以通过认证来确认其是否合理，是否符合无障碍设计标准；对于设施设备，如卫生间、电梯、公共交通工具等，可以通过认证来确认其是否方便有需求群体使用，是否符合无障碍使用标准；对于管理制度，如是否有专门的管理人员负责无障碍环境的维护和管理，可以通过认证来确认其是否建立了无障碍管理体系及确认管理体系运行情况如何。

（五）认证与无障碍技术的结合

通过技术和管理创新，无障碍环境建设可以实现高质量发展，无障碍环境建设也在科技进步和社会发展中不断创新和完善。例如，利用智能技术可以提高无障碍环境的智能化程度，如智能导航系统、语音识别技术等；利用新材料和新工艺可以提高无障碍环境的耐久性和安全性，如防腐蚀材料、防火材料等；利用互联网和大数据可以提高无障碍环境的信息化程度，如在线预约系统、数据分析系统等。同时，在管理方面也可以进行创新，如建立完善的管理体系、加强人员培训等。

（六）无障碍环境认证的必要性

认证作为一种新兴的技术手段，正逐渐成为推动无障碍环境高质量发展的重要力量。我国 2023 年 9 月 1 日正式施行的《无障碍环境建设法》，明确提出"四认一测"的顶层设计。通过认证，我们可以为无障碍环境的建设和管理提供更加科学、高效的解决方案。首先，认证可以有效识别和评估无障碍环境的需求和问题。通过对有需求群体的实际需求进行深入评审和分析，我们可以制定出更加符合实际情况的无障碍环境建设方案，确保其真正满足有需求群体的需求。其次，认证可以为无障碍环境建设和管理提供技术支持和指导，以使其更加智能化和便捷化。例如，通过现场审查，我们可以及时发现和解决无障碍环境中设施设备存在的问题。同时，为更好地了解有需求群体的使用习惯和需求变化，通过提供数据分析和预测功能，认证还可以优化无障碍环境的设计和布局。此外，认证可以促进无障碍环境的可持续发展。通过建立完善的管理体系和标准，我们可以对无障碍环境的质量进行监督，确保其持续改进和提升。

二　首批无障碍环境认证案例介绍

（一）北京大兴国际机场

项目概况。北京大兴国际机场位于北京市大兴区榆垡镇、礼贤镇和河北省廊坊市广阳区之间，距离北京市中心约 46 公里，距离首都国际机场约 67 公里，距离雄安新区约 55 公里。北京大兴国际机场于 2014 年 12 月开工建设，2019 年 9 月 25 日正式通航，为 4F 级国际机场。北京大兴国际机场航站楼面积为 78 万平方米；民航站坪设 223 个机位，其中 76 个近机位、147 个远机位；有 4 条运行跑道，东一、北一和西一跑道宽 60 米，分别长 3400 米、3800 米和 3800 米，西二跑道长 3800 米，宽 45 米，另有 3800 米长的第五跑道为军用跑道；可满足 2025 年旅客吞吐量 7200 万人次、货邮吞吐量 200 万吨、飞机起降量 62 万架次的使用需求。

无障碍环境现状。大兴国际机场遵循"平等尊重、分需定制、一体设计、融合共享"的理念，始终以行业最高标准以及"零堵点、零断点"的目标打造无障碍环境。其中，全流程设置无障碍及长者优先通道，盲道可从车道边无障碍停车位连续引导至楼内问询柜台，电梯、卫生间出入口分别采用八字形、S 形设计，确保特殊旅客顺畅通行。此外，58 处低位柜台、403

部无高差行李托运设备以及 12 处爱心休息区"一站式"服务，为特殊旅客提供便利。同时，大兴国际机场还在业内首创电梯护栏盲文按钮，在国内首创无高差行李称重系统、无障碍卫生间的毫米级设计等，实现特殊旅客"无碍"出行。大兴国际机场在引导标识方面参考国际无障碍法案，按照视障人群也能识别的高限要求，选用标识颜色方案；放大常用设施图标，中英文字体字号较国标放大 33%，让标识在超大空间内更醒目；查询终端配有盲文面板，兼具无障碍、儿童模式和一键呼叫等功能，从旅客出行细节着眼，尽显无障碍环境建设的细心和人性化。

无障碍环境认证结果。2023 年 8 月 21 日至 9 月 1 日，中国船级社质量认证有限公司按照《民用建筑无障碍设施评价标准》（T/CNAEC 1304－2022）、《民用机场无障碍环境评价标准》（T/CCAATB 0038）、《无障碍环境认证实施规则》（CNCA－WZA－01）、《无障碍环境认证实施规则专用要求 民用机场》（CNCA－WZA－02）等检查依据，采用"无障碍设计审查＋无障碍环境管理审查＋无障碍设施设备审查＋获证后监督"认证模式，对航站楼 B1 层至第 5 层（不含餐饮、商业、设备机房、办公区域）、停车楼无障碍环境项目相关设施设备维护、服务管理进行了审查。检查组根据审查结果认为，大兴国际机场申请认证的无障碍环境认证项目的设计审查、设施设备审查、管理审查、无障碍环境质量保证和一致性能力符合《无障碍环境认证实施规则》要求，推荐认证，大兴国际机场最终获得无障碍环境认证三星级证书。

（二）北京市残疾人服务示范中心（汇爱大厦）

项目概况。汇爱大厦位于北京西客站南广场西南侧，总建筑面积为 3.32 万平方米，主要承担组织开展残疾人服务示范、孵化推广助残服务项目、为残疾人提供就业实训、开展残疾人事业发展成果展示交流等职能，是向国际社会展示中国人文形象、中国残疾人事业发展成就和首都残疾人服务保障水平的重要窗口，是展示国内高标准无障碍环境建设水平的示范样板，被冬奥组委列为北京 2022 年冬残奥会对外接待展示窗口单位。

无障碍环境现状。北京汇爱大厦不仅有对外展示功能，更是"首善之区"北京市的重点民生工程，该中心坚持公益性服务方向，为拥有北京市户籍的全年龄段的各类残疾人提供服务，具有残疾人职业康复、寄宿托养、日间照料、康复训练、职业培训、就业实训、艺术康复、服务孵化、活动交流和宣传展示十项服务功能，是全市残疾人专业化、综合性服务示范阵地。北京汇爱大厦内全部按照"逢棱必圆""逢台必坡""逢滑必缓"等无障碍建设要求，为残障人士和需求者提供了安全、便捷、舒适、自如通行的无障碍条件。汇爱大厦一层大厅西侧设有直通二层的汇爱回廊，集合了图书阅览、残疾人手工艺品展卖等功能，健全人可通过台阶步行上二层，乘坐轮椅的残障人士可以驱动轮椅沿坡道抵达二层。无障碍电梯出入口采用八字角设计，增加轮椅出入时的转弯空间；电梯门上方的楼层显示面板有12度的倾角，方便乘坐轮椅的人士清楚看到电梯抵达楼层；电梯操作面板上有规范的盲文标识；面板下方还设置了脚踢按钮，方便上肢残疾和怀抱重物的人士呼叫电梯。轿厢内不仅有常规楼层面板，还设置了低位楼层面板，方便乘坐轮椅的残疾人操作。

无障碍环境认证结果。2023年9月，中国船级社质量认证有限公司按照《民用建筑无障碍设施评价标准》（T/CNAEC 1304-2022）、《无障碍环境认证实施规则》（CNCA-WZA-01）等检查依据，采用"无障碍设计审查+无障碍环境管理审查+无障碍设施设备审查+获证后监督"认证模式，对汇爱大厦（除19层至22层办公区域、B2设备间）无障碍环境项目相关设施设备维护、服务管理进行了审查。检查组根据审查结果认为，汇爱大厦申请认证的无障碍环境认证项目的设计审查、设施设备审查、管理审查、无障碍环境质量保证和一致性能力符合《无障碍环境认证实施规则》要求，推荐认证，汇爱大厦最终获得无障碍环境认证三星级证书。

（三）杭州萧山国际机场 T4 航站楼

项目概况。杭州萧山国际机场位于浙江省杭州市萧山区境内，距市中心27公里，为4F级民用运输机场，也是华东地区第二大国际机场，是中国十

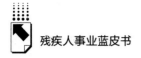

二大干线机场之一、国际定期航班机场、对外开放的一类航空口岸和国际航班备降机场。杭州萧山国际机场 T4 航站楼是杭州萧山国际机场三期工程的重要部分，这个项目也是杭州第 19 届亚运会的基础配套项目。杭州萧山国际机场 T4 航站楼无障碍环境认证现场审查工作于 2023 年 11 月完成。

无障碍环境现状。为使残疾人旅客"一路畅通"，杭州萧山国际机场构建全方位的无障碍出行环境，在新建的 T4 航站楼内设有 2500 米无障碍盲道、1200 米无障碍坡道、258 台无障碍电梯，涵盖停车位、盲道、轮椅坡道及低位服务柜台、轮椅通道、标识标牌等 13 个分项。除无障碍通行外，萧山国际机场还专门在安检区域，设置 4 间临时非公开检查室、2 间假肢维修室，配备座椅、助行器、检查床、防尘义肢袋等设施设备，为特殊旅客提供周到的私密检查空间。

无障碍环境认证结果。2023 年 11 月，中国船级社质量认证有限公司按照《民用建筑无障碍设施评价标准》（T/CNAEC 1304-2022）、《民用机场无障碍环境评价标准》（T/CCAATB 0038）、《无障碍环境认证实施规则》（CNCA-WZA-01）、《无障碍环境认证实施规则专用要求　民用机场》（CNCA-WZA-02）等检查依据，采用"无障碍设计审查+无障碍环境管理审查+无障碍设施设备审查+获证后监督"认证模式，对杭州萧山国际机场 T4 航站楼 1~4 楼（不含餐饮、商业、设备机房、办公区域）无障碍环境项目相关设施设备维护、服务管理进行了审查。检查组根据审查结果认为，杭州萧山国际机场 T4 航站楼申请认证的无障碍环境认证项目的设计审查、设施设备审查、管理审查、无障碍环境质量保证和一致性能力符合《无障碍环境认证实施规则》要求，推荐认证，杭州萧山国际机场 T4 航站楼最终获得无障碍环境认证三星级证书。

（四）杭州市西湖区三墩镇民生综合体

项目概况。西湖区三墩镇民生综合体位于三墩镇厚仁路 150 号，为居民提供文化体育活动、就业服务、创业支持、心理咨询等服务，并入选 2022 年浙江省星级社区服务综合体名单，为五星级社区服务综合体。三墩镇民生综合体一共有9层,按照"7+X"形式设计,即助老空间、健康空间、活力空间、教育空间、治理空间、生活空间、至善空间7大共性服务空间和X项个性化、特色化服务项目,让杭州西北部的居民在家门口就能体验到"一站式"民生服务,共享幸福生活。三墩镇民生综合体不仅满足了本地居民的需求,也把"杭漂族"拉进了社区大家庭,这几年来它依照居民需求不断完善功能,让好服务真正起到好效果。杭州市西湖区三墩镇民生综合体无障碍环境认证现场审查工作于2023年8月完成。

无障碍环境现状。三墩镇民生综合体位在硬件设施的建设上,完善了出入口坡道,定制了扶手盲文贴,停车场内设置了无障碍停车位,外广场和公园增设了无障碍轮椅休息位给特殊人群,综合体内还增设了无障碍卫生间、无障碍电梯以及明盲文对照布局图,让盲人既了解卫生间的布局又方便使用。三墩镇民生综合体重点打造了满足行动障碍者、视力障碍者、听力障碍者需求的相应设施。在三墩镇民生综合体一楼大厅,无障碍服务台的设置让残障人士轻松自如地咨询各项业务,并针对听障人士引进了远程手语翻译系统,后台真人可实时在线为需求人士提供服务。"服务台设置了低位服务台,配备手写板、语音计算器、放大镜、助听器等辅助设备,同时在综合体各个服务区块内新增无障碍席位,让无障碍服务全方位覆盖。"相关工作人员表示。三墩镇民生综合体还添置了信息无障碍内容,来访者通过手机下载春芽无障碍地图App,可以了解自己当前所在的精确位置。三墩镇还将综合体内的通道、桌椅等的棱角进行了圆角缓冲处理,在无障碍卫生间配备了多处紧急报警按钮;全面梳理打通了停车位、出入口、通道、活动区域、服务台、卫生间之间的缓坡度、零高差、宽通道的无障碍流线,保障了"一老一小"在三墩镇民生综合体中全天候安全、通畅、舒适地学习生活。

无障碍环境认证结果。2023年8月,中国船级社质量认证有限公司按照《民用建筑无障碍设施评价标准》(T/CNAEC 1304-2022)、《无障碍环境认证实施规则》(CNCA-WZA-01)等检查依据,采用"无障碍设计审查+无障碍环境管理审查+无障碍设施设备审查+获证后监督"认证模式,对三墩镇民生综合体1、5、6、7楼（不含员工办公区、设备机房、幸福餐厅）无障碍环境项目相关设施设备维护、服务管理进行了审查。检查组根据审查结果认为，三墩镇民生综合体申请认证的无障碍环境认证项目的设计审查、设施设备审查、管理审查、无障碍环境质量保证和一致性能力符合《无障碍环境认证实施规则》要求，推荐认证，该综合体最终获得无障碍环境认证三星级证书。

（五）杭州市上城区弯湾托管中心

项目概况。杭州市上城区弯湾托管中心是一家由杭州市上城区人民政府投资建设，受杭州市残疾人联合会和杭州市上城区残疾人联合会业务指导的5A级社会组织。弯湾托管中心总面积约2000平方米，是一个服务各类别残疾人的集美好生活、就业培训、康复训练、志愿服务、公共服务等于一体的面向全社会开展助残组织培育、发展志愿服务、推进残健共融的开放型、综合型社会融合共享体。弯湾托管中心秉承"汇聚爱、传递爱、输出爱"理念，自2009年起创建"爱的益栈"弯湾志愿服务品牌并不断发展，深入推进社会志愿服务输入与残疾人志愿服务输出"双向奔赴"，实现共建、共创、共享、共赢。

无障碍环境现状。弯湾托管中心一楼设置有开放式厨房，二楼为学习和运动空间。室内楼梯及通道两侧均设置有扶手，扶手尺寸、高度满足无障碍标准要求。同时，中心内部还配备一部无障碍电梯。一层、二层的公共卫生间内均设置有无障碍厕位，满足不同人群需求。

无障碍环境认证结果。2023年8月，中国船级社质量认证有限公司按照《民用建筑无障碍设施评价标准》（T/CNAEC 1304-2022）、《无障碍环境认证实施规则》（CNCA-WZA-01）等检查依据，采用"无障碍设计审查+无障碍环境管理审查+无障碍设施设备审查+获证后监督"认证模式，对弯湾·爱生活社会融合共享体（不含设备机房、库房）无障碍环境项目相关设施设备维护、服务管理进行了审查。检查组根据审查结果认为，弯湾托管中心申请认证的弯湾·爱生活社会融合共享体无障碍环境认证项目的设计审查、设施设备审查、管理审查、无障碍环境质量保证和一致性能力符合《无障碍环境认证实施规则》要求，推荐认证，该共同体最终获得无障碍环境认证三星级证书。

（六）杭州西湖大学学术环综合体

项目概况。西湖大学位于浙江省杭州市，是一所社会力量创办、国家重点支持的新型高等学校，前身为浙江西湖高等研究院，于 2018 年 2 月 14 日正式获教育部批准设立，按照高起点、小而精、研究型的办学定位，致力于集聚一流师资、打造一流学科、培育一流人才、产出一流成果，努力为国家科教兴国和创新驱动发展战略作出突出贡献。西湖大学学术环综合体无障碍环境认证现场审查工作于 2023 年 8 月完成。

无障碍环境现状。学术环综合体以半圆环状的公共空间为纽带，将基础医学楼、生命科学楼、理学楼和工学楼相连，每个出入口均为平坡设计，方便使用轮椅的人士出入。内部与各个学院连接处均设有无障碍电梯，并在附近设置有无障碍卫生间，方便残疾人士使用。同时，学术环综合体内部无障碍标识清晰醒目，方便识别。学术环综合体场地平整、防滑，也可实现轮椅通行的畅通无阻。

无障碍环境认证结果。2023 年 8 月，中国船级社质量认证有限公司按照《民用建筑无障碍设施评价标准》（T/CNAEC 1304-2022）、《无障碍环境认证实施规则》（CNCA-WZA-01）等检查依据，采用"无障碍设计审查+无障碍环境管理审查+无障碍设施设备审查+获证后监督"认证模式，对云谷校区学术环综合体（不含设备机房、专业实验室、办公室）无障碍环境项目相关设施设备维护、服务管理进行了审查。检查组根据审查结果认为，西湖大学申请认证的云谷校区学术环综合体无障碍环境认证项目的设计审查、设施设备审查、管理审查、无障碍环境质量保证和一致性能力符合《无障碍环境认证实施规则》要求，推荐认证，该综合体最终获得无障碍环境认证三星级证书。

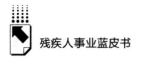
（七）长沙市天心区人民法院

项目概况。长沙市天心区人民法院成立于 1955 年，前身为长沙市城南区人民法院。法院审判办公大楼现位于长沙市湘府中路 298 号，于 2004 年 10 月 8 日建成投入使用。长沙市天心区人民法院无障碍诉讼服务获评"十大最受欢迎一站式建设改革创新成果"。该法院是湖南全省首家无障碍示范法院，在 2023 年 9 月 1 日我国首部无障碍环境建设专门法规《无障碍环境建设法》正式施行后，CCTV13《法治在线》"有爱无碍·法治助力"特别节目报道了长沙天心区人民法院打造无障碍法院示范样板，从无障碍法院 1.0 升级到 3.0，设施更智能，人文环境更彰显细节里的公平的新闻专题。湖南省长沙市天心区人民法院无障碍环境认证现场审查工作于 2023 年 9 月完成。

无障碍环境现状。长沙市天心区人民法院内部设有无障碍停车位，轮椅坡道等无障碍设施，方便残疾人使用。法院内部设有无障碍卫生间、低位服务台、无障碍信息服务台等，方便残疾人获取信息。无障碍停车位紧邻轮椅坡道，附近配备了信息提示设备。为推进《无障碍环境建设法》在基层法院的落地落实，长沙市天心区人民法院在 2023 年 9 月 1 日之前完成对原有的无障碍基础设施的提质改造，锚定特殊人群的出行需求，新增一批无障碍信息智能设备，精准为视障人士和肢残人士提供出行无障碍服务。其中包括无障碍地图，能够准确显示法院内部的无障碍路径和设施信息，方便行动不便的人士快速找到目的地，提高其在法院内的自主性和便利性；无障碍服务桩，能够提供无障碍服务的综合设备，包括求助呼叫、一键叫车、语音提示等功能；还配备了无障碍明盲示意图，视障人士能够以触摸的方式获得法院内部的空间布局和设施信息，更好地了解法院环境。

无障碍环境认证结果。2023 年 9 月，CCSC 以相关标准和规则为检查依据，采用"无障碍设计审查+无障碍环境管理审查+无障碍设施设备审查+获证后监督"认证模式，对长沙市天心区人民法院无障碍环境项目相关设施设备维护、服务管理进行了审查。最终，长沙市天心区人民法院获得无障碍环境认证二星级证书。

（八）中国常熟世界联合学院虞山书院

项目概况。中国常熟世界联合学院位于常熟市高新技术产业开发区西南，昆承湖西北隅，总面积约 140 亩，整个校园设计灵感来源于中国南方特有的江南古镇与湿地风貌，以小城镇规划的紧凑及贯通方式连接校园各主体建筑，为师生提供了无阻碍的交流与学习空间。学校的建筑包括：教学楼、图书馆、综合体育中心、学生和教师宿舍、虞山书院等。虞山书院建成于2018 年 9 月，总面积约 3800 平方米，书院是典型的江南水乡民居粉墙黛瓦式建筑，兼具庭院、水榭、亭台等各色苏式园林传统建筑元素，四周昆承湖碧波环绕。虞山书院由两个教学活动中心组成，分别为中国项目中心及设计创新中心。虞山书院于 2023 年 9 月完成无障碍环境认证现场审查工作。

无障碍环境现状。虞山书院由两个教学活动中心组成，分别为中国项目中心及设计创新中心。虞山书院由三进院落构成，采用环形交通流线。虞山书院整体为一层，局部两层设计，内部设有无障碍电梯一部、无障碍卫生间两个。书院出入口处均设有轮椅坡道，内部环形流线，畅通无阻，书院外景观场地出入口也采用缓坡设计，方便残疾人士通行。

无障碍环境认证结果。2023 年 9 月，CCSC 以相关标准和规则为检查依据，通过"无障碍设计审查+无障碍环境管理审查+无障碍设施设备审查+获证后监督"认证模式，对虞山书院无障碍环境项目相关设施设备维护、服务管理进行了审查。最终，虞山书院获得无障碍环境认证二星级证书。

三 无障碍环境认证未来发展及 CCSC 未来计划

为推动无障碍环境认证的健康可持续发展，未来 CCSC 将从以下几个方面推动无障碍环境认证工作的开展。

（一）提高团队建设和管理水平

通过提高无障碍环境认证团队建设和管理水平，推进无障碍环境认证工作有序进行，提高整个团队的无障碍意识，加强无障碍审查工作监督，以确保认证工作的公正性、合规性。通过信息化手段，为无障碍环境认证带来更多的审查解决方案，如审查小程序、检查清单信息化等多重信息化手段，提升无障碍环境认证的工作效率和准确性。

（二）加强残疾人审查员培训

为做好无障碍环境认证工作，确保无障碍设施建设、设备配备能够满足残疾人等群体的需求，应加强对残疾人审查员的培养培训。一是在高职院校增设相关专业，培养具备无障碍环境相关法律法规、建筑物和公共设施的设计、建设和维护标准以及无障碍评估工具和技术等方面的理论知识的专业人才；二是加强校企及机构合作，通过机构培训、实地实践、模拟评估和案例分析等形式，提升审查员的应用能力与操作水平；三是相关部门和企业增设残疾人审查员工作岗位，为残疾人提供就业机会的同时，通过岗位实践培养他们成为有实践经验的审查员，参与无障碍认证项目审查、评估和监督工作。总之，无障碍环境认证人才培养需多部门合作，多层次、多形式、多方位提升审查员、体验员无障碍环境建设和管理专业知识和技能。

（三）提高社会认知和重视程度

通过向社会大众展现更多更好的无障碍环境认证项目，提高社会认知。为了加强无障碍环境认证宣传、与各地残联增进合作，我们将加强无障碍环境认证相关的宣传和推广，提高社会各界对认证工作的认识和重视程度。将通过举办培训班、开展宣传活动等方式，向相关单位和组织介绍认证的重要性和好处，激发他们的积极性和主动性，让更多的人关注和支持无障碍环境建设。我们将积极参与无障碍环境的建设和管理工作，推动无障碍环境认证的可持续发展，为有需求的群体带来更多的关爱和尊重，确保每一个细节都符合有需求群体的需求和期望。

地 方 报 告

B.12
辽宁省残疾人事业发展报告（2024）*

辽宁省残疾人联合会

摘　要： 近五年来，辽宁省聚焦残疾人脱贫攻坚，实现了"全面建成小康社会，残疾人一个也不能少"的目标；锚定就业、生活、康复方面的急难愁盼，健全完善残疾人关爱服务体系，密织筑牢民生保障网，优先优化残疾人就业创业政策，残疾人基本康复服务覆盖率和残疾儿童入学率稳步上升，基本民生得到稳定保障，残疾人就业创业人数稳步增加，基本公共服务均等化得到推进，残疾人基本权益得到有力保障。未来辽宁省残疾人事业将围绕民生保障、就业创业、公共服务、权益保障等工作，加快建立多层次社会保障体系、高质量就业创业和公共服务支持体系，不断保障和改善残疾人民生，为残疾人参与社会生活创造更好条件，全面推动残疾人事业高质量发展，大力推进残疾人共同富裕进程。

---

* 本报告数据由辽宁省残疾人联合会提供。

关键词： 残疾人事业　民生保障　关爱服务　公共服务　辽宁省

辽宁省属中国东部沿海开放省份、东北老工业基地，基础设施完善、空港网络通畅。2022年全省生产总值28826.1亿元，人均生产总值6.87万元，城镇人均可支配收入44003元，农村人均可支配收入19908元①。辽宁虽然是中国沿海开放省份，但受老工业经济转轨等因素影响，经济发展与东部其他省份相比存在一定差距。辽宁省现有持证残疾人105万余人（视力残疾约10.45万人、听力残疾8.55万余人、言语残疾1.05万余人、肢体残疾约57.63万余人、智力残疾11.36余万人、精神残疾约11.94万人、多重残疾约4.36万人）②。辽宁省残疾人事业在以习近平同志为核心的党中央和辽宁省委省政府的坚强领导和高度重视下得到全面发展，残疾人就业、生活和残疾康复等获得《人民日报》（社会版）头条报道，这为老工业区残疾人事业的高质量发展积累了宝贵经验。

一　辽宁省残疾人事业取得的进展

（一）脱贫攻坚顺利完成，脱贫成果全面巩固

辽宁省紧扣"全面建成小康社会，残疾人一个也不能少"的目标和辽宁乡村全面振兴，聚焦"两不愁三保障"突出问题，着力推进贫困残疾人脱贫攻坚，补齐残疾人民生领域短板，健全完善残疾人帮扶制度，重点推进"兜底线、抓两头、促两业"各项任务，实现乡村全面振兴新突破。

一是聚焦因残致贫家庭，加大精准施策和帮扶力度。一方面为解决因残致贫家庭的突出困难，辽宁把"加大因残致贫精准施策和帮扶力度"纳入全省支持深度贫困地区精准脱贫重点任务，制定出台《辽宁省打好精准脱贫攻

---

① 数据来源：国家统计局官网。
② 数据来源：辽宁省残疾人联合会。

坚战三年专项行动方案（2018—2020年）》，提出要"确保实现3万名贫困残疾人稳定脱贫"目标；围绕精准服务、精准发力，制定10项精准施策和帮扶措施。另一方面创新就业扶贫模式，出台《辽宁省贫困残疾人电子商务就业创业扶贫行动实施方案》《辽宁省助盲就业脱贫行动实施方案（2018—2020年）》，支持贫困残疾人新业态就业创业和扶持盲人就业脱贫。此外，加强贫困残疾人家庭危房改造和深度贫困县重点支持，将贫困残疾人家庭纳入危房改造4类重点对象范围，对15个深度贫困县的残疾人脱贫攻坚工作给予了重点支持。同时，与各市残联和扶贫办签订推进贫困残疾人脱贫攻坚责任书，进一步压实政治责任，明确工作任务。

二是促进残疾人和家庭就业增收，实现贫困残疾人脱贫增效。一方面为实现残疾人家庭增收脱贫，要健全完善残疾人就业政策保障体系，开展实名制就业和实名制培训，组织参加全国残疾人职业技能大赛，提升残疾人就业技能，帮助残疾人实现就业增收。另一方面紧盯全省残疾人突出困难和特殊需求，安排省级残疾人保障金扶持贫困残疾人家庭发展生产增加收入，同时，印发《扶持贫困残疾人家庭生产增收项目实施方案》，完善产业帮扶机制。此外，印发《辽宁省关于扶持残疾人自主就业创业的实施意见》，对残疾人自主就业创业给予政策支持和帮扶。为克服新冠疫情影响，印发了《关于应对疫情影响支持残疾人就业创业工作的通知》《关于扎实做好疫情防控常态化背景下残疾人基本民生保障工作的通知》，对个体就业、创业残疾人发放一次性困难补贴并引导各市使用保障金给予补助，积极协调推动各涉残企业（机构）对残疾职工开展不裁员不减薪就业促进活动，指导各地充分利用线上平台开展就业服务。同时，下拨扶贫资金，重点扶持剩余未脱贫建档立卡贫困残疾人家庭发展生产增收，并对27个扶贫基地、15个省级深度贫困县残疾人脱贫攻坚工作予以支持。

三是统筹推进、巩固拓展残疾人脱贫攻坚成果同乡村振兴有效衔接。一方面制定《中共辽宁省委　辽宁省人民政府关于贯彻〈中共中央　国务院关于全面推进乡村振兴加快农业农村现代化的意见〉的实施意见》《辽宁省实现巩固拓展脱贫攻坚成果同乡村振兴有效衔接实施方案》，充分考虑残疾人的特殊困难和需求，统筹各方资源，形成政策合力。制定实施《辽宁省残联关于做好巩固拓展脱贫攻坚成果同乡村振兴有效衔接工作的实施方案》，将易致贫返贫残疾人纳入返贫监测，落实帮扶措施，确保不返贫、不致贫。安排专项资金重点对已脱贫的困难残疾人、纳入监测易致贫返贫残疾人、扶贫助残基地、全省乡村振兴重点帮扶县开展巩固拓展脱贫攻坚成果工作。另一方面"兜底线、补短板、增福祉"。在保障残疾人基本民生的同时，对"两项补贴"提标并建立动态调整机制，提高参加城乡居民养老保险的55~59周岁重度残疾人补贴标准。印发《关于做好全省重度残疾人参加城乡居民养老保险工作的通知》，推动重度残疾人参保政府代缴政策落实。全省安排专项资金用于"阳光家园计划"残疾人托养服务项目。制定《辽宁省残疾预防行动计划（2022—2025年）》，延伸拓展残疾人基本康复服务的深度和广度，建立并完善残疾人基本康复服务和辅助器具适配补贴制度，将40个医疗康复项目纳入医保报销范围，将家庭医生签约服务纳入公共服务，扩大残疾儿童康复救助范围和加大救助资金投入，重点解决"两偏一重"（偏远地区、偏截瘫和重度残疾人）的急难愁盼问题。对学前教育和义务教育阶段的困难残疾儿童给予补贴，实施残疾人文化进家庭"五个一"项目。

（二）就业取得新进展，残疾人自我发展能力增强

为扩大残疾人就业面，拓宽残疾人就业渠道，提升残疾人就业质量，辽宁省根据残疾人需求和实际，不断完善就业政策，持续开展精准服务，努力提升残疾人自我发展能力，助力残疾人家庭就业增收。

一是完善残疾人就业政策体系。为促进残疾人就业，提升残疾人自我发展能力，针对不同就业渠道与就业形式，辽宁省转发了中共中央组织部等印发的《机关、事业单位、国有企业带头安排残疾人就业办法》，制定了《辽宁省助盲就业脱贫行动实施方案（2018—2020年）》《辽宁省关于扶持残疾人自主就业创业的实施意见》《辽宁省人民政府关于深入实施就业优先政策进一步做好稳就业工作的若干意见》《辽宁省进一步促进高校毕业生就业

创业若干举措的通知》《辽宁省促进残疾人就业三年行动方案（2022—2024年）》《辽宁省"十四五"残疾人职业技能提升计划实施方案》等十几个残疾人就业创业政策。这一系列政策健全完善了按比例就业、集中就业、个体就业等多形式多类别残疾人就业创业的政策支持、资金保障、就业帮扶、技能提升以及服务管理等政策体系，有力促进了残疾人就业创业的普遍开展，为实现残疾人脱贫、巩固拓展残疾人脱贫攻坚成果、提升残疾人自我发展能力、实现残疾人家庭就业增收提供了强力保障。

二是完善残疾人就业帮扶机制。一方面开展重点针对就业困难残疾人、残疾登记失业人员的就业援助月专项活动，进行登记、培训和组织专场招聘会，帮助残疾人享受专项扶持政策。为克服新冠疫情影响，印发了《关于应对疫情影响支持残疾人就业创业工作的通知》，对个体就业、创业的残疾人发放一次性困难补贴并引导各市使用保障金给予补助，利用线上平台开展政策咨询、求职招聘、职业培训等就业服务工作。另一方面促进高校残疾人毕业生高层次就业，印发了《辽宁省进一步促进高校毕业生就业创业若干举措》，采取鼓励高校毕业生市场化社会化就业，促进高校毕业生多渠道就业创业，提升高校毕业生就业能力等重要措施，以促进高校毕业生就业创业。为助力盲人实现就业脱贫，制定了《辽宁省助盲就业脱贫行动实施方案（2018—2020 年）》，加大对贫困视力残疾人的精准施策和帮扶力度，帮助其掌握就业创业技能，实现自主就业、稳定增收。

三是开展多形式就业促发展。辽宁各级残联通过"拓岗"、"增岗"和"送岗"，促进残疾人就业。一方面认真落实《机关、事业单位、国有企业带头安排残疾人就业办法》，积极落实按比例安排残疾人就业相关政策，营造良好营商环境，发挥省级残疾人就业机构引领示范作用，促进残疾人多形式就业创业。另一方面积极扶持残疾人自主就业创业，制定《辽宁省关于扶持残疾人自主就业创业的实施意见》，通过强化残疾人自主创业和灵活就业的支持保障，优化残疾人自主创业就业环境，落实各项税费减免政策，采取提供金融扶持和资金补贴、加大就业创业基地带动残疾人就业创业的力度以及创造条件支持重点残疾人群体就业创业等措施帮扶残疾人自主就业创业。此外，全面落实《辽宁省促进残疾人就业三年行动方案（2022—2024年）》《辽宁省"十四五"残疾人职业技能提升计划实施方案》，实施残疾人就业10个重大行动计划和"442"残疾人就业支持项目，打通4个残疾人就业渠道，帮扶4类重点人群就业，提升职业技能和就业服务两种能力，为残疾人实现高质量充分就业提供支撑，为就业年龄段未就业残疾人提供一对一就业帮扶；探索"互联网+新业态+残疾人"三位一体就业模式创新金融助残服务，大力培育残疾人自我发展"新动能"，推动残疾人就业创业和涉残产业发展，举办残疾人各类职业技能竞赛，努力实现残疾人技能水平和职业素养"双提升"，不断涌现"一地一亮点"残疾人就业创业典型。

案例：金融助残"e推客"企业生产有保障

盘山县残联联合中国农业银行盘锦分行盘山县支行通过"残联推荐，农行办贷，残疾人受益"的服务方式，加强对三类重点服务对象的信贷支持，帮扶残疾人劳动就业增收，共同开展金融助残服务工作，取得良好工作成效。2023年以来，盘山县残联利用"e推客"系统平台推荐了9名三类重点服务对象，其中成功放贷6名，累计放贷1173.4万元。

金融助残工作中受益最大的企业为"盘锦富隆化工有限公司"。该企业成立于2001年，2018年由辽宁省社会福利企业协会授予"辽宁省残疾人集中就业社会福利性企业"称号。在盘山县残联的推荐下，中国农业银行盘山县支行通过审核审批，于2023年3月为该公司贷款1000万元，解决了其融资难问题，保障了正常生产经营。

目前该公司职工54人，安置残疾人16人，其中肢残13人、听力残疾1人、智力残疾2人，占职工总数的29.6%。这些残疾人入职后，工资待遇、生活补贴、社会保障与其他员工无异。该公司虽然是一家民营企业，却一直将回报社会铭记于心，在条件允许的情况下，尽最大可能吸纳更多的残疾人，帮助残疾人实现就业，以实际行动践行企业的社会责任。

（三）织密筑牢基本民生保障网，稳步提高残疾人生活质量

一是完善民生保障政策，织密筑牢保障网络。为保障全省残疾人的基本民生，提高残疾人生活质量，一方面健全完善残疾人最低生活保障和残疾人"两项补贴"制度，印发了《辽宁省最低生活保障、低收入家庭对象认定办法》，将无法单独立户的成年无业重度残疾人，按照单人户要求纳入最低生活保障范围，将建档立卡贫困户中的重度残疾人、重病患者，单独纳入低保兜底范围，以实现"应保尽保、应兜尽兜"。另一方面"提标扩面"，印发了《关于提高困难残疾人生活补贴和重度残疾人护理补贴标准并建立动态调整机制的通知》《关于提高城乡居民最低生活保障、特困人员救助供养、孤儿基本生活养育和60年代精简退职职工生活补助标准的通知》等系列民生保障和改善政策，做到"应补尽补、应助尽助，照标执行"，其中，残疾人是最大受益群体。

二是养老医疗保险制度进一步完善，残疾人受惠普遍增加。一方面推进养老服务规范发展，制定了《辽宁省人民政府办公厅关于推进养老服务发展的实施意见》，提出发展居家和社区养老服务、补齐农村养老服务短板、优化养老服务发展环境、提升养老服务专业水平等重要措施。另一方面完善医疗保障制度，规定贫困残疾人医疗保险自费部分由政府全兜底，将儿童脑瘫、农村0~7岁听障儿童人工耳蜗植入术和全省城乡精神障碍患者防治纳入全省重大疾病医疗保险报销范围，通过"三个一批"等医疗专项救助措施，缓解了城乡残疾人看病难、看病贵等难题。此外，进一步完善残疾人社会保障和福利补贴制度，辽宁省人力资源和社会保障厅等联合印发了《关于推动社会保险扶贫成果与全面实施乡村振兴战略有效衔接的通知》，对参加城乡居民养老保险缴费困难群体，按最低缴费档次为其代缴部分或全部养老保险费，对参加城乡居民养老保险的55~59周岁重度残疾人发放生活补助，残疾人普遍享有基本养老保险。2018~2022年，残疾人参加基本养老保险人数由43万人上升到51.88万人，平均每年增加2万余人；60岁以下的参保残疾人中获得养老保险资助补贴人员由9.6万人增加到16.5万人，五

年共资助补贴 64.7 万人次；领取养老金人数由 18.1 万人上升到 23.2 万人，五年共有 103.6 万人次领取了养老金①。

三是探索贫困重度残疾人托养服务，享受托养服务的人数持续增加。为推进"阳光家园计划"残疾人托养服务项目建设，辽宁省出台了《辽宁省"十四五"残疾人托养服务工作实施方案》，提出要完善以居家服务为基础、日间照料服务为支持、寄宿制托养服务为补充的残疾人托养服务体系和建立普遍完善的残疾人托养服务补贴制度。截至 2022 年底，开展残疾人托养服务的各级各类机构达 155 个，惠及大量智力、精神和重度肢体残疾人②。

（四）关爱服务能力不断增强，关爱服务质量持续提高

一是建立完善残疾儿童康复救助制度，康复救助能力持续提升。在《国务院关于建立残疾儿童康复救助制度的意见》的指导下，为加强和改进残疾儿童康复救助服务，自 2018 年到 2022 年，辽宁省印发了《辽宁省人民政府关于建立残疾儿童康复救助制度的实施意见》《辽宁省残疾儿童专项康复救助工作实施方案》《关于新增辽宁省残疾儿童康复救助定点诊疗机构的通知》《关于调整辽宁省残疾儿童康复救助范围和救助标准的通知》以及实施两期残疾预防行动计划等，从残疾儿童康复救助制度建立、康复救助机构规范建设、专项康复救助行动以及对儿童早期预防等方面不断建立完善残疾儿童康复救助制度，优化残疾儿童康复救助经办服务，拓展残疾儿童救助年龄段，提高残疾儿童救助补助标准，为残疾儿童接受基本康复服务提供制度性保障，提升残疾儿童家庭获得感。

二是残疾儿童入学率稳步上升，上大学不再是残疾考生的奢望。一方面残疾儿童少年义务教育得到高度重视。《辽宁省第二期特殊教育提升计划实施方案（2017—2020 年）》提出了要提高残疾儿童少年义务教育普及水平、健全特殊教育经费保障机制、加强特殊教育基础能力建设等重大政策。《辽

---

① 数据来源：2018~2022 年《辽宁省残疾人事业发展统计公报》。
② 数据来源：《2022 年辽宁省残疾人事业发展统计公报》。

宁省"十四五"特殊教育发展提升行动计划实施方案》提出要加快健全特殊教育体系、全面推进融合教育发展、不断完善特殊教育保障机制等重大措施。五年来，通过"一人一案"、融合教育、随班就读、骨干带动、送教上门以及控辍保学、动态监测和贫困学生资助等系列政策措施，完善送教上门制度，为残疾学生提供送教服务，残疾儿童少年义务教育入学率稳步提高，全省适龄残疾儿童少年义务教育阶段入学安置率达100%。另一方面稳步推动辽宁师范大学、沈阳师范大学、辽宁特殊教育师范高等专科学校等高校加强特殊教育专业建设。普通高等学校积极招收符合国家录取标准的残疾考生，增加残疾学生进入普通高校就读机会。招生考试机构要为残疾学生参加高考提供合理便利条件。鼓励普通高等学校增设适合残疾学生就读的相关专业，并给予残疾学生学业、生活上的支持和帮助。五年来，残疾学生高考便利度持续改善，高校招生人数持续上升。据统计，2018~2022年，通过高考便利措施和单考单招政策，共有1656名残疾学生被高校录取①。

三是持续开展精准康复服务行动，残疾康复取得新进展。五年来，辽宁省认真贯彻落实《残疾人精准康复服务行动实施方案》，残疾人基本康复服务取得重大进步。一方面印发《辽宁省"十四五"残疾人康复服务实施方案》，进一步完善了残疾人康复政策体系与服务体系，同时，把实施残疾人精准康复服务行动作为一项重要措施，明确将开展残疾人康复需求筛查评估、组织提供残疾人基本康复服务以及保障基本康复服务质量作为实施精准康复服务的具体要求。另一方面通过将家庭医生签约服务纳入公共服务、建立残疾人基本康复服务和辅助器具适配补贴制度以及建立"两偏一重"困难残疾人家庭康复病房康复点、实施"康复服务直通车基层行"和"三进三助"辅助器具服务温暖工程等有效措施，为全省各类重度病残儿童开展义诊、手术筛查和康复训练指导，为行动不便的重度残疾人提供上门诊疗、康复指导、辅助器具适配和残疾等级评定服务。此外，加强残疾人康复机构与人才队伍建设，深化社区康复工作。截至2022年底，全省有残疾人康复

---

① 数据来源：2018~2022年《辽宁省残疾人事业发展统计公报》。

机构 462 个，康复机构在岗人员达 9943 人，残疾人基本康复服务覆盖率达 99% 以上，得到基本辅助器具适配服务达 4 万余人次①。

四是加强困难家庭无障碍改造，残疾人生活环境持续改善。近五年来，辽宁省持续实施贫困残疾人家庭无障碍改造工程，为进一步促进困难残疾人家庭无障碍改造政策落实，制定了《辽宁省"十四五"困难残疾人家庭无障碍改造实施方案》，并提出对 58330 户困难残疾人家庭实施无障碍改造。五年来，坚持聚焦重点与统筹规划、政府主导与社会参与、保障基本与分类施策、精细管理与加强监督的原则标准，通过认真筛查比对、分级分类施策、加强绩效评价与工作考核等措施，要求各级残联进行入户调查，了解困难残疾人家庭的需求和家居环境实际情况，实施"一户一策"改造。据统计，2018 ~ 2023 年，辽宁省已累计完成困难残疾人家庭无障碍改造 72970 余户，其中，已完成 29424 户，占"十四五"困难残疾人家庭无障碍改造任务的 50.44%，极大地提高了困难残疾人家庭的生活便利度和质量②。

（五）社会融合持续深入，残疾人权益得到保障

一是残疾人出行便利持续改善。辽宁省大力推进无障碍环境建设，自 2017 年开始，《辽宁省无障碍环境建设管理规定》逐步落实，为进一步完善无障碍环境建设法规、政策和标准体系，制定了《辽宁省"十四五"无障碍环境建设实施方案》。多年来，通过将无障碍设施纳入全省执法检查计划，将无障碍环境建设工作纳入市委、市政府、市政协工作规划，对市、县、区残联工作干部和残疾人专职委员开展无障碍环境建设培训，开展全省互联网应用适老化及无障碍改造专项行动，"出行保障"公益诉讼专项监督活动，宣传贯彻《中华人民共和国无障碍环境建设法》等措施，全省无障碍环境建设发生巨大变化，无障碍设施设备更加完善，无障碍环境理念更加深入人心，残疾人出行更为方便。2018 ~ 2022 年，共出台了省、地市、县级

---

① 数据来源：《2022 年辽宁省残疾人事业发展统计公报》。
② 数据来源：2018 ~ 2023 年辽宁省残联工作总结。

无障碍环境建设与管理法规、政府令和规范性文件共 23 个，开展无障碍环境建设检查累计 412 次，无障碍培训累计 12788 人次①。

二是文化体育活动积极开展。全省开展文化进家庭"五个一"活动、残疾人文化周、"残健融合红色文艺轻骑兵走基层"等系列文化主题活动，举办全省残疾人艺术培训班，建设特殊艺术人才培养基地，建立统一无障碍阅读资源共享平台，实施"触阅未来——辽宁省明盲文对照少儿读物制作工程"，大大丰富了残疾人文化体育生活。残疾人竞技体育成绩优异，2023 年辽宁残疾人运动员在杭州第四届亚残运会中赢得 17 金 12 银 3 铜。2022 年北京冬残奥会上辽宁运动员共获得 2 金 3 银 5 铜。2021 年在东京残奥会上，辽宁运动员获得 5 金 4 银 5 铜。在全国第十一届残运会暨第八届特奥会上，辽宁代表团获得 101.5 金 73 银 73.5 铜。残疾人群众性体育广泛推广，围绕"特奥日""健身周""冰雪运动季"主题，举办残疾人康复体育活动、特奥运动会和冬季体育项目等群众性体育活动，推动康复健身体育进社区、进家庭，让残疾人足不出户就能体会到康复健身体育的乐趣。

三是残疾人权益保障更加有力。为维护残疾人权益，制定出台了《关于开展"法援惠民生 关爱残疾人"法律援助专项活动的通知》《辽宁省残疾人尊法学法守法用法专项行动计划（2023—2025 年）》，完善了相关法律维权保障机制，提升了残疾人权益维护能力。同时，通过建立残疾人信访调处机制、开展普法活动、领导带头接访以及开展"法援惠民生 关爱残疾人"法律援助专项活动，实现残疾人权益保障和普法宣传"双促进"。2018～2022 年，辽宁省制定或修改了省、地市、县级关于残疾人的专门法规、规章以及规范性文件 8 个；设立残疾人法律救助工作站 148 个，县级以上人大累计开展《中华人民共和国残疾人保障法》执法检查和专题调研 18 次，县级以上政协开展视察和专题调研 11 次；各地残联协助人大代表、政协委员提出议案和建议、提案 100 多件，办理议案和建议、提案 178 件②。

---

① 数据来源：2018～2022 年《辽宁省残疾人事业发展统计公报》。
② 数据来源：2018～2022 年《辽宁省残疾人事业发展统计公报》。

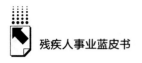

二 辽宁省残疾人事业面临的新形势

近五年来，辽宁省残疾人事业在省委、省政府的高度重视和正确领导下，在社会各界的积极参与下，在残疾人脱贫攻坚、乡村振兴、就业生活、康复服务等多方面取得了突出成绩，但也面临着不少困难和挑战。主要有以下几个方面。

（一）对推进残疾人共同富裕提出了新挑战

丁薛祥在中国残疾人联合会第八次全国代表大会上指出："促进残疾人事业全面发展，必须牢牢把握推进残疾人共同富裕的目标任务。"[1] 辽宁省残疾人事业经过不断探索和实践获得了全面发展，残疾人家庭收入也得到稳步提高。但残疾人生活水平仍然滞后于全省经济发展水平，全省城乡残疾人年均可支配收入与城乡居民人均可支配收入差距依然较大，城乡之间、区域之间残疾人事业发展不均衡，农村残疾人事业发展基础较城镇薄弱。在实现共同富裕的伟大征程中，必须不断提高残疾人的物质生活水平和增进民生福祉，不断缩小城乡地区之间差距，全面实现辽宁省残疾人事业高质量发展。

（二）对不断加强残疾人社会保障和公共服务提出了新要求

丁薛祥在中国残疾人联合会第八次全国代表大会中指出："促进残疾人事业全面发展，必须牢牢把握推进残疾人事业现代化的历史使命。……不断加强残疾人社会保障和公共服务，使残疾人跟上现代化前进步伐。"[2] 近年来，辽宁省残疾人社会保障制度和服务体系逐步建立完善，各项工作都取得

---

① 丁薛祥：《在中国式现代化进程中共同创造残疾人更加幸福美好的生活——在中国残疾人联合会第八次全国代表大会上的致词》，2023年9月18日，中国共产党新闻网，http：//cpc. people. com. cn/n1/2023/0919/c64094-40080618. html。

② 丁薛祥：《在中国式现代化进程中共同创造残疾人更加幸福美好的生活——在中国残疾人联合会第八次全国代表大会上的致词》，2023年9月18日，中国共产党新闻网，http：//cpc. people. com. cn/n1/2023/0919/c64094-40080618. html。

了较大进步。但是，残疾人基本民生保障水平仍然偏低，残疾人就业总量不足，残疾人基本公共服务供给能力与残疾人需求之间存在较大差距，残疾人事业保障机制能力有待完善提高，基层组织以及社会组织的能力水平提升等面临较大挑战。

（三）人口老龄化加速对辽宁省残疾人服务能力提出了更高要求

党的二十大报告提出："实施积极应对人口老龄化国家战略，发展养老事业和养老产业，优化孤寡老人服务，推动实现全体老年人享有基本养老服务。"[①] 根据国家统计局2018~2022年人口抽样调查统计，辽宁省65岁及以上老年人口比例逐年上升，由14.98%上升到20.02%，现有65岁及以上老年人口840多万人。在人口老龄化加速背景下，"老残一体"问题将更加突出，残疾人康复医疗、托养照料等方面还存在不少困难和障碍。近年来，为更好推动老有所养，辽宁省采取了许多有效措施，养老保障条件和能力逐步得到改善和提高。但是，残疾人托养服务能力有待提高，高质量康复机构依然不足，重度残疾人和失能老人的护理补贴标准依然偏低、补贴范围偏小，这对残疾人高质量发展是一项严峻挑战。

三 辽宁省残疾人事业未来改革与发展

"八代会"对中国残疾人事业发展提出了新要求新目标，辽宁省残疾人事业未来改革发展迎来了新机遇、迈上了新征程。未来五年，省残联将始终牢记习近平总书记"两个格外"的殷殷嘱托，深入贯彻党的二十大精神，全面落实"一个必须坚持"和"三个必须牢牢把握"的残疾人事业全面发展新要求新任务新目标，围绕民生保障、就业创业、公共服务、权益保障、平等参与、乡村振兴等重点领域，精准掌握残疾人基本状况和需求，精准掌

[①] 习近平：《高举中国特色社会主义伟大旗帜 为全面建设社会主义现代化国家而团结奋斗——在中国共产党第二十次全国代表大会上的报告》，人民出版社，2022，第49页。

握各级惠残政策和服务资源，进一步建立完善多层次社会保障体系，加大财政投入和政策扶持力度，不断开创辽宁特色残疾人事业改革发展新局面，为全面推动全省残疾人事业高质量发展、为实现残疾人共同富裕目标而努力奋斗。

（一）提供稳定高质的残疾人基本民生保障

一是巩固拓展脱贫攻坚成果，强化残疾人社会救助保障。一方面健全易致贫返贫监测和帮扶机制，将符合条件的残疾人及时纳入监测，给予其有效帮扶。对脱贫人口中无法通过产业就业获得稳定收入的残疾人，按规定做到应保尽保、应兜尽兜；持续推动残疾人扶贫基地建设，支持农村残疾人参与乡村振兴，动员社会力量参与巩固拓展残疾人脱贫工作。另一方面强化残疾人社会救助保障，将符合条件的残疾人和残疾人家庭纳入最低生活保障和特困人员救助供养范围，强化医疗救助与医疗保险的互补衔接，对生活无着的流浪乞讨残疾人、享受低保仍有较大困难的残疾人等给予临时救助。此外，组织协调各方资源力量加强对残疾人的关心关爱。

二是完善残疾人社会福利制度，健全社会保险制度体系。一方面建立完善"两项补贴"及动态调整机制，兜住残疾人民生保障底线。建立残疾人辅助器具适配服务补贴制度，加强残疾孤儿、事实无人抚养残疾儿童医疗、康复、教育等服务与生活保障，加快建设精神卫生福利服务体系，优先保障残疾人基本住房安全便利。另一方面健全残疾人社会保险制度体系，落实残疾人各项社会保险的资助补贴政策，落实好将符合条件的残疾人医疗康复项目纳入基本医保支付范围的政策。

三是加快发展残疾人托养照护服务。完善以居家服务为基础的托养照护服务体系，推动开展残疾人长期照护服务，落实托养服务机构扶持政策，着力增强县级特困救助供养服务机构照护服务能力，鼓励民间资本和社会力量为符合条件的重度残疾人提供多种形式的社会化照护服务，通过政府购买服务引进专业化社会服务机构参与残疾人托养照护服务。

（二）促进残疾人高质量充分就业

一是完善就业政策推动残疾人就业创业。落实残疾人就业支持政策，保障残疾人就业培训、就业服务、补贴奖励等相关资金投入。完善残疾人按比例就业制度，合理认定按比例安排残疾人就业形式。加强残疾人就业促进政策与社会保障政策的衔接。

二是拓展残疾人就业创业渠道。开展残疾人就业促进专项行动，落实残疾人就业的税费优惠、政府优先采购及补贴等政策。扶持残疾人自主创业和灵活就业及新业态就业，组织就业更为困难的残疾人就近就便参加生产劳动。支持残疾妇女就业创业项目，鼓励残疾人在"非遗"传承中实现就业。

三是强化残疾人就业创业服务。一方面健全残疾人就业服务体系，为残疾人和用人单位提供全链条、专业化、精准化服务。另一方面完善残疾人职业技能培训保障和管理制度，帮助有就业愿望和培训需求的残疾人得到相应的职业素质培训、就业技能培训、岗位技能培训和创业培训。

（三）推进残疾人基本公共服务普惠均等发展

一是促进残疾人健康发展。一方面推动实施《"健康辽宁2030"行动纲要》，将残疾人健康管理纳入基本公共卫生服务，将残疾人健康状况、卫生服务需求与利用等纳入省卫生服务调查与健康评估。另一方面全面落实《残疾预防和残疾人康复条例》，继续实施残疾人精准康复行动，落实残疾儿童康复救助制度，健全三级康复服务体系。此外，加快培养高素质专业化康复人才，加快发展康复辅助器具适配服务，搭建辅助器具产业促进和信息交流平台。

二是促进残疾人教育发展。一方面建立健全布局合理、学段衔接、医教结合、普职融通的特殊教育体系。另一方面着力发展以职业教育为重点的残疾人高中阶段教育，提升学前教育质量，巩固义务教育，稳步推进残疾人高等教育。此外，完善特殊教育保障机制，合理配置特殊教育资源，加强特殊教育学校规范化建设，加强特殊教育师资队伍建设。

三是促进残疾人文化体育发展。一方面普及残疾人公共文化服务，推动基层创建残健融合文化服务示范平台，加强农村地区残疾人文化服务，扶持残疾人题材图书出版，扶持残疾人特殊艺术人才和师资培养。另一方面不断加强残疾人体育制度化、规范化、精细化管理与保障政策，协调建立更多国家级、省级残疾人体育训练基地，为国家选拔输送优秀残疾运动员，组织广大残疾人参加各级各类别全民健身活动，推动残疾人康复健身体育服务身边化。

（四）充分保障残疾人平等权利

一是提高残疾人事业法治保障水平。落实《中华人民共和国宪法》《中华人民共和国民法典》《中华人民共和国无障碍环境建设法》等法律法规关于保障残疾人权益的规定，健全辽宁省残疾人权益保障法律规章体系；广泛开展《中华人民共和国残疾人保障法》《中华人民共和国无障碍环境建设法》《辽宁省实施〈中华人民共和国残疾人保障法〉办法》等相关法律法规宣传活动，积极推动无障碍环境建设地方法规的立法实施工作进程。

二是创新残疾人法律服务和权益维护。开展残疾人尊法学法守法用法专项行动，完善公共法律服务平台无障碍功能，完善残疾人法律救助工作协调机制，落实残疾人权益维护应急处置和各项工作机制，开展法律援助志愿助残行动。

三是加强无障碍设施与服务能力建设。一方面成立无障碍环境建设管理工作推进组，在乡村建设行动、城市更新行动、城镇老旧小区改造和居住社区建设中统筹推进无障碍设施建设和改造；在城市道路、公共交通、社区服务设施、公共服务设施和残疾人服务设施、残疾人集中就业单位等方面加快开展无障碍环境建设和改造。另一方面建立低收入残疾人居家无障碍改造长效机制和加快政府政务、公共服务、电子商务、电子导航等信息无障碍建设。

四 结语

近年来，辽宁省残疾人事业得到了全面发展，尤其是在残疾人就业、民生保障、康复服务等方面受到了中国残联和《人民日报》的高度评价和重点关注。辽宁省残疾人事业所取得的新成绩、积累的新经验是与党中央的决策部署、各级党政部门和残联组织的组织实施、企事业单位社会机构以及广大爱心人士的积极参与密不可分的，更是与辽宁省的实干与创新精神紧密相连的。"八代会"后的五年时间里，辽宁省残疾人事业将始终牢记习近平总书记"两个格外"的殷殷嘱托，深入贯彻党的二十大精神，全面落实"一个必须坚持"和"三个必须牢牢把握"的残疾人事业全面发展要求，继续发扬光荣传统和改革创新精神，广泛动员社会力量，不断完善残疾人事务共商共建共享治理模式，着力提升联系、服务残疾人的能力和水平，在中国式现代化进程中不断完善辽宁省残疾人社会保障和关爱服务体系，不断促进残疾人事业全面协调高质量发展，努力促进残疾人共同富裕目标早日实现。

B.13
吉林省残疾人事业发展报告（2024）[*]

吉林省残疾人联合会

摘　要：　近5年来，吉林省贫困残疾人脱贫攻坚任务顺利完成，脱贫成果在乡村振兴中实现新突破；残疾人就业取得最新进展，新业态新就业成效明显；创新康复服务管理模式与辅助器具适配模式，残疾人基本康复服务率、辅助器具适配服务率普遍提高；残疾人基本民生与权益保障持续加强，社会融合广泛深入，关爱服务体系逐步完善，残疾人事业迈上了新台阶。但吉林省残疾人事业依然面临人口老龄化加快、资金投入不足和专业技术人才匮乏等问题。未来吉林省残疾人事业将围绕"完善机制、就业优先、创新服务、统筹城乡"等重点任务，创新吉林特色残疾人事业发展模式，助力东北振兴，在中国式现代化进程中，努力推进残疾人共同富裕。

关键词：　残疾人事业　基本民生　残疾康复　社会融合　吉林省

吉林省是中国东北老工业基地，经济欠发达省份。2022年全省生产总值12818.1亿元，人均生产总值5.43万元，城镇人均可支配收入35471元，农村人均可支配收入18134元[①]。现有持证残疾人80.75万人（视力残疾8.37万、听力残疾7.61万、言语残疾1.29万余人、肢体残疾43.60万、智力残疾7.77万余人、精神残疾8.64万余人、多重残疾3.47万余人），其中，重度残疾37.59万余人，占比46.55%[②]。

---

　　*　本报告数据由吉林省残疾人联合会提供。
　　①　数据来源：国家统计局官网。
　　②　数据来源：吉林省残疾人联合会。

吉林省残疾人事业在省委和省政府的高度重视下取得全面进步，在残疾人就业、康复等多个领域获得中国残联的高度赞扬并成为全国残联系统学习的成功范例。

一 残疾人事业取得全面进步

（一）如期完成脱贫攻坚任务，巩固脱贫成果取得新突破

吉林省紧扣"全面建成小康社会，残疾人一个也不能少"的目标和吉林乡村全面振兴，聚焦"两不愁三保障"突出问题，协调推进贫困残疾人脱贫攻坚，通过补齐短板、完善制度、画出重点、创新模式等措施，顺利完成贫困残疾人脱贫攻坚任务，实现了巩固脱贫攻坚成果新突破，吉林省网络创业和"善满家园"扶贫模式被纳入《破解因残致贫的中国方案：残疾人扶贫典型案例》一书。

一是聚焦"两不愁三保障"，协调推进残疾人精准脱贫。一方面，为落实《中共吉林省委　吉林省人民政府关于打赢脱贫攻坚战三年行动的实施意见》，省残联制定了推进残疾人脱贫攻坚"3个10条"举措。相关部门印发了《吉林省残疾人电子商务创业就业行动实施方案》《关于印发〈发展手工制作促进贫困残疾妇女就业脱贫行动实施方案〉的通知》《吉林省农村贫困残疾人产业扶持项目实施方案（2018—2020年）》等，以实现残疾人就业增收脱贫。另一方面，在落实好残疾人兜底保障基础上，建立吉林省残疾人两项补贴信息平台与困难残疾人生活补贴和重度残疾人护理补贴标准动态调整机制，积极推进残疾人社会救助、养老保险等兜底保障政策的落实；在实施残疾人基本医疗、贫困残疾人医疗救助保障政策的同时，印发了《吉林省人民政府关于建立残疾儿童康复救助制度的实施意见》《吉林省第二期特殊教育提升计划（2017—2020年）》，开展了农村贫困残疾人家庭危房改造等，保障了建档立卡残疾家庭的基本生活、基本医疗、适龄儿童少年义务教育以及住房安全，在制度上确保了贫困残疾人如期脱贫。此外，组

织开展全省残疾人扶贫周系列活动，通过捐赠物资、文艺演出、康复指导、技能培训等多种形式助力贫困残疾人脱贫攻坚；深入基层开展康复扶贫、重点人群家庭医生签约服务等，实现精准康复服务助力脱贫攻坚。

二是实施重点突破，以点带面确保贫困地区残疾人整体脱贫。一方面，精准掌握各市（州）贫困残疾人分布、残疾等级、具体需求等情况，将贫困程度深、扶持难度大的国、省定贫困县及建档立卡贫困残疾人数超过1000人的县（市）作为重点倾斜对象，在残疾人就业保障、产业扶持、康复托养等方面给予资金支持，指导各地新建市、县两级残疾人扶贫基地，扶持农村发展产业，培养农村残疾人创业带头人以促进贫困地区残疾人整体脱贫。另一方面，实施"就业扶贫，助残圆梦"农村贫困残疾人就业帮扶活动，加大力度支持各地贫困残疾人生产增收，支持国、省贫困县康复机构建设，新建各级残疾人就业（扶贫）基地，为贫困残疾人提供实用技术培训以及对重点贫困村提供支持，从生产、就业、康复、技能提升等方面全方位促进农村残疾人脱贫增收。此外，将吉林省网络创业和"善满家园"扶贫模式创新与坚持"智志"双扶相结合，选树一批助残脱贫和自主脱贫典型，激励贫困残疾人自主脱贫，同时，制定巩固脱贫成效、保障残疾人稳定脱贫工作计划，对重点市县实行挂牌督战，指导各地全面做好残疾人防返贫工作。

三是巩固拓展残疾人脱贫攻坚成果，在乡村振兴中实现新突破。一方面，通过做好防止返贫致贫数据比对和动态监测，将脱贫不稳定户、边缘户、突发困难的残疾人纳入当地防止返贫致贫监测和帮扶机制，确保脱贫残疾人持续享受帮扶政策；锚定重点领域和重点地区，对接乡村振兴重点帮扶县，通过加强产业扶持和稳岗就业、深化驻村包保和帮扶工作等举措，支持当地在残疾人脱贫攻坚领域率先实现突破。另一方面，制定《吉林省农村残疾人"智志双扶"工程实施方案》，开展"智志双扶""千村示范""百村提升"行动，开展农村残疾人实用技术培训，培育农村残疾人就业帮扶基地，扶持农村残疾人特色产业发展，指导农村残疾人从事生产劳动，加大省级重点帮扶县残疾人事业发展经费投入，为农村残疾人及其家庭成员、农村助残致富带头人提供信贷支持。此外，实施"残联助力乡村振兴服务万村残疾人行动"，为贫困村配置残疾人康复设备，为村级残疾人服务场所、困难残疾人家庭实施无障碍改造，选树农村残疾人致富带头人开展"乡村振兴，自强有我"宣传，推进示范村加快农村残疾人基本公共服务托底补短进程。

（二）残疾人就业全面推进，新业态新就业发展见成效

为扩大残疾人就业面，拓宽残疾人就业渠道，提升残疾人就业质量，充分掌握残疾人基本情况和就业需求，吉林省不断完善就业政策，持续开展精准服务，探索新业态就业模式，助力残疾人家庭就业增收。截至2022年底，城乡持证残疾人就业人数为181033人，其中按比例就业8688人，集中就业4181人，个体就业15670人，公益性岗位就业2855人，辅助性就业1078人，灵活就业45852人，从事农业种养加102709人[①]。

一是完善残疾人就业帮扶政策体系。为促进残疾人就业，针对不同就业渠道与就业形式，吉林省在落实中共中央组织部等五部门印发的《机关、事业单位、国有企业带头安排残疾人就业办法》的同时，各相关机构制定了《吉林省残疾人联合会等部门关于扶持残疾人自主就业创业的实施意见》《吉林省残疾人网络创业专项行动方案》《关于支持高校残疾人毕业生就业创业的若干具体举措》《吉林省农村残疾人"智志双扶"工程实施方案》《吉林省"十四五"残疾人职业技能提升计划实施方案》《吉林省促进残疾人就业三年行动实施方案（2022—2024年）》《吉林省落实"美丽工坊"残疾妇女就业增收项目实施方案》等十几个残疾人就业创业政策。这一系列政策健全了多形式多类别残疾人就业创业的政策支持体系，在资金帮扶、平台赋能、榜样引领下，有力促进了残疾人就业创业，为实现残疾人脱贫、巩固拓展残疾人脱贫攻坚成果、提升残疾人自身发展能力提供了强力保障。

二是完善残疾人就业帮扶机制。一方面，开展残疾人"就业援助月"

---

① 数据来源：《2022年吉林省残疾人事业发展统计公报》。

"春风行动""走访拓岗"等就业援助专项活动，进行登记、培训和组织专场招聘会，帮助残疾人实现就业和享受专项扶持。另一方面，为高校毕业生提供"一人一策"精准服务，开展高校残疾人毕业生"创业奋斗'就'在吉林"行动；深入开展吉林省残疾人网络创业专项行动，实施农村残疾人就业帮扶行动，建设"美丽工坊"试点，打造盲人按摩品牌，开展新媒体及网络创业、电商培训以及"马兰花"残疾人创业培训、农村残疾人实用技术培训。此外，财政资金稳步增加为残疾人就业工作开展提供有力保障。2018~2022年，全省共投入13936.2万元就业扶贫资金，创造了数万个残疾人就业岗位，有效保障了残疾人就业创业（见表1）。

表1　吉林省残疾人就业创业财政资金投入情况（2018~2022年）

单位：万元

	2018年	2019年	2020年	2021年	2022年	合计
资金	3050.99	3266.80	2472.88	2510.80	2634.73	13936.20

数据来源：2018~2022年吉林省一般公共预算支出决算表。

三是完善多形式就业促进机制。一方面，深入实施促进残疾人就业三年行动计划，通过政策支持、资金帮扶、平台赋能、榜样引领等措施，多层次、多形式、多渠道推动残疾人高质量就业创业；认真落实《机关、事业单位、国有企业带头安排残疾人就业办法》，对未达到规定比例安排残疾人就业的各级党政机关、事业单位、企业提出明确要求；发挥各级各类残疾人专门协会等残疾人组织助残作用，促进残疾人集中就业、辅助性就业以及公益性岗位就业。另一方面，积极扶持残疾人自主就业创业，制定《吉林省残疾人联合会等部门关于扶持残疾人自主就业创业的实施意见》，通过强化残疾人自主创业和灵活就业的支持保障政策措施帮扶残疾人自主就业创业；培育农村残疾人就业帮扶基地，扶持农村残疾人从事生产和劳动，助力农村残疾人就业。此外，实施残疾人职业技能提升行动，举办吉林省残疾人职业技能竞赛，鼓励参加全国残疾人职业技能大赛、全国残疾人展能节等，大大增强了残疾人就业创业技能，不断涌现出残疾人就业创业典型案例。

案例一：残疾人新就业新业态发展成效明显

吉林省残联积极组织开展"残疾人网络创业专项行动"，助力残疾人打开产品网络营销渠道，一批残疾人网络创业者在一系列政策措施的帮助下，从新电商、新业态中脱颖而出。

吉林省残疾人网络创业创新大赛是国内最早的省级残疾人创业创新专项赛事，得到了全省残疾人创业者的积极响应和省内外媒体及公众的广泛关注。为拓宽残疾人就业渠道，吉林省残联于2023年成功举办了第二届吉林省残疾人网络创业创新大赛。第二届大赛以"创业有我＊就在吉林＊聚智兴吉＊筑梦未来"为主题，参赛项目涵盖互联网、农业科技、社会服务、文化创意、康复辅助和助残服务平台等领域。创业创新大赛得到全省残疾人创业者的积极响应，通过同台竞技、项目展示等环节，持续挖掘了一批优秀创业创新项目，以创业促就业，引导帮扶残疾人项目把握新机遇，激发更多残疾人加入创业创新大潮。

第二届吉林省残疾人网络创业创新大赛，创新了比赛模式，形成了"互联网+创新创业"和"创意创业"两个竞赛组以及互联网新经济新业态、乡村振兴、自主创业、残疾大中专学生青年创业、助残服务类5个专项赛。突出展现了残疾人创业就业能力，有效促进了全省残疾人创业创新工作的蓬勃开展，持续推动了残疾人创业就业工作高质量发展。

（三）基本民生保障持续加固，残疾人生活水平不断提高

一是织密筑牢民生保障网络。为保障全省残疾人的基本民生，提高残疾人生活水平，一方面，健全完善残疾人最低生活保障和残疾人"两项补贴"及特困救助制度，印发了《吉林省民政厅　吉林省财政厅　吉林省扶贫办关于在脱贫攻坚三年行动中切实做好社会救助兜底保障工作的实施意见》

《吉林省民政厅等部门关于进一步完善城市生活困难人口社会救助体系的意见》《吉林省民政厅印发〈关于健全农村低收入人口常态化帮扶工作方案〉的通知》等，将通过产业就业帮扶无法脱贫的残疾人家庭、未脱贫建档立卡贫困家庭纳入低保保障范围，将脱贫人口中完全丧失劳动能力或部分丧失劳动能力且无法通过产业就业获得稳定收入的人口依规纳入农村低保或特困人员救助供养范围，将符合城市低保条件的进城落户农业人口及时纳入保障范围，对城乡低保对象中的重病患者、重残人员、70 周岁以上老年人和未成年人等特殊对象实行重点保障，同时，针对完全丧失生活自理能力、部分丧失生活自理能力和完全有生活自理能力的人员建立特困人员救助供养标准动态调整机制，实现"应保尽保、应兜尽兜、应帮尽帮"。另一方面，补齐民生短板，印发了《关于建立困难残疾人生活补贴和重度残疾人护理补贴标准动态调整机制的通知（试行）》《吉林省深入推进长期护理保险制度试点工作实施方案》，科学合理确定"两项补贴"标准并进行动态管理，探索建立长期护理保险制度，持续解决残疾人特殊生活困难和长期照护困难问题，有效保障残疾人生存发展权益，满足重度失能人员的基本护理需求。

二是完善医疗养老保障制度。《吉林省关于推进家庭医生签约服务高质量发展的实施方案》提出从 2022 年开始，各地在现有服务水平基础上，全人群和重点人群签约服务覆盖率每年提升 1~3 个百分点，在确保签约服务质量和签约居民获得感的前提下，到 2035 年，重点人群签约服务覆盖率在85% 以上，满意度在 85% 左右。《吉林省人民政府办公厅关于健全重特大疾病医疗保险和救助制度的实施意见》提出对特困人员、低保对象、返贫致贫人口、低保边缘家庭成员、农村易返贫致贫人口以及因病致贫重病患者等给予救助，同时，提出要强化三重制度综合保障、夯实医疗救助托底保障以及建立健全防范和化解因病致贫返贫长效机制等措施，极大缓解了城乡残疾人看病难、看病贵等难题，残疾人参加医疗保险人数逐年上升。此外，通过积极推进残疾人养老保险政策的落实，2018~2022 年参加基本养老保险人数由 32.85 万人上升到 55.73 万人，平均每年增加 5.7 万余人；获得养老保险资助补贴人员由 16.94 万人增加到 22.35 万人，五年共资助补贴 101.5 万余人次；领取养老金人数由 10.44 万人上升到 22.59 万人，五年共有 85.4 万余人次领取了养老金。

三是加强残疾人托养服务建设。为推进"阳光家园计划"残疾人托养服务项目建设，吉林省残疾人联合会办公室印发了《关于规范实施"阳光家园计划"认真做好残疾人托养服务的通知》，吉林省残疾人联合会印发了《吉林省"十四五"残疾人托养服务工作实施方案》，提出依托"阳光家园计划"全面开展残疾人托养服务工作，全面带动残疾人托养和照护服务发展，通过寄宿托养、日间照料、居家服务等多种形式完善残疾人托养照护服务体系和托养服务补贴制度。截至 2022 年底，开展残疾人托养服务的各级各类机构达 165 个，2018~2022 年，五年共接受托养服务 8338 人次[①]，惠及众多智力、精神和重度肢体残疾人。

（四）康复救助取得新突破，关爱服务能力不断增强

一是残疾儿童康复救助制度不断完善，清单式管理模式已形成。在《国务院关于建立残疾儿童康复救助制度的意见》的指导下，为有效提升残疾儿童康复救助能力和水平，自 2018 年到 2022 年，相继出台了《吉林省人民政府关于建立残疾儿童康复救助制度的实施意见》《吉林省残疾儿童康复救助实施细则》，实施了两期残疾预防行动计划等。各地纷纷出台残疾儿童康复救助制度，全省从残疾儿童康复救助制度建立、康复救助机构规范建设、资金使用绩效管理以及儿童早期预防等方面不断健全完善残疾儿童康复救助制度等，为残疾儿童接受基本康复服务提供制度性保障，提升残疾儿童康复救助能力和水平。全省残疾儿童康复救助工作"精准到人、精准到年龄段"的清单式管理模式已形成推广。

二是基本康复服务取得新突破，辅助器具适配用上了互联网。五年来，吉林省认真贯彻落实《残疾人精准康复服务行动实施方案》，残疾人基本康复服务取得重大突破。一方面，吉林省残疾人联合会等部门印发《吉林省

---

① 数据来源：2018~2022 年《吉林省残疾人事业发展统计公报》。

"十四五"残疾人康复服务实施方案》，进一步完善了残疾人康复政策体系与服务体系，同时，把提升残疾人康复服务专业化水平和实施残疾人精准康复服务行动作为重要措施，明确将加强康复人才培养与科技创新、开展残疾人康复需求筛查评估、组织提供残疾人基本康复服务、保障基本康复服务质量作为实施精准康复服务与提升康复服务水平的具体要求；吉林省人民政府办公厅印发《吉林省残疾预防行动计划（2022—2025 年）》，提出了加强康复医疗服务、保障残疾人基本康复服务、加强长期照护服务等康复服务促进行动具体措施。另一方面，吉林省残疾人联合会同省财政厅、省民政厅、省卫生健康委制定下发《吉林省残疾人基本型辅助器具适配补贴实施办法（试行）》，对补贴对象和标准作出了明确规定；吉林省卫生健康委等 9 部门联合制定《吉林省加快康复医疗工作发展实施方案》，提出建设完善康复医疗服务体系、人才培养与科技创新等主要任务。此外，通过开展全省残疾人家庭医生签约"应签尽签"服务、创新辅助器具适配服务模式、组织残疾人康复服务团队深入基层，为残疾人提供医疗康复和辅助器具适配服务、培训农村康复业务骨干，提升农村和基层康复服务能力。现全省拥有残疾人康复机构 243 个[1]，残疾人基本康复服务覆盖率达到 98.95%[2]。

案例二：创新辅助器具适配服务模式——长春市朝阳区基本辅助器具适配服务创新

长春市朝阳区是长春市的中心城区，也是老城区，面积 237 平方公里，下设 9 个街道 52 个社区，2 个镇 24 个村，以及 1 个省级开发区。现有持证残疾人 1 万人。在每年的持证残疾人基本状况调查中，有辅助器具需求者 300 余人。多年来，朝阳区辅助器具申领多采取统购统配、集中发放的模式，申领发放流程长，而且辅助器具与残疾人的身体状况和实际需要很难达到精准契合。针对这一问题，长春市朝阳区积极申请成

---

[1] 数据来源：《2022 年吉林省残疾人事业发展统计公报》。

[2] 数据来源：吉林省残疾人联合会。

为省级辅助器具适配补贴试点单位，探索适配补贴新模式，并依托互联网实现线上线下服务相结合，逐步实现由"统购统发"的阶段性、集中式服务模式，向"需求为目标"的全程化、精准化服务转变，提高了服务效能。通过广泛调研、多方配合、多措并举，协同推进，同时，开展线下体验、线上服务，在全省首批实践"互联网+辅助器具服务"模式，开发"长朝辅具"微信小程序，并适时进行适配评估、管理跟踪问效。实施辅助器具适配补贴新模式以来，在全区取得了显著成效，个性化服务更精准，申报审核更便利，项目实施更规范，服务过程更高效，得到了残疾人及其亲属的普遍赞誉，有效提升了残疾群众"人人享有康复服务"的获得感、幸福感和满意度。

三是残疾儿童入学率稳步上升，残疾人人才培养机制逐步形成。一方面加强残疾儿童少年义务教育。《吉林省第二期特殊教育提升计划（2017—2020年）》《吉林省"十四五"特殊教育发展提升行动计划》提出了要持续提高残疾儿童义务教育普及水平、全面推进融合教育发展、巩固完善特殊教育经费投入机制、健全特殊教育体系及专业支撑体系等重大政策。五年来，通过"一人一案"、融合教育、随班就读、骨干支撑、送教上门以及贫困学生资助等系列政策措施，有效保障了具有学习能力的残疾儿童接受义务教育。另一方面，建立残疾人人才培养工作机制。制定印发《吉林省残疾人人才培养"百千万"工程实施方案》，通过创造便利条件鼓励残疾人接受高等教育、强化残疾人技能培训、加强残疾人干部队伍建设等措施，建立了残疾人人才培养工作机制，全面强化了残疾人人才培养和高素质人才储备工作。据统计，2018~2022年通过高考便利措施和单考单招政策，共有2528名残疾学生被高校录取，中等职业学校毕业生达到592名[1]。

（五）社会融合广泛深入，残疾人权益保障更加有力

一是残疾人出行环境持续改善。一方面，加强无障碍环境建设。在全面

---

[1] 数据来源：2018~2022年《吉林省残疾人事业发展统计公报》。

实施《吉林省无障碍环境建设管理办法》的同时，出台了《吉林省贫困重度残疾人家庭无障碍改造项目实施方案（2019 年—2020 年）》《吉林省"十四五"推进村级残疾人服务场所和困难残疾人家庭无障碍改造工作的实施意见》，涵盖困难残疾人家庭无障碍改造的吉林省无障碍环境建设工作全面展开，全省无障碍设施覆盖范围不断扩大，无障碍环境建设水平不断提高。为进一步完善无障碍环境建设法规、政策和标准体系以及设施设备，制定实施《吉林省"十四五"无障碍环境建设实施方案》，同时大力宣传贯彻《中华人民共和国无障碍环境建设法》，极大地提升了吉林省无障碍环境建设水平和能力。多年来，通过加强城市道路与公共建筑无障碍设施建设，普遍实行困难残疾人家庭、村级残疾人服务场所及城镇老旧小区、公共服务设施、互联网无障碍改造和特殊困难老年人家庭适老化改造等措施，全省无障碍环境得到进一步改善，残疾人出行更为便利。另一方面，加强无障碍交流服务。吉林省残疾人联合会印发了《关于做好国家通用手语和国家通用盲文推广工作的通知》，吉林继续落实《第二期国家手语和盲文规范化行动计划（2021—2025 年）》，为盲聋哑等残疾人群无障碍交流提供有力保障。此外，推进"数字吉林"残疾人信息化服务建设，实施"三同卡"+"一平台"+"N 服务"的智慧残联与"吉林祥云"数据建设，推行"政务直通车"工作机制，实现了"服务到指尖，一次不用跑"与按比例就业"跨省通办"目标。据统计，2018～2022 年，共出台了省、地市、县级无障碍环境建设与管理法规、政府令和规范性文件 70 个[①]。2018～2023 年，吉林省已累计完成困难残疾人家庭无障碍改造 42312 户，村级残疾人服务场所实施无障碍改造 4500 余个[②]。

二是文化体育活动积极开展。通过建设新时代残疾人文体活动示范点和开展文化进家庭"五个一"活动、残疾人文化周、书香吉林·阅读有我、文化进万家、光明影院等系列主题文化活动，以及中西部地区百县百

---

① 数据来源：2018～2022 年《吉林省残疾人事业发展统计公报》。
② 数据来源：吉林省残联历年年度工作总结。

场公益巡演展览、东北亚残疾人书画作品展、残疾人励志电影展映等活动，大大丰富了残疾人的文化体育生活。积极推动残疾人竞技体育与群众体育协调发展，吉林运动员 2023 年在第十六届世界夏季特殊奥林匹克运动会羽毛球比赛中获得 5 金 2 银 1 铜的好成绩；2021 年在全国第十一届残运会暨第八届特奥会上总计获得 112 枚奖牌。广泛推广残疾人群众性体育，围绕"特奥日""健身周""冰雪运动季"主题，开展系列适合残疾人特点、形式多样、内容丰富的残疾人体育健身活动，举办线上体育健身指导员培训班和残疾人"云健身"活动，积极组织开展全省残疾人群众体育示范推广活动。

三是残疾人权益维护进一步加强。为维护残疾人权益，提高残疾人社会地位，制定出台了《吉林省残联关于维护残疾人合法权益扎实做好残疾人信访工作的实施方案》《进一步加强吉林省残疾人法律救助工作的意见》《吉林省残疾人尊法学法守法用法专项行动计划（2023—2025年）》，完善了相关法律维权保障机制，提升了残疾人权益维护能力。同时，通过畅通残疾人信访渠道、开展法律援助及普法活动等，充分反映了残疾人正当诉求，及时化解了矛盾纠纷，有力提供了法律服务，有效保障了残疾人权益。2018~2022 年，制定或修改了省、地市、县级关于残疾人权益保障的专门法规、规章以及规范性文件 20 个；设立残疾人法律救助工作站 66 个，县级以上人大累计开展《中华人民共和国残疾人保障法》执法检查和专题调研 14 次，县级以上政协开展视察和专题调研 12 次；各地残联协助人大代表、政协委员提出议案和建议、提案 30 余件，办理议案和建议、提案 60 件①。

二　吉林省残疾人事业面临的新挑战

近五年来，吉林省残疾人事业在省委、省政府的高度重视和正确领导

---

① 数据来源：2018~2022 年《吉林省残疾人事业发展统计公报》。

下，在社会各界的积极参与下，在残疾人脱贫攻坚、乡村振兴、就业生活、康复服务等多方面取得了突出成绩，但也面临着不少困难和挑战。当前，残疾人仍然是社会上最困难的群体之一，残疾人事业仍然是吉林省社会事业发展的"短板"。吉林省残疾人事业主要面临以下几个方面的挑战。

（一）老龄化加剧持续带来残疾人民生保障压力

近年来，随着人口老龄化程度加深，吉林省残疾老年群体不断扩大，且有较大比重的"以老养残"家庭。2023年全国持证残疾人基本状况调查数据显示，吉林省参加调查的756448名持证残疾人中，60岁以上的共有341621名，占调查总数的45.16%；以老养残的残疾人共有213034名，占调查总数的28.16%，其中，法定抚养人年龄为70周岁及以上的共有34988名，占调查总数的4.63%。① 随着时间推移，残疾人民生保障面临的挑战日益凸显。

（二）残疾人保障资金投入不足问题普遍存在

近年来，由于疫情影响的逐步显现，吉林省存在残疾人保障资金不足的现象。部分市、县的地方财政资金无法及时足额到位，个别地区甚至只能依靠中央和省级转移支付开展工作，投入渠道较为单一，缺少地方资金的配套保障，有的地区还存在项目专项资金被挤占挪用的现象，导致多项业务进展缓慢，工作开展不理想。

（三）残疾人服务专业技术人才匮乏问题亟待解决

从"十四五"中期评估来看，残疾人各业务领域均存在残疾人服务专业技术人员力量不足的情况。2023年全国持证残疾人基本状况调查数据显示，吉林省精神类残疾人总量已位居全国第二。但目前，吉林省精神康复专业技术人员和心理学专业人员的增长与精神类残疾人的增长未能同步，精神

---

① 数据来源：吉林省残疾人联合会。

类残疾人服务需求难以满足，缺乏精神专科医护人员的专业指导成为开展社区精神康复服务的短板。此外，特教师资、信息技术人员等均相对匮乏，在一定程度上制约了本领域业务发展。

三　吉林省残疾人事业未来改革与发展

今后五年，吉林省将坚持以习近平新时代中国特色社会主义思想为指导，全面贯彻落实党的二十大精神，深入贯彻习近平总书记在新时代推动东北全面振兴座谈会上的重要讲话精神和关于残疾人事业重要论述、重要指示批示精神，按照省委、省政府关于保障和改善民生的决策部署及中国残联、省残联第八次代表大会要求，全面深入实施《吉林省"十四五"残疾人保障和发展规划》，积极谋划"十五五"残疾人工作，进一步完善残疾人社会保障制度和关爱服务体系，在吉林全面振兴率先实现新突破的实践中着力推动残疾人事业全面发展、促进残疾人共同富裕。将重点围绕建立完善与经济社会水平发展相适应的新时代残疾人事业制度体系和服务体系、全面落实就业优先战略、统筹城乡和区域发展、提升残疾人公共服务质量方面开展工作。

（一）完善残疾人事业工作体制机制，提升残联组织服务能力

一是深化残联组织改革，强化顶层设计。围绕建立完善与经济社会水平发展相适应的新时代残疾人事业制度体系和服务体系，坚持以人民为中心的发展思想，持续深化残联组织改革，强化顶层设计，推动"十四五"残疾人保障和发展规划中期评估成果转化运用，落实好配套行动计划，高质量完成规划后半程任务，为"十五五"规划发展奠定坚实基础，为残疾人事业高质量全面发展和残疾人共同富裕提供强力组织保障。

二是加强基层组织建设，提升基层服务能力。进一步活跃协会工作，深入推进村（社区）残协规范化建设，多形式开展教育培训，打造高素质残

疾人工作者队伍，把残联组织建设得更接地气、更有能力、更具活力。

三是创新残疾人领域社会治理模式。充分利用大数据和信息化提高为残疾人服务的效能，促进残疾人民生保障体系精准、规范、有序、高效运行。持续强化"跨省通办""高效办成一件事"等便民服务举措，在保障对象上"兜住底"，在精准管理上"兜准底"，在智慧申领上"兜好底"。

（二）全面落实就业优先战略，保障残疾人平等就业权益

一是多渠道促进残疾人就业创业。一方面，开展残疾人就业"十大行动"，落实残疾人按比例就业制度和党政机关、事业单位、国有企业带头安置残疾人就业政策；落实全国残疾人按比例就业情况联网认证"跨省通办"和对录用残疾人单位给予优惠、补贴及奖励政策。另一方面，大力扶持残疾人自主创业、灵活就业，助力残疾人网络创业，继续推广"美丽工坊"帮扶残疾妇女就业增收，宣传"吉林妙手"品牌，做好残疾大学生就业帮扶，稳定残疾人公益性岗位就业规模，继续培育残疾人就业基地、农村残疾人帮扶基地、创业孵化基地。

二是多方面提升残疾人职业素质和就业创业能力。一方面，实施残疾人职业技能提升行动，加强适合残疾人职业技能培训项目的开发和实训基地建设，帮助有就业愿望和培训需求的残疾人得到相应的就业创业培训。另一方面，继续开展农村残疾人实用技术培训，积极开展残疾人展能、产品作品展示展销、岗位精英职业技能竞赛等活动，培养一批残疾人高技能人才，扶持一批残疾人技能工作室。

三是多形式推进残疾人就业。一方面，充分发挥残疾人就业服务机构和各类公共就业服务平台、人力资源服务机构、社会组织扶持残疾人就业作用，帮助残疾人实现就业。另一方面，建立高校残疾人毕业生就业帮扶台账，按照"一人一档""一人一策"要求重点帮扶。此外，持续开展"就业援助月""残疾人就业帮扶"等专项就业服务活动，将符合条件的就业困难残疾人纳入就业援助范围。

（三）统筹城乡和区域发展，提升公共服务均等化水平

一是巩固拓展脱贫攻坚成果同乡村振兴有效衔接。实施"残联助力乡村振兴　服务万村残疾人行动"，将农村残疾人基本公共服务项目作为各地乡村振兴行动计划的重点内容，加大在康复、教育、就业、家庭无障碍改造等方面的帮扶力度，不断加强和改善农村残疾人服务。助力"兴边富民"工程，做好边境村残疾人重点帮扶工作。

二是完善残疾人社会保障制度，提高残疾人民生保障水平。一方面，落实残疾人社会救助和社会福利制度，将符合条件的残疾人纳入最低生活保障或特困人员救助供养范围，建立困难残疾人生活补贴和重度残疾人护理补贴动态调整机制。另一方面，认真执行医疗救助制度，强化医疗救助与基本医疗保险、大病保险的互补衔接，对符合农村危房改造政策的低收入残疾人家庭优先实施改造。此外，积极发展残疾人托养和照护服务，完善落实惠残优待政策。

三是提升残疾人公共服务质量。做好残疾人教育工作，坚持教育优先发展，促进教育公平。深入实施残疾预防行动计划，继续实施精准康复服务行动，落实残疾人康复救助制度，完善康复服务体系，提升残疾人健康服务水平。强化残疾人文化服务供给，满足残疾人精神文化需求。做好群众性体育工作。

四　结语

在"七代会"后的五年，吉林省残疾人事业得到了全面发展，尤其是在残疾人就业、残疾康复等方面的工作受到了中国残联的高度肯定。吉林省残疾人事业所取得的新成绩、积累的新经验是与中央的决策部署、各级党政部门和残联组织的组织实施、企事业单位以及社会积极参与密不可分的，也是与勇于创新精神紧密相连的。"八代会"后未来五年，吉林省残疾人事业将始终牢记习近平总书记"两个格外"的殷殷嘱托，深入贯彻党的二十大

精神，全面落实"一个必须坚持"和"三个必须牢牢把握"的残疾人事业全面发展要求，围绕重点任务和目标，继续发扬残联光荣传统和改革创新精神，广泛动员社会力量，不断完善残疾人事务共商共建共享治理模式，着力提升联系、服务残疾人的能力和水平，在中国式现代化进程中不断完善吉林省残疾人社会保障和关爱服务体系，不断促进残疾人事业全面协调高质量发展，努力推进残疾人共同富裕进程。

B.14
黑龙江省残疾人事业发展报告（2024）*

黑龙江省残疾人联合会

摘　要： 近5年来，在黑龙江省脱贫攻坚中，残疾人全面小康顺利实现，涌现出一大批贫困残疾人自强典型，脱贫攻坚成果得到有效巩固。残疾人事业向高质量全面发展迈出了坚实步伐，残疾人就业帮扶链条式推进，基本民生在"提标扩面"中得到稳定保障，关爱服务在品牌服务行动中取得突破，残疾人体育为我国冬季残奥运动发展作出了突出贡献，残疾人出行更加便利，残疾人权益保障持续改善。但是，黑龙江省残疾人事业依然面临人口老龄化加快、资金投入不足、残疾人群体贫弱交织、帮扶任务重等问题。未来黑龙江省残疾人事业将围绕"权益平等、融合发展、共享成果、提升能力"等重点任务，创新黑龙江特色残疾人事业发展，助力东北振兴，在中国式现代化进程中，努力推进残疾人共同富裕进程，让残疾人群众有更大的获得感、幸福感和安全感。

关键词： 残疾人事业　基本民生　社会融合　黑龙江省

黑龙江省是中国东北老工业基地，经济欠发达省份。2022年全省生产总值15831.5亿元，人均生产总值5.11万元，城镇人均可支配收入35042元，农村人均可支配收入18577元①。现有持证残疾人约93.62万人（视力残疾8.98万余人、听力残疾约7.81万人、言语残疾约1.19万人、肢体残疾约54.11万人、智力残疾约9.15万人、精神残疾9.29万余人、多重残疾

---

* 本报告数据由黑龙江省残疾人联合会提供。
① 数据来源：国家统计局官网。

约 3.09 万人），其中，重度残疾 40.77 万余人，占比 43.55%①。黑龙江省残疾人事业在省委和省政府的高度重视下，取得全面进步，在脱贫攻坚、残疾人体育发展等多个领域获得中国残联、新华社、中央电视台和北京冬残奥会组委会的高度赞扬。

一　残疾人事业取得全面进步

（一）残疾人全面小康顺利实现，脱贫攻坚得到有效巩固

黑龙江省聚焦"全面建成小康社会，残疾人一个也不能少"目标和黑龙江乡村全面振兴，通过"一户一策"精准脱贫方案，发挥政策放大效应，全力推进残疾人脱贫攻坚，贫困残疾人"两不愁三保障"难题被破解。聚焦"守住一条底线"，通过完善政策、预警帮扶和"品牌服务"等措施，残疾人脱贫攻坚成果得到有效巩固。在残疾人脱贫攻坚中，黑龙江省贫困残疾人脱贫攻坚做法与涌现出一批贫困残疾人自强自立典型群体，得到了新华社、中央电视台等中央媒体的高度赞扬和多次报道；在乡村全面振兴和中国式现代化建设中，充分展现了残疾人自强自立和顽强拼搏精神。

一是聚焦"全面建成小康社会，残疾人一个也不能少"破解"两不愁三保障"难题。为落实《中共黑龙江省委　黑龙江省人民政府关于打赢脱贫攻坚战三年行动的实施意见》，出台《关于着力解决因残致贫家庭突出困难的实施方案》，提出全面落实社会保障兜底政策，优先落实因残致贫户低保、特困人员救助供养等社会救助的社会保障政策确保"应保尽保"，落实贫困残疾人参加城乡居民基本养老保险个人缴费资助政策，全面落实困难残疾人生活补贴和重度残疾人护理补贴政策确保"应补尽补"，落实贫困残疾人基本医保、大病保险、医疗救助等扶贫政策确保"应救尽救"，深入实施"残疾人精准康复行动"和第二期特殊教育提升计划以及贫困残疾人危房改

---

① 数据来源：黑龙江省残疾人联合会。

造等，这一系列措施保障了建档立卡贫困残疾人家庭的基本生活、基本医疗、适龄儿童少年义务教育以及住房安全，在制度上确保了贫困残疾人如期脱贫。

二是展现残联作为助力打赢残疾人脱贫攻坚战。一方面强化责任落实，省残联按照"问需响应、精准施策、政策联动、持续帮扶、激发动能、社会动员、长效巩固"多措并举的脱贫工作思路，制定《贫困残疾人脱贫攻坚挂牌督战工作方案》《省残联贯彻落实省委决战决胜脱贫攻坚座谈会责任分工方案》，以及签订《贫困残疾人脱贫攻坚责任书》等，扎实深入推进残疾人脱贫攻坚；"战疫、战贫"两不误，落实《关于积极应对新冠肺炎疫情 有序推进贫困残疾人脱贫攻坚工作的通知》，指导推动基层残联扎实做好贫困残疾人脱贫攻坚工作。另一方面全力全面推进残疾人脱贫攻坚，制定《关于开展建档立卡因残致贫户"一问四送一响应"工作实施方案》，对贫困残疾人家庭突出困难和问题，通过入户问需、送政策、送项目、送服务、送温暖、一户一策工作内容和方法及"惠残政策进万家"活动，做到"一户一案"精准分析和"一户一策"精准脱贫方案有效发挥政策放大效应，全力推进残疾人脱贫攻坚；制定《黑龙江省残疾人联合会 脱贫攻坚"1+10"助残行动方案》《黑龙江省助盲就业脱贫行动实施方案》等，全面帮扶促进残疾人脱贫攻坚。此外，通过创新推广"4+1"模式与支持省内贫困地区培育农业企业、合作社和各类能人带动贫困残疾户发展，围绕调整种植结构、发展畜牧业和农村电商、自主创业，打造食用菌、中草药等独具特色的脱贫增收产业，形成"一市一品牌、一县一特色"，实现贫困残疾人产业增收脱贫。

三是"守住一条底线"全力巩固拓展残疾人脱贫攻坚成果。一方面全面部署巩固拓展残疾人脱贫攻坚成果工作任务。为确保残疾人群众不出现规模性返贫，印发了《黑龙江省关于做好巩固拓展残疾人脱贫攻坚成果有关工作的实施意见》《黑龙江省健全防止残疾人返贫动态监测预警工作方案》，将巩固拓展残疾人脱贫攻坚成果与乡村振兴战略有效衔接作为重大政治责任，扎实推进工作措施、帮扶内容、惠残政策有效衔接，健全农村低收入人口监测预警、处置和帮扶机制，切实织密筑牢防止残疾人返贫致贫保障网，做到"早发现、早干预、早帮扶"，确保了残疾人群众不出现规模性返贫。另一方面完善分层分类的社会救助制度体系，全面落实残疾人社会保障政策，提高残疾人社会保障水平。黑龙江省民政厅等部门制定《黑龙江省低收入人口审核确认和救助帮扶办法（试行）》，强调做到不落一户、不漏一人，应保尽保、应救尽救；黑龙江省民政厅、黑龙江省财政厅、黑龙江省残疾人联合会制定《关于进一步完善困难残疾人生活补贴和重度残疾人护理补贴制度的实施办法（试行）》，提出建立残疾人"两项补贴"标准动态调整机制，实现残疾人两项补贴资格认定申请"跨省通办""全程网办"。此外，通过开展"一键帮申报"服务活动、实行"一人一案"、打造"品牌服务"模式、出台《黑龙江省金融助残服务工作实施方案》等帮扶服务和政策支持，有效帮扶了残疾人劳动就业增收，持续提升了农村贫困残疾人发展能力和农村残疾人基本公共服务水平，有力促进了残疾人全面发展和共同富裕。

案例：创新"4+1"产业扶贫模式①

在脱贫攻坚中，巴彦县残联摸索总结出了帮助特困残疾人持续增收的"4+1"模式。"4"即政府部门主导、残联组织实施、专业合作社承接、爱心力量助推；"1"就是贫困残疾人及其家属加入农村专业合作社。

巴彦县黄家养殖有限公司是巴彦县一家以饲养驴、马、牛为主的大型养殖企业，公司董事长黄跃彬患有脑梗后遗症，他凭着自立自强的拼搏精神带领贫困户和残疾户入股加入公司。如今，公司已连续多年分红，入股贫困户每户分红 2000 元以上。

黄家养殖有限公司是巴彦县"4+1"产业扶贫模式的一部分。"4+1"扶贫模式被黑龙江省残联确定为"巴彦模式"并在省内复制推广，同时，也受到中国残联的高度评价和人民网等多家新闻媒体的报道。

---

① 材料来源：人民网—黑龙江频道—人民网专稿，2020 年 10 月 03 日。

（二）就业帮扶链条式推进，残疾人就业提质增效

要扩大残疾人就业面，拓宽残疾人就业渠道，提升残疾人就业质量，充分掌握残疾人情况和就业需求，不断完善就业政策，持续开展精准服务，探索新业态就业模式，助力残疾人家庭就业增收。

一是完善残疾人就业促进政策体系。为促进扩大残疾人就业，提高残疾人就业质量，实现残疾人就业增收，在落实《机关、事业单位、国有企业带头安排残疾人就业办法》的同时，制定了《黑龙江省扶持残疾人自主就业创业实施意见》《黑龙江省关于完善残疾人就业保障金制度更好促进残疾人就业的实施意见》《黑龙江省"十四五"残疾人职业技能提升计划实施方案》《黑龙江省"十四五"农村困难残疾人实用技术培训项目实施方案》《黑龙江省促进残疾人就业三年行动方案（2022—2024 年）》《黑龙江省落实"美丽工坊"残疾妇女就业增收项目实施方案的通知》《关于进一步加大对农村残疾人就业帮扶工作力度的通知》等近 10 个残疾人就业创业政策文件。这一系列政策文件健全完善了多形式多类别残疾人就业创业的政策支持体系，有力促进了残疾人就业创业，有效实现了残疾人就业增收，为实现残疾人脱贫、巩固拓展残疾人脱贫攻坚成果、提升残疾人自身发展能力提供了强力保障。

二是打造培训—就业—增收链条式帮扶模式。一方面开展阳光培训服务。为提升残疾人就业创业技能，举办全省残疾人影视后期制作、"联通智慧平台"业务分销员、喜马拉雅网络主播、巧女编织和盲人按摩等系列培训以及"龙在云端"残疾人网络培训——电商定向就业线下培训，举办全省残疾人岗位精英职业技能竞赛和就业服务机构工作人员职业指导竞赛，促进残疾人就业培训和服务工作向纵深发展。另一方面促进残疾人自主创业就业增收。出台《黑龙江省扶持残疾人自主就业创业实施意见》，为残疾人就业创业提供税收优惠、收费减免、金融扶持和资金补贴等政策支持，并为重点对象和"互联网+"创业等提供自主就业创业政策支持，同时，建立专注于残疾人群体的"龙在云端"筑梦商城电商平台，深入开展

"聋"在云端电商创业就业和以"帮盲网"为联结的助盲脱贫行动,以实现残疾人网络就业增收,举办招聘大集、开展"龙在云端"电商培训项目现场直播带货等活动激励有劳动能力和就业愿望的残疾人上岗就业,举办"折翼天使　照亮人生"残疾人网络就业短视频创作大赛展示残疾人就业创业服务成果。

三是推动残疾人实现较高质量就业。一方面大力实施《黑龙江省促进残疾人就业三年行动方案（2022—2024年）》,对机关、企事业单位安排残疾人就业以及残疾人的就业帮扶等提出明确要求,并强化各项政策支持、就业服务及资金投入等保障条件,更好促进残疾人高质量就业创业发展。另一方面落实《黑龙江省"十四五"残疾人职业技能提升计划实施方案》,帮助有就业愿望、培训需求的残疾人及残疾人"零就业"家庭成员进行技能、技术及创业培训,举办全省残疾人职业技能竞赛,提升残疾人职业技能和就业创业能力;着力构建残疾人就业服务网络,创建残疾人综合就业智慧助残服务平台示范项目,统筹推进信息技术与助残服务深度融合。此外,大力开展残疾人"就业援助月""春风行动""走访拓岗"等就业援助专项活动,以及多措施多渠道帮助残疾大学生毕业就业创业;健全完善多渠道灵活就业保障制度,并支持残疾妇女就业创业增收项目。

（三）强化基本民生保障,持续提高残疾人生活水平

坚持在发展中保障和改善民生,努力提高残疾人社会保障水平,鼓励共同奋斗创造美好生活,不断实现残疾人群众对美好生活的向往。

一是不断织密筑牢民生保障网络。为保障全省残疾人的基本民生、提高残疾人生活水平,一方面健全完善残疾人最低生活保障和残疾人"两项补贴"制度,在《关于着力解决因残致贫家庭突出困难的实施方案》与《黑龙江省低收入人口审核确认和救助帮扶办法（试行）》中,提出全面落实社会保障兜底政策和对最低生活保障对象、特困人员、最低生活保障边缘人口、支出型困难人口、易返贫致贫人口以及其他低收入人口实现"应保尽保、应兜尽兜、应救尽救",其中,残疾人是最大受益群体。另一方面"提

标扩面"，印发《关于建立困难残疾人生活补贴和重度残疾人护理补贴标准动态调整机制的通知》《关于进一步完善困难残疾人生活补贴和重度残疾人护理补贴制度的实施办法（试行）》《关于完善困难残疾人生活补贴和重度残疾人护理补贴制度的实施意见》等，提出对残疾人"两项补贴"的提标扩面措施，并逐步推动形成面向所有需要长期照护残疾人的护理补贴制度。此外，印发《关于全面开展残疾人两项补贴资格认定申请"跨省通办"的通知》《关于印发残疾人两项补贴数据核对与动态复核工作机制的通知》，明确要求各地要依托社会救助、社会服务"一门受理、协同办理"机制，受理残疾人两项补贴"跨省通办"业务，构建跨部门的残疾人两项补贴省级数据交换共享机制，拓展数据共享范围，提高数据精准性与时效性，做到"应补尽补"。

二是持续强化养老医疗保险政策。一方面着力解决贫困残疾人基本养老医疗"急难愁盼"问题，在《关于着力解决因残致贫家庭突出困难的实施方案》中，提出落实贫困残疾人参加城乡居民基本养老保险个人缴费资助政策；将符合条件的贫困残疾人全部纳入城乡居民基本医疗保险、大病保险和医疗救助保障范围，落实贫困残疾人基本医疗保险、大病保险、医疗救助等扶贫政策，同时，加大对负担较重的贫困残疾人的医疗救助和其他保障政策的帮扶力度，切实减轻贫困残疾人就医负担。另一方面开展和规范家庭医生（乡村医生）签约服务，落实《关于做好残疾人家庭医生签约服务工作的通知》和《"因人施策式"残疾人家庭医生签约康复服务品牌实施方案》，落实签约服务政策，优先为因残致贫户开展健康服务和慢性病综合防控，降低因病致贫返贫风险，加快贫困地区康复机构建设，更好地为贫困残疾人提供就近医疗康复服务。2018～2022 年，残疾人参加基本养老保险人数由41.94 万人上升到 47.79 万人，平均每年增加 1.46 余万人；获得养老保险资助补贴人员由 12.75 万人增加到 14.19 万人，五年共补贴 64 万人次[①]。

三是大力推进残疾人托养服务建设。一方面为推进残疾人托养服务建设

---

① 数据来源：2018～2022 年《黑龙江省残疾人事业发展统计公报》。

发展，印发了《关于做好贫困重度残疾人照护服务工作的指导意见》《黑龙江省农村残疾人托养服务实施办法》，提出开展残疾人托养服务工作，带动残疾人托养和照护服务发展，通过寄宿托养、日间照料、居家服务等多种形式完善残疾人托养照护服务体系和托养服务补贴制度。另一方面实施"阳光家园计划"残疾人托养服务项目，规范残疾人托养服务和资金使用效能监管，协同各相关部门继续推进困难重度残疾人照护服务工作。截至2022年底，开展残疾人托养服务的各级各类机构达70个，2018~2022年，五年共接受托养服务约5000人次①。

（四）关爱服务取得新突破，残疾康复服务率、儿童入学率稳步提高

近年来，深入实施"精准康复五大行动"，有力提升残疾人康复服务质量；持续实施"一人一案"融合教育，残疾儿童受教育权益得到保障。截至2023年底，全省持证残疾人享有残疾人基本康复服务率达98.74%，辅具适配率达99.54%，全省残疾儿童少年义务教育入学率达99%②。

一是不断强化残疾儿童康复救助制度政策，持续提高残疾儿童康复救助能力。在《国务院关于建立残疾儿童康复救助制度的意见》的指导下，为增强提高残疾儿童康复救助能力和水平，一方面完善残疾儿童康复救助制度，制定了《黑龙江省人民政府关于建立残疾儿童康复救助制度的实施意见》，从残疾儿童康复救助制度建立、康复救助机构规范建设、资金使用绩效管理等方面不断健全完善残疾儿童康复救助制度等，为残疾儿童接受基本康复服务提供制度性保障。另一方面提升残疾儿童康复救助能力和水平，修订了《黑龙江省残疾儿童定点康复服务机构准入标准和服务规范（试行）》、出台了《黑龙江省残疾儿童康复救助定点服务机构协议管理实施细则（试行）》以及实施两期残疾预防行动计划等，通过加强康复医疗救助机构规范建设和人才培养、实施儿童早期预防重点干预项目和编制儿童康复

---

① 数据来源：2018~2022年《黑龙江省残疾人事业发展统计公报》。
② 数据来源：黑龙江省残联2023年度工作总结。

服务标准等措施，残疾儿童基本康复服务救助能力持续增强，精确化识别、个性化服务和精细化管理水平大大提高。

二是奋力打造精准康复服务品牌，残疾人基本康复服务提质增效。五年来，黑龙江省认真贯彻落实《残疾人精准康复服务行动实施方案》，残疾人基本康复服务取得重大突破。一方面健全完善康复服务政策体系，印发《黑龙江省"十四五"残疾人康复服务实施方案》，进一步完善了残疾人康复政策体系与服务体系，同时，把提升康复服务专业化水平和持续开展残疾人精准康复服务行动作为重要措施，明确将加强康复人才培养与科技创新、开展残疾人康复需求筛查评估、组织提供残疾人基本康复服务、保障基本康复服务质量作为实施精准康复服务与提升康复服务水平的具体要求；制定印发《黑龙江省残疾预防行动计划（2022—2025 年）》，提出了加强康复医疗服务、保障残疾人基本康复服务、加强长期照护服务等康复服务促进行动的具体措施。另一方面持续实施"精准康复五大行动"，通过"龙江辅具千里行""党员志愿者专家团队送康复服务""残疾人康复之家推广""残疾人家庭医生签约提升""残疾儿童康复救助"五大行动的持续实施，扩大和提高了残疾人辅具适配服务覆盖面和精准度，并建立了长期康复技术帮扶机制，进一步提升了县级康复团队服务能力和水平。此外，实施中医药康复服务能力提升工程。出台《黑龙江省中医药康复服务能力提升工程实施方案（2021—2025 年）》，充分发挥中医药在疾病康复中的重要作用，提高中医药康复服务能力和水平。

三是持续实施"一人一案"融合教育，残疾儿童入学率稳步上升。一方面持续实施特殊教育提升计划，提高残疾儿童少年义务教育普及水平。《黑龙江省第二期特殊教育提升计划（2017—2020 年）》《黑龙江省"十四五"特殊教育发展提升行动计划》提出，要健全完善特殊教育发展体系、融合教育保障体系和专业支撑体系以及特殊教育经费投入机制，要科学布局特殊教育资源、改善特殊教育办学条件、加强特殊教育师资队伍建设，要拓展学段服务、规范教育安置、全面推进融合教育发展。五年来，通过认真落实黑龙江省教育厅等五部门联合出台的《黑龙江省关于义务教育阶段残疾儿童少年随班就读工作指导意见》《关于适龄重度残疾儿童少年送教上门工作指导意见》，不断完善以普通学校随班就读为主体、特殊教育学校为骨干的教育模式，打造"一人一案"融合教育品牌，制定"一人一案"教育计划，采取随班就读、送教上门、社区教育、控辍保学以及贫困学生资助等系列具体工作措施，残疾儿童少年义务教育入学率稳步提高。

（五）社会融合广泛深入，残疾人权益保障更加有力

黑龙江省无障碍环境建设不断加强，残疾人出行更为便利；残疾人体育深入开展，为我国冬季残奥运动发展作出了突出贡献；残疾人权益维护法律法规、保障机制不断完善，残疾人权益维护能力进一步提升。

一是残疾人出行便利持续改善。为加强全省无障碍环境建设，提升残疾人出行便利，出台《哈尔滨市无障碍系统化专项规划设计导则》《哈尔滨市信息无障碍专项规划设计导则》，为全省规范化、标准化、系统化开展无障碍环境建设提供有力支撑。在推进城乡无障碍环境建设的同时，印发《"爱得其所"农村残疾人家庭无障碍改造项目实施方案》《关于进一步推进"十四五"困难重度残疾人家庭无障碍改造工作的指导意见》，涵盖困难残疾人家庭无障碍改造的黑龙江省无障碍环境建设全面展开。为了进一步完善无障碍环境建设法规政策和标准体系以及加强设施设备建设，制定实施《黑龙江省无障碍环境建设"十四五"实施方案》，同时大力宣传贯彻《中华人民共和国无障碍环境建设法》，极大地提升了黑龙江省无障碍环境建设水平和能力。多年来，通过加强城市道路与公共建筑无障碍设施建设，普遍开展困难残疾人家庭、无障碍市县村镇创建及城镇老旧小区、公共服务设施、信息交流无障碍改造和特殊困难老年人家庭适老化改造，全省无障碍环境进一步改善，无障碍设施覆盖范围不断扩大，无障碍环境建设水平不断提高，残疾人出行更为便利。据统计，2018~2022 年，共出台了省、地市、县级无障碍环境建设与管理法规、政府令和规范性文件 10 个[①]；2018~2023 年，黑龙

---

① 数据来源：2018~2022 年《黑龙江省残疾人事业发展统计公报》。

江省已累计完成困难残疾人家庭无障碍改造 44944 户①。

二是残疾人体育文化活动大力开展。一方面大力推动残疾人发展。与中国残联签订《发展残疾人冬季体育战略合作协议》，积极承担重大残疾人体育赛事和国家队集训任务。五年来，共承担了 2018 年全国聋人篮球锦标赛，第三届中国残疾人冰雪运动季主场活动，第十届残疾人运动会暨第七届特殊奥林匹克运动会迷你滑雪比赛、越野滑雪和冬季两项比赛，残奥越野滑雪亚洲杯比赛，第七届中国残疾人冰雪运动季北方主场活动等十几个重大赛事；承担了单板滑雪、越野滑雪、残奥冰壶等国家队集训备战任务以及全国第十一届残运会优势体育项目备战集训。积极参与国内国际重大赛事，平昌冬残奥会黑龙江籍选手获得 1 枚金牌，杭州亚残会上黑龙江籍 4 名运动员取得了 2 金、1 银。成功举办全国第十一届残运会暨第八届特奥会单板滑雪和高山滑雪比赛以及黑龙江省第八届残疾人运动会冬季项目比赛。组织残疾人参与"残疾人康复健身体育'云竞赛'"、开展中国残疾人冰雪运动季活动，推广迷你滑雪、冰球等适合残疾人群众参与的冬季冰雪运动项目，大大激发了残疾人参与冰雪活动的热情，有力促进了残疾人群众性体育广泛开展。另一方面不断丰富残疾人精神文化生活。印发《黑龙江省"十四五"提升残疾人文化服务能力实施方案》，提出加强残疾人公共文化服务，将残疾人公共文化服务纳入城乡公共文化服务体系建设，提升基层残疾人文化服务能力，让更多的残疾人能够走出家门、融入社会，经常性参与文化活动。依托新时代文明实践中心和基层文化设施增添文化设施设备，通过开展文化进家庭"五个一"活动、文化进社区、残疾人文化周、书香中国·阅读有我、书香龙江、阅读助力人生、心幕影院等残疾人群众性文化艺术活动，举办残疾人书画、摄影、手工艺作品展等残疾人文化活动，为基层残疾人参与文化活动搭建平台，提升残疾人文化服务能力。

三是残疾人权益维护更加有力。为维护残疾人权益，提高残疾人社会地位，制定出台《黑龙江省残疾人法律救助工作协调机构工作方案》《残疾人

---

① 数据来源：黑龙江省残联历年年度工作总结。

法律救助工作站实施方案》《黑龙江省残疾人尊法学法守法用法专项行动计划（2023—2025年）》，完善了相关法律维权保障机制，提升了残疾人权益维护能力。同时，通过畅通残疾人信访渠道、开展法律援助品牌建设和专项活动以及"我为残友讲政策"普法活动等，残疾人权益得到了有效保障。2018~2022年，制定或修改了省、地市、县级关于残疾人的专门法规、规章以及规范性文件8个；设立残疾人法律救助工作站近50个，县级以上人大开展《中华人民共和国残疾人保障法》执法检查和专题调研累计24次，县级以上政协开展视察和专题调研22次；各地残联协助人大代表、政协委员提出议案和建议、提案30余件，办理议案和建议、提案50件①。

二 黑龙江省残疾人事业面临的新挑战新机遇

近五年来，黑龙江省残疾人事业在省委、省政府的高度重视和正确领导下，在社会各界的积极参与下，在残疾人脱贫攻坚、乡村振兴、就业生活、康复服务等多方面取得了突出成绩，但也面临着不少困难和挑战。当前，残疾人群体贫弱交织、帮扶任务重，是新时代新征程建设现代化强省的突出短板。主要表现在以下几个方面。

（一）贫困残疾人家庭收入增加难，费用支出大

一方面贫困残疾人家庭多是重度残疾人、一户多残、老残一体、以老养残等无业可扶、无力脱贫的家庭，自身发展能力弱，收入来源有限，增收难度大。另一方面部分在就业年龄段的残疾人就业内生动力不足，存在担忧"就业丢低保"心理，过度依赖政策兜底保障生活，没有就业意愿。此外，贫困残疾人病残一体者多，医疗自费支出较大，给家庭带来较大支出压力。

---

① 数据来源：2018~2022年《黑龙江省残疾人事业发展统计公报》。

（二）老龄化加速使残疾人民生保障压力增大

根据国家统计局 2018~2022 年人口抽样调查统计，黑龙江省 65 岁及以上老年人口比例逐年上升，由 12.21% 上升到 17.82%，现有 65 岁及以上老年人口 552 万余人。近年来，随着人口老龄化程度加深，黑龙江省残疾老年群体不断扩大，老残一体、以老养残等家庭逐渐增加，其中，以老养残家庭中抚养 1 个残疾人的残疾家庭占比为 96% 以上[①]，居全国之首。2022 年全国持证残疾人基本状况调查数据显示，黑龙江省 60 岁以上残疾人占比为 40.20%；以老养残的残疾人中，法定抚养人年龄在 60~69 周岁的比例为 82.85%[②]，位居全国前列。随着人口老龄化加速到来，残疾人领域民生保障面临的挑战将日益凸显。

（三）黑龙江省残疾人事业迎来新机遇

按照党的二十大提出的"完善残疾人社会保障制度和关爱服务体系，促进残疾人事业全面发展"[③] 的部署要求，省第十三次党代会将建设"幸福龙江"作为建设"六个龙江"目标任务之一，大力实施民生振兴计划，着力解决重点领域民生问题，是继脱贫攻坚、全面小康之后我们必须牢牢把握住的新的重大历史机遇，更是我们义不容辞的责任。"八代会"的胜利召开，使残疾人事业开启了新征程、站在了新起点，确立了新的使命和任务。

三　残疾人事业未来工作思路和重点工作

未来五年，黑龙江省残疾人事业将会把重点放在保障残疾人平等权益、促进残疾人融合发展、实现残疾人共享经济社会发展成果和提升残疾人自我能力等方面。

---

① 数据来源：《残疾人基本服务状况和需求信息信息动态更新报告（2023）》。
② 数据来源：《残疾人基本服务状况和需求信息信息动态更新报告（2023）》。
③ 习近平：《高举中国特色社会主义伟大旗帜　为全面建设社会主义现代化国家而团结奋斗——在中国共产党第二十次全国代表大会上的报告》，人民出版社，2022，第 48 页。

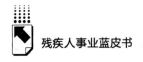
（一）健全残疾人平等权益保障制度

坚持和完善党委领导、政府负责、社会参与、残疾人组织充分发挥作用的领导机制和工作体制。明确新时代下残疾人事业发展目标，强化顶层设计，健全残疾人平等权益保障制度和机制。细化落实残疾人事业相关法律法规和政策制度。推动残疾人事业相关配套政策法规体系进一步完善。

（二）健全残疾人融合发展制度

主要打造基本公共服务"四大品牌"。第一，打造"因人施策式"精准康复服务品牌。紧紧围绕"人人享有康复服务"目标，以残疾人康复需求为导向，按照"精确化识别、个性化服务、精细化管理"的思路，制定"因人施策式"个性化服务包，以"龙江辅具千里行"为主要途径，为残疾人提供精准化基本康复服务。第二，打造"一人一案式"融合教育服务品牌。通过入学和送教上门或远程教育等途径解决好残疾儿童少年受教育问题，推动"一人一案"解决残疾儿童少年就学问题。第三，打造"龙江阳光培训—就业—增收链条式"就业创业服务品牌，培育"龙在云端"残疾人培训品牌。推动落实《黑龙江省促进残疾人就业三年行动方案（2022—2024年）》《黑龙江省"十四五"残疾人职业技能提升计划实施方案》。实施"十大行动"，提升残疾人职业素质和就业创业能力，多渠道多形式促进残疾人就业创业。第四，打造"爱得其所"家庭无障碍改造服务品牌。落实《无障碍环境建设"十四五"实施方案》，让残疾人走出家门，融入社会。

（三）健全残疾人共享经济社会发展成果制度

巩固拓展残疾人脱贫攻坚成果。持续落实防止残疾人返贫动态监测机制，紧盯脱贫不稳定、边缘易致贫和突发严重困难残疾人等重点群体，深入开展"一键帮申报"服务，建立"一户一策"档案，推动帮扶措施有效落地。与乡村振兴局等部门做好数据核实比对和信息共享。开展农村困难残疾人实用技术培训，推动金融助残服务工作有序开展，助力农村残疾人增收。推动残疾人社会保障政策落实。配合有关部门将符合条件的残疾人家庭全部纳入最低生活保障范围，推动低收入残疾人分层分类救助工作。落实好残疾人两项补贴政策并实施残疾人两项补贴资格认定申请"跨省通办""全程网办"。实施"阳光家园计划"残疾人托养服务项目，规范残疾人托养服务和资金使用效能监管。协同各相关部门继续推进困难重度残疾人照护服务工作。探索建立长效帮扶机制。通过完善残疾人基本收入支持，来解决残疾人相对贫困问题，实现残疾人的全面发展和共同富裕。一方面，针对残疾人易返贫的特征，加强对重度贫困残疾人家庭和无劳动能力重度残疾人家庭的生活保障，对于符合条件的重度贫困残疾人，提高其最低生活保障标准，建立"两项补贴"标准动态调整机制；另一方面，摒弃传统的福利观念，探索适应新时代的残疾人"积极福利"新路子，通过为残疾人提供必要的服务，激发个人的潜能，使其获得平等参与的机会。

四　结语

"七代会"五年来，黑龙江省残疾人事业得到了全面发展，尤其是残疾人脱贫攻坚、残疾人体育发展等方面受到了新华社和中央电视台的高度评价。黑龙江省残疾人事业所取得的新成绩、积累的新经验是与中央的决策部署、各级党政部门和残联组织的组织实施、企事业单位以及社会积极参与密不可分的，也是与勇于创新和真情服务紧密相连的。"八代会"后未来五年，黑龙江省残疾人事业将始终牢记习近平总书记"两个格外"的殷殷嘱托，深入贯彻党的二十大精神，全面落实"一个必须坚持"和"三个必须牢牢把握"的残疾人事业全面发展要求，围绕重点任务和目标，继续发扬残联光荣传统和改革创新精神，广泛动员社会力量，不断完善残疾人事务共商共建共享治理模式，着力提升联系、服务残疾人的能力和水平，奋力打造"精准康复、融合教育、就业创业、爱得其所"四大服务品牌，在中

国式现代化进程中不断完善黑龙江省残疾人社会保障和关爱服务体系，健全残疾人平等权益保障制度、残疾人融合发展制度和残疾人共享经济社会发展成果制度，努力推进残疾人共同富裕进程，不断提高残疾人的获得感、幸福感和安全感。

Abstract

Report on the Cause for Persons with Disabilities in China (2024) is divided into three parts: general reports, special reports, and local reports. General reports comprehensively summarizes the achievements and experience gained in the development of the cause for persons with disabilities in China since the 7th National Congress, systematically analyzes the shortcomings in the development of the cause of persons with disabilities and the new situation and challenges, Putting forward new ideas and objectives for the reform and development in the next five years after the 8th National Congress, and focusing on issues such as the implementation of *Barrier-free Environment Construction Law*, regional coordinated development of the cause of people with disabilities, and the cultivation of scientific and technological innovation talents. It also summarizes the progress of the cause for persons with disabilities in 2023 and the next step in promoting the high-quality development of the disability cause in seven aspects, including rehabilitation services, social security, and education for the disabled. Special reports comprehensively summarizes and analyzes the development of laws and regulations on barrier-free environment construction and the protection of the rights and interests of the disabled, public awareness of barrier-free, travel environment and the social services development of barrier-free. In response to the problems of barrier-free environment construction and protection of the rights of persons with disabilities, the special report puts forward suggestions for the construction of barrier-free environment, barrier-free social services and protection of the rights of persons with disabilities. Local reports summarized the successful experiences in the three provinces of Liaoning, Jilin and Heilongjiang in poverty alleviation efforts for people with disabilities and the consolidation and expansion of

poverty alleviation achievements, employment, basic livelihood security, caring service capabilities, social integration and rights protection. It analyzed the shortcomings in the development process and the new situations and challenges, and put forward suggestions for the future to achieve high-quality and comprehensive development and common prosperity for people with disabilities in the process of China's modernization.

Keywords: The Cause for Persons with Disabilities; Poverty Alleviation and Consolidation of Achievements; Barrier-fiee Social Service Livelihood; the Protection of the Rights with Disabiities; Barrier-free Environment

Contents

I General Reports

B.1 Progress in the Cause for Person with Disabilities Since

the 7th National Congress   *Yang Lixiong* / 001

Abstract: The cause of the disabled has been integrated into the overall economic and social development of the country and achieved comprehensive and rapid development since the 7th National Congress, The social security system and care service system for the disabled have been further strengthened, and the basic livelihood has been stably guaranteed. The goal of "building a moderately prosperous society in all respects, without leaving any disabled people behind" was completed as scheduled in the battle against poverty and eradication. People with disabilities have achieved the first centenary goal together with the entire Chinese nation, and, at the same time, embarked on a new journey towards the second centenary goal. On the new journey of China's modernization, *Barrier-free Environment Construction Law* was passed and implemented, and the 8th National Congress of the China Disabled Persons' Federation was successfully held. in the next five years, We will further improve the level of social security, promote high-quality employment, improve the caring service system, enrich spiritual and cultural life, increase the publicity of the barrier-free construction law, promote the legislative process of local barrier-free construction, accelerate the barrier-free environment construction, continue to pay attention to key and difficult issues

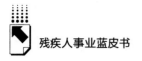
such as regional coordinated development and the training of scientific and technological innovation talents, and strive to promote the comprehensive development and common prosperity for people with disabilities in the process of China's modernization.

Keywords: The Cause for Persons with Disabilities; Social Security; Caring Services; Barrier-free Environment; Common Prosperity

B.2 Progress of the Cause for Persons with Disabilities in 2023

Yang Lixiong / 025

Abstract: It's a critical period for the implementation of the "14th Five-Year Plan for the Protection and Development of Persons with Disabilities" in 2023. The high-quality development of the cause for persons with disabilities has made new progress such as a series of laws which have been introduced to protect the rights and interests of people with disabilities and improve service capabilities marked by the passage of the *Barrier-free Environment Construction Law*. The children's rehabilitation and precision rehabilitation systems have been further improved, the assistive device adaptation subsidy system has achieved full coverage, special education has developed in an integrated manner, employment of people with disabilities has steadily increased, social security service capabilities have continued to improve, cultural and sports services have been effective, the construction of grassroots disabled persons'federation organizations has been further consolidated, and the legitimate rights and interests of people with disabilities have been effectively protected etc. However, there are still large gaps between regions, urban and rural areas, and groups because the development of the cause for persons with disabilities is unbalanced and insufficient. Therefore, we should focus on strengthening the construction of rehabilitation service capabilities, strengthening the development of universal education, building a dense social security network, strengthening cultural and sports construction, promoting in-depth and practical rights protection work and strengthening the construction of grassroots disabled persons'federation organizations, so as to continuously enhancing the level of security and service capabilities, and promoting the high-quality development of the cause for persons with disabilities.

Keywords: Accessible Environment; Rehabilitation Services; Inclusive Education; Social Security; Grassroots Organizations

Ⅱ   Special Reports

B . 3   Report on Protection of Rights of Persons with

Disabilities (2024)   Zhang Wanhong , Zhao Jinxi / 045

Abstract: The history of protection of the rights and interests of persons with disabilities can be roughly divided into three periods, namely the welfare relief stage, the standardized development stage and the comprehensive development stage since the founding of New China. At present, the content of rights claims of persons with disabilities has gradually diversified, the channels for rights claims have become more standardized, and a complete legal system for protecting the rights of persons with disabilities has been formed. We supervise the protection of the rights and interests of persons with disabilities through both domestic channels and international convention compliance mechanisms as judicial remedies uphold the principle of equality for person with disabilities. However, the protection of the rights and interests of persons with disabilities still faces problems such as the lack of full coverage of rights and interests holders and their insufficient subjectivity, the difficulty in implementing specific rights and interests, and insufficient barrier-free construction in judicial relief. Therefore, it is necessary to focus on enhancing the subjectivity of persons with disabilities, effectively implementing specific rights and interests protection, and strengthening judicial accessibility construction.

Keywords: The Cause for Persons with Disabilities; Rights of Persons with Disabilities; Rights Protection

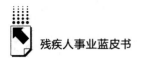

B . 4 Report on the Development of Legal Aid for Persons

with Disabilities in China（2024） *Li Yanjie / 068*

Abstract：Person with disabilities as a special group which face many obstacles in obtaining relief and protection of their rights and need special care and love from the whole society. Legal aid for persons with disabilities embodies respect and protection of human rights. The legal system has developed rapidly, institutional mechanisms have been continuously improved and service system has been continuously improved due to the state regards legal aid for people with disabilities as a "people-oriented project". In order to enable person with disabilities to obtain convenient and high-quality legal aid, we should accurately match their legal needs with their demands for the rule of law, strengthen care and concern, and continue to eliminate economic barriers, material environment barriers, and language and information exchange barriers, and provide them with fair, high-quality, and efficient legal aid and related support and services.

Keywords：Persons with Disabilities；Legal Aid；Service Agencies；Information Accessibility

B . 5 Barrier-free Environment Construction has been Legalized

for 12 Years：Development, Challenges and New Journey

Xu Shuang / 083

Abstract：Our country have attached great importance to the construction of barrier-free environment since the 18th National Congress of the Communist Party of China. "Regulations on Barrier-free Environment Construction" was promulgated in 2012 which was the first barrier-free administrative regulations. With this regulation as the main regulation, construction of a barrier-free environment has entered the legal track, barrier-free transformation covering cities and families has been fully carried out, education and employment levels of disabled people have significantly improved, and the lives of person with disabilities and other groups in need have become more convenient over the past ten years or so. there is an urgent need to transform barrier-free environment into an adaptable and high-level one because it faces new challenges on the new journey of China's modernization. Therefore, it is necessary to solve the current problems of unbalanced, inadequate, unsystematic, uncoordinated and impractical construction of barrier-free environment. We should expand the scope of applicable population, refine relevant supporting laws and standards, promote the integration of top-level design of barrier-free environment, strengthen inter-departmental collaboration, strengthen judicial relief, and improve relevant mechanisms in accordance with the *Barrier-free Environment Construction Law* passed in June 2023 so as to reflect objective laws and respond to people's concerns with more powerful policies, and embark on the path of high-quality development of barrier-free environment construction.

Keywords: Barrier-free Environment Construction; Social Legislation; Barrier-free Demand Groups; High-quality Development

B. 6　Report on the Development of Regulations

　　on Barrier-free Environment Construction (2024)

Li Jianfei, Dou Zheng / 101

Abstract: The 2024 government work clearly points out that it is necessary to strengthen barrier-free environment construction and let the people enjoy a higher quality of life. The promulgation and implementation of the *Barrier-free Environment Construction Law* in 2023 means that China's barrier-free environment legal system construction has made a breakthrough. This report first reviews and summarizes the development history of barrier-free environment construction laws and regulations in China, and summarizes the problems and experiences of barrier-free environment legal system development in the past. On this basis, the *Barrier-free Environment Construction Law* is interpreted from the legislative model and

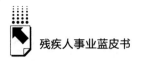
legislative focus. Finally, suggestions for the implementation of the *Barrier-free Environment Construction Law* are put forward in order to promote the development of barrier-free environment construction to a higher level.

Keywords: *Barrier-free Environment Construction Law*; Legislative Model; Legislative Focus

B.7 Report on the Development of Information Accessibility

　　(2024)　　　　　　　　*Wang Zhongyan, Wang Wei and An Na* / 115

Abstract: Starting from the evolution of the connotation of information accessibility, this Report combines the development process of information accessibility in China, analyzes the legal and policy system, technical standards and normative system of information accessibility construction in China, and summarizes the remarkable achievements made in China's information accessibility construction. However, compared with the continuous development of information technology and the growing social needs, there are still some problems and challenges in information accessibility construction. Future development requires further improvement of supporting laws and policies for information accessibility, accelerating the improvement and implementation of the information accessibility standard system, strengthening talent training and technological innovation in the field of information accessibility, promoting the development of the information accessibility industry and effective supply of products, and cultivating high quality productivity in the field of information accessibility with emerging technologies, new formats and new models. Taking these measures will help to promote high-quality information accessibility development, eliminating the "digital divide", increasing information equality, and building a universal and inclusive society.

Keywords: Information Accessibility; Barrier-free Information Exchange; Digital Divide; Technology to Help the Disabled; Aging-friendly

B. 8 Report on the Development of Barrier-free Travel

Environment in Urban Transportation （2024）

Hu Ying, *Wang Mengyao* / 134

Abstract：Under the background of the introduction of *The Law of the People's Republic of China on Barrier-free Environment Construction*, accelerating the construction of barrier-free travel environment in urban transportation is an important way to implement the legal requirements. This article reviews the development of barrier-free travel environment construction in urban transportation, analyzes and summarizes the current problems in three aspects：barrier-free travel facilities, barrier-free travel services and barrier-free travel information, and further analyzes the key issues from four aspects：laws and regulations, standards and norms, institutional mechanisms and public awareness, draws on international experience, and puts forward development suggestions.

Keywords：Urban Transportation; Barrier-free Travel Environment; People with Disabilities; the Elderly

B. 9 Survey Report on Accessible Social Services （2024）

Xu Hui / 147

Abstract：In order to further understand the current status of barrier-free social services in China, this report selects some provincial capital cities in the three major regions of east, central and west China as typical survey areas, investigates the provision of barrier-free social services in public service institutions such as administration, medical care, and transportation, and analyzes and summarizes the progress of barrier-free social services in China. At the same time, the good experiences and practices of barrier-free social services in Japan are compared. Through investigation and comparison, it is found that the awareness of barrier-free social services in China needs to be further enhanced, barrier-free facilities

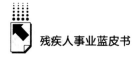
need to be continuously improved, information exchange barriers are relatively prominent, and barrier-free laws and regulations need to be further improved. In order to promote the development of barrier-free social services in China, it is recommended to strengthen the publicity and education of barrier-free social services, improve the construction of barrier-free service facilities, and optimize information communication channels. In addition, it is necessary to learn from good experiences and practices abroad, strengthen the construction of laws and regulations, and coordinate cooperation among multiple departments to ensure the comprehensive promotion and effective implementation of barrier-free social services.

Keywords: Barrier-free Social Services; Service Facilities; Service Awareness; Information Exchange

B.10 Survey Report on Public's Cognition of Barrier-free (2024)

Ren Xiangxia / 171

Abstract: Based on a survey sample covering a wide range of backgrounds, this report conducts an in-depth analysis of the awareness and demand for barrier-free environments. The survey results show that, firstly, there is still a lack of facilities for specific groups, especially in terms of smart devices, ease of use of home appliances and kitchen and bathroom design. Secondly, in the community environment, the lack of elevators, insufficient entertainment facilities and lack of barrier-free facilities in public areas have become major problems. At the same time, the workplace faces insufficient barrier-free design of transportation facilities and interpersonal communication barriers. In addition, in terms of demand, families have different needs for barrier-free renovations, which shows an uneven understanding of barrier-free facilities. Finally, this article finds that there is also a gap in the public's cognition and legal awareness of barrier-free facilities, emphasizing the necessity of education and legal publicity in construction. Based on the survey data, the report puts forward a series of suggestions for optimizing barrier-free environment renovation, promoting the comprehensive barrier-free construction of transportation systems, improving the level of information accessibility, popularizing barrier-free knowledge, and thus improving the public's awareness of barrier-free.

Keywords: Barrier-free Environment; Barrier-free Cognition; Barrier-free Demand; Community Barrier-free; Transportation Barrier-free

B. 11   China Classification Society Certification Company and the

First Batch of Barrier-free Environment Certification Cases

Zhang Yi, Sun Jun and Chen Xinghua / 198

Abstract: This paper introduces the overview of China Classification Society Certification Company and describes in detail the accessibility certification process and application status quo from various aspects such as the background of accessibility certification, main contents, implementation cases and challenges faced, and puts forward the future development of accessibility certification and CCSC's future plans. China Classification Society Certification Company will promote the organic integration of accessibility policy and accessibility certification, and actively promote the healthy, orderly and high-quality development of accessibility and certification.

Keywords: Barrier-free Environment Certification; Quality Certification; China Classitication Society Certification Company

Ⅲ   Local Reports

B. 12   Report on the Development of the Cause for Persons

with Disabilities in Liaoning Province (2024)

Liaoning Disabled Persons' Federation / 211

Abstract: Over the past five years, Liaoning Province has focused on

271

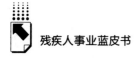
poverty alleviation for persons with disabilities, achieving the goal of "building a moderately prosperous society in all respects, with no one with disabilities being left behind"; anchored in the urgent difficulties and worries of employment, life and rehabilitation; improved and perfected the system of caring for and providing services for persons with disabilities; built the network of livelihood security; prioritized and optimized the policies on employment and entrepreneurship for persons with disabilities; and steadily increased the coverage rate of rehabilitation services and the enrolment rate of children with disabilities. The employment and entrepreneurship of persons with disabilities has steadily increased, the equalization of basic public services has been improved, and the basic rights and interests of persons with disabilities have been vigorously protected. In the future, the cause of the disabled in Liaoning Province will focus on livelihood security, employment and entrepreneurship, public services, and rights and interests protection. It will accelerate the establishment of a multi-level social security system, high-quality employment and entrepreneurship, and public service support system, continuously ensure and improve the livelihood of the disabled, create better conditions for the disabled to participate in social life, comprehensively promote the high-quality development of the cause of the disabled, and vigorously promote the common prosperity of the disabled.

Keywords: The Cause for Persons with Disabilities; Livelihood Security; Care Services; Public Services; Liaoning Province

B.13   Report on the Development of the Cause for Persons with Disabilities in Jilin Province (2024)

Jilin Disabled Persons' Federation / 228

Abstract: Over the past five years, poverty alleviation for people with disabilities in Jilin Province has been successfully completed, and the results of poverty alleviation have achieved a new breakthrough in rural revitalization; recent progress has been made in the employment of persons with disabilities, and notable results have been achieved in employment of the new business forms and models. The rehabilitation service management mode and the adaptive mode of assistive devices have been innovated, and the basic rehabilitation service rate and the adaptive service rate of assistive devices for the disabled have generally improved. The basic livelihood and rights protection of the disabled have been continuously strengthened, social integration has been widely and deeply carried out, the care service system has been gradually improved, and the cause of the disabled has reached a new level. However, the cause of persons with disabilities in Jilin Province is still facing problems such as the accelerated ageing of the population, insufficient financial investment and a lack of professional talents. In the future, the cause of persons with disabilities in Jilin Province will focus on the key tasks of "improving the mechanism, giving priority to employment, innovating services, and integrating urban-rural development", innovating the development of the cause of persons with disabilities with Jilin characteristics, helping to revitalize the north-east China, and striving to advance the process of common prosperity for persons with disabilities during the process of Chinese modernization.

Keywords: The Cause for Persons with Disabilities; Basic Livelihood; Disability Rehabilitation; Social Integration; Jilin Province

B.14 Report on the Development of the Cause for Persons with Disabilities in Heilongjiang Province (2024)

Heilongjiang Disabled Persons' Federation / 245

Abstract: In the past five years, a large number of poor people with disabilities have emerged as models, and the results of poverty alleviation have been effectively consolidated in Heilongjiang province. The cause for persons with disabilities has achieved high-quality and comprehensive development; employment services for persons with disabilities have been comprehensively promoted; basic

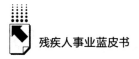
livelihoods have been steadily safeguarded; breakthroughs have been made in caring services; sports for persons with disabilities have made an outstanding contribution to the development of China's winter Paralympics; daily travel for persons with disabilities has become more convenient; and the protection of the rights and interests of persons with disabilities has continued to improve. However, the cause for persons with disabilities in Heilongjiang Province is still facing problems such as the accelerated ageing of the population, insufficient financial input, the intertwining of poverty and weakness among persons with disabilities, and the heavy task of helping them. In the future, the cause for persons with disabilities in Heilongjiang Province will focus on the key tasks of "equal rights and interests, integrated development, sharing of achievements, and enhancement of capabilities", innovate the development of the cause for persons with disabilities with special characteristics in Heilongjiang Province, help the revitalization of the Northeast China, and strive to promote the process of common prosperity for people with disabilities in the process of Chinese modernization, so that people with disabilities will have a greater sense of gain, happiness and security.

Keywords: The Cause for Persons with Disabilities; Basic Livelihood; Social Integration; Heilongjiang Province

社会科学文献出版社

皮 书

智库成果出版与传播平台

❖ 皮书定义 ❖

皮书是对中国与世界发展状况和热点问题进行年度监测，以专业的角度、专家的视野和实证研究方法，针对某一领域或区域现状与发展态势展开分析和预测，具备前沿性、原创性、实证性、连续性、时效性等特点的公开出版物，由一系列权威研究报告组成。

❖ 皮书作者 ❖

皮书系列报告作者以国内外一流研究机构、知名高校等重点智库的研究人员为主，多为相关领域一流专家学者，他们的观点代表了当下学界对中国与世界的现实和未来最高水平的解读与分析。

❖ 皮书荣誉 ❖

皮书作为中国社会科学院基础理论研究与应用对策研究融合发展的代表性成果，不仅是哲学社会科学工作者服务中国特色社会主义现代化建设的重要成果，更是助力中国特色新型智库建设、构建中国特色哲学社会科学"三大体系"的重要平台。皮书系列先后被列入"十二五""十三五""十四五"时期国家重点出版物出版专项规划项目；自2013年起，重点皮书被列入中国社会科学院国家哲学社会科学创新工程项目。

皮书网

（网址：www.pishu.cn）

发布皮书研创资讯，传播皮书精彩内容
引领皮书出版潮流，打造皮书服务平台

栏目设置

◆ **关于皮书**
何谓皮书、皮书分类、皮书大事记、
皮书荣誉、皮书出版第一人、皮书编辑部

◆ **最新资讯**
通知公告、新闻动态、媒体聚焦、
网站专题、视频直播、下载专区

◆ **皮书研创**
皮书规范、皮书出版、
皮书研究、研创团队

◆ **皮书评奖评价**
指标体系、皮书评价、皮书评奖

所获荣誉

◆ 2008 年、2011 年、2014 年，皮书网均
在全国新闻出版业网站荣誉评选中获得
"最具商业价值网站"称号；
◆ 2012 年，获得"出版业网站百强"称号。

网库合一

2014年，皮书网与皮书数据库端口合
一，实现资源共享，搭建智库成果融合创
新平台。

皮书网

"皮书说"
微信公众号

权威报告·连续出版·独家资源

皮书数据库
ANNUAL REPORT(YEARBOOK)
DATABASE

分析解读当下中国发展变迁的高端智库平台

所获荣誉

- 2022年，入选技术赋能"新闻+"推荐案例
- 2020年，入选全国新闻出版深度融合发展创新案例
- 2019年，入选国家新闻出版署数字出版精品遴选推荐计划
- 2016年，入选"十三五"国家重点电子出版物出版规划骨干工程
- 2013年，荣获"中国出版政府奖·网络出版物奖"提名奖

皮书数据库　　"社科数托邦"
　　　　　　　微信公众号

成为用户

　　登录网址www.pishu.com.cn访问皮书数据库网站或下载皮书数据库APP，通过手机号码验证或邮箱验证即可成为皮书数据库用户。

用户福利

- 已注册用户购书后可免费获赠100元皮书数据库充值卡。刮开充值卡涂层获取充值密码，登录并进入"会员中心"—"在线充值"—"充值卡充值"，充值成功即可购买和查看数据库内容。
- 用户福利最终解释权归社会科学文献出版社所有。

数据库服务热线：010-59367265
数据库服务QQ：2475522410
数据库服务邮箱：database@ssap.cn
图书销售热线：010-59367070/7028
图书服务QQ：1265056568
图书服务邮箱：duzhe@ssap.cn

社会科学文献出版社 皮书系列
SOCIAL SCIENCES ACADEMIC PRESS (CHINA)

卡号：511991635769
密码：

S 基本子库
UB DATABASE

中国社会发展数据库（下设 12 个专题子库）

紧扣人口、政治、外交、法律、教育、医疗卫生、资源环境等 12 个社会发展领域的前沿和热点，全面整合专业著作、智库报告、学术资讯、调研数据等类型资源，帮助用户追踪中国社会发展动态、研究社会发展战略与政策、了解社会热点问题、分析社会发展趋势。

中国经济发展数据库（下设 12 专题子库）

内容涵盖宏观经济、产业经济、工业经济、农业经济、财政金融、房地产经济、城市经济、商业贸易等 12 个重点经济领域，为把握经济运行态势、洞察经济发展规律、研判经济发展趋势、进行经济调控决策提供参考和依据。

中国行业发展数据库（下设 17 个专题子库）

以中国国民经济行业分类为依据，覆盖金融业、旅游业、交通运输业、能源矿产业、制造业等 100 多个行业，跟踪分析国民经济相关行业市场运行状况和政策导向，汇集行业发展前沿资讯，为投资、从业及各种经济决策提供理论支撑和实践指导。

中国区域发展数据库（下设 4 个专题子库）

对中国特定区域内的经济、社会、文化等领域现状与发展情况进行深度分析和预测，涉及省级行政区、城市群、城市、农村等不同维度，研究层级至县及县以下行政区，为学者研究地方经济社会宏观态势、经验模式、发展案例提供支撑，为地方政府决策提供参考。

中国文化传媒数据库（下设 18 个专题子库）

内容覆盖文化产业、新闻传播、电影娱乐、文学艺术、群众文化、图书情报等 18 个重点研究领域，聚焦文化传媒领域发展前沿、热点话题、行业实践，服务用户的教学科研、文化投资、企业规划等需要。

世界经济与国际关系数据库（下设 6 个专题子库）

整合世界经济、国际政治、世界文化与科技、全球性问题、国际组织与国际法、区域研究 6 大领域研究成果，对世界经济形势、国际形势进行连续性深度分析，对年度热点问题进行专题解读，为研判全球发展趋势提供事实和数据支持。

法律声明

"皮书系列"（含蓝皮书、绿皮书、黄皮书）之品牌由社会科学文献出版社最早使用并持续至今，现已被中国图书行业所熟知。"皮书系列"的相关商标已在国家商标管理部门商标局注册，包括但不限于LOGO（）、皮书、Pishu、经济蓝皮书、社会蓝皮书等。"皮书系列"图书的注册商标专用权及封面设计、版式设计的著作权均为社会科学文献出版社所有。未经社会科学文献出版社书面授权许可，任何使用与"皮书系列"图书注册商标、封面设计、版式设计相同或者近似的文字、图形或其组合的行为均系侵权行为。

经作者授权，本书的专有出版权及信息网络传播权等为社会科学文献出版社享有。未经社会科学文献出版社书面授权许可，任何就本书内容的复制、发行或以数字形式进行网络传播的行为均系侵权行为。

社会科学文献出版社将通过法律途径追究上述侵权行为的法律责任，维护自身合法权益。

欢迎社会各界人士对侵犯社会科学文献出版社上述权利的侵权行为进行举报。电话：010-59367121，电子邮箱：fawubu@ssap.cn。

社会科学文献出版社